面向十二五高职高专会计专业规划教材

基础会计
(第2版)

姜　山　郭　贤　主　编
董继睿　孙立东　穆　宁　副主编

清华大学出版社
北　京

内 容 简 介

本书以会计法规、新会计准则为依据，以制造业企业的生产经营为主线，以会计岗位基本技能为教学目标，以岗位工作需求为导向，详细阐述了会计的基础理论和基本方法，同时结合制造业企业的具体业务重点介绍了会计的基本操作技能。

本书共分为 10 章，分别介绍了总论、账户设置、复式记账、制造业企业主要经济业务的核算、会计凭证、会计账簿、财产清查、财务会计报告、账务处理程序及会计工作组织等内容。

本书既可作为高职高专财经类专业的教材，也可作为相关会计从业人员的学习参考书。

图书在版编目(CIP)数据

基础会计/姜山，郭贤主编. —2 版. —北京：清华大学出版社，2019.10
面向十二五高职高专会计专业规划教材
ISBN 978-7-302-53997-1

Ⅰ. ①基… Ⅱ. ①姜… ②郭… Ⅲ. ①会计学—高等职业教育—教材 Ⅳ. ①F230

中国版本图书馆 CIP 数据核字(2019)第 230393 号

责任编辑： 梁媛媛
装帧设计： 杨玉兰
责任校对： 李玉茹
责任印制： 李红英
出版发行： 清华大学出版社
网　　址：http://www.tup.com.cn, http://www.wqbook.com
地　　址：北京清华大学学研大厦 A 座　　邮　　编：100084
社 总 机：010-62770175　　邮　　购：010-62786544
投稿与读者服务：010-62776969, c-service@tup.tsinghua.edu.cn
质量反馈：010-62772015, zhiliang@tup.tsinghua.edu.cn
课件下载：http://www.tup.com.cn, 010-62791865
印 装 者： 三河市吉祥印务有限公司
经　　销： 全国新华书店
开　　本： 185mm×260mm　　**印　张：** 22　　**字　数：** 541 千字
(附习题集)
版　　次： 2013 年 1 月第 1 版　2019 年 11 月第 2 版　　**印　次：** 2019 年 11 月第 1 次印刷
定　　价： 58.00 元(全两册)

产品编号：079936-01

前言

职业教育要坚持以就业为导向，深化教育教学改革，提高专业建设与课程建设的水平和质量，提高教材建设的水平，确保精品和优质教材进入课堂。本书在编写过程中，深入研究了我国职业教育及会计行业的现状及发展趋势，同时也充分考虑了高职院校基础会计的教学特点。

本书详细阐述了会计的基础理论和基本方法，同时结合制造业企业的具体业务，重点介绍了会计的基本操作技能。全书内容的设置充分体现了高职高专教育的特色，具体如下。

1. 以最新会计法规及行业发展现状为编写依据

近年来国家制定、修订及颁布实施了一系列会计相关法规，对会计的理论及实践操作均产生了一定的影响，如2014年修订了《企业会计准则——基本准则》、2016年全面推开“营改增”试点、2017年修订了《中华人民共和国会计法》、2018年发布了《关于调整增值税税率的通知》等。本书在编写过程中，充分考虑了会计法规的变化对会计理论及实务的影响，以最新会计法规、行业发展现状及趋势为依据修订了教材内容。

2. 以制造业企业的生产经营为主线

本书在内容设置方面是以制造业企业的“产供销”生产经营过程为主线，选取制造业企业的典型业务作为教学案例，以会计凭证填制、会计账簿登记及会计报表编制为主要教学任务。

3. 以会计岗位的工作过程为导向设置内容

本书在编写过程中，充分考虑了高职教育“做中学、做中教”的特点，深入研究了会计岗位的工作过程、工作要求及特点，基于会计岗位的工作过程对全书内容进行了组织及设置，理论方面以够用为度，以掌握会计岗位的实践操作技能为主要教学目标。

本次再版过程中套装了《基础会计习题集(第2版)》，配合使用，更有利于学生掌握和运用所学知识及技能。

本书由姜山(辽宁机电职业技术学院)、郭贤(济南职业学院)担任主编，董继睿(济南广播电视大学)、孙立东(辽宁机电职业技术学院)、穆宁(济南职业学院)担任副主编。本书的编写分工为：穆宁编写第一章，孙立东编写第二章、第三章，姜山编写第四章、第五章、第九章、第十章，董继睿编写第六章，郭贤编写第七章、第八章。

由于编者水平有限，书中难免有疏漏之处，敬请各位读者批评指正。

编　者

目　录

第一章

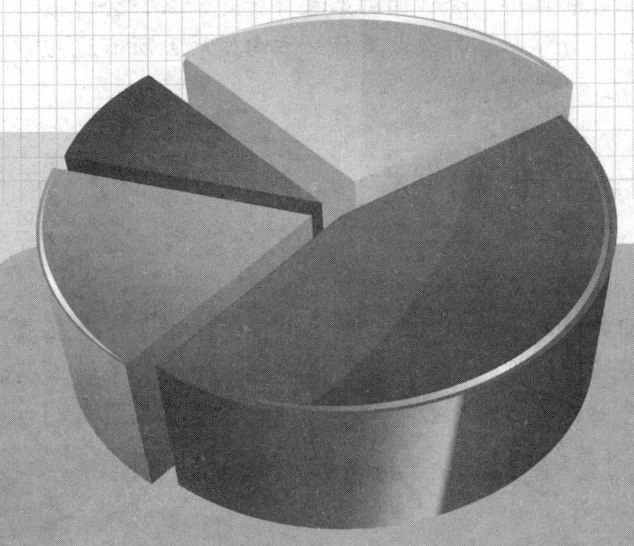

总　　论

学习目标

- 了解会计的产生与发展。
- 了解会计学科体系。
- 了解会计核算的方法。
- 理解会计核算的基本前提及对会计信息质量的要求。
- 掌握会计的概念、会计的职能及会计的对象。

【本章导读】

会计是现代社会必不可少的一部分。几乎任何一个单位，包括以营利为目的的企业组织和不以营利为目的的非企业组织(如政府机关、事业单位等)的组织内部，都会设立相应的会计部门，并由具备相应专业知识的会计人员从事会计活动。会计在现代社会活动中有着不可替代的地位，随着经济的飞速发展，其重要性与日俱增。

究竟什么是会计？会计有着怎样的职能和作用？会计的对象及目标是什么？会计核算需要哪些前提？会计核算有哪些方法？会计学科体系又朝着什么方向发展？所有这些问题，都会在本章中做出详细的解答。

第一节　会 计 概 述

【案例导入】

我们通常称呼从事会计工作的人为某会计，很多高校都设有会计专业，很多学者在从事会计方面的研究，同时会计又是各类组织内设的一个岗位，需要从事一些相关的工作。那么，我们究竟该从哪个角度来看待会计？它是一种职业身份、一种专业或学科，还是一项工作？

一、会计的产生与发展

(一)客观基础

为了生存和发展，人类必须从事各种生产活动，这也是人类最基本的实践活动。在生产活动中，既能取得一定的劳动成果，创造物质财富，同时也必然产生劳动消耗。出于天性，人们在从事生产活动的同时，也会关心劳动成果和劳动消耗，并对它们进行比较和分析，以便合理地管理生产活动，提高经济效益。在对劳动成果和劳动消耗进行比较和分析时，产生了原始的计量和记录行为。

原始的计量和记录行为中孕育着会计的萌芽。但是，这种会计萌芽并不是在生产活动的伊始就有的。据考古发现，在人类的生产活动发展到一定阶段后，才产生了原始的会计萌芽行为。一般来说，只有当生产活动的规模发展到能够保障人类生存的需要时，人们才会关心劳动成果和劳动消耗的比较。特别是当劳动成果有了剩余时，人们希望能够科学地管理和利用这些劳动成果，并且能够在此基础上最大限度地扩大物质财富。

会计是生产活动发展到一定阶段的产物，伴随着生产活动的产生而产生，也将随着经济的发展而逐步完善。

(二)历史过程

会计有着悠久的历史，其产生和发展经历了一个漫长的历史演进过程。会计的萌芽产生于人类社会的早期生产活动中，但当时生产力水平低下，会计只是一种“兼职”，

是生产活动的附带部分。在社会生产力发展到一定水平后，社会分工和私有制开始出现，生产过程变得日益复杂，特别是进入商品经济社会后，对生产过程的反映和控制变得更为重要，会计便从生产活动中分离出来，成为“专职”。

在国外，远古时代就出现过用石头、木牌等进行记录的行为。10 世纪前后，出现了单式簿记记账。1494 年，意大利数学家卢卡・帕乔利的著作《算术、几何、比及比例概要》中系统介绍了复式记账法——借贷记账法。由于借贷记账法能全面、系统地记录经济业务，易于对账簿记录进行核对，因而在欧洲及世界范围内广泛传播，并成为当今世界通用的记账方法。

在我国，会计同样有着悠久的历史。原始社会末期即有“结绳记事”“刻木记数”等原始记录和计量方法。西周时期，政府中设立官职“司会”，专门负责核算钱粮赋税，“会计”一词由此出现，每月零星盘算为“计”，一年总盘算为“会”。唐宋时期，出现的“四柱清册”是我国会计方法的一大发明。所谓“四柱”，即“旧管”“新收”“开除”和“实在”。“四柱”之间的数量关系是：“旧管+新收-开除=实在”，相当于现代会计的“期初结存+本期收入-本期支出=期末结存”。明末清初，会计实务中出现了以“四柱”为基础的“龙门账”。“龙门账”把全部会计账目划分为“进”“缴”“存”“该”四大类，即现代会计的“收入”“支出”“资产”“负债和资本”，运用“进-缴=存-该”的平衡公式计算盈亏。

新中国成立以后，为适应不同所有制和不同行业会计核算工作的需要，先后采用过增减记账法、收付记账法、借贷记账法等多种记账方法。改革开放以后，我国开始加快会计规范体系的建设步伐。1985 年《中华人民共和国会计法》正式颁布实施。1992 年颁布了《企业会计准则》，这是新中国成立后发布的第一个会计准则。2006 年 2 月颁布了具有历史意义的中国企业会计准则体系，至此，基本实现了我国会计准则与国际会计准则的接轨。

二、会计的概念

尽管会计已经经历了漫长的发展过程，但是对于“什么是会计？”这一基本问题，国内外并没有统一的结论。在会计理论界，由于学者对会计本质的理解不同，会给出不同的会计概念。就目前会计理论界研究的成果而言，大家比较认可的有关会计概念的观点可以归为两种：“会计信息系统论”和“会计管理活动论”。

“会计信息系统论”认为，会计的本质可以理解为一个经济信息系统，即会计是旨在提高企业和各单位活动的经济效益，加强经济管理而建立的一个以提供财务信息为主的经济信息系统。我国会计界提出“会计信息系统论”观点的代表性人物是余绪缨、葛家澍教授。

“会计管理活动论”认为，会计是一项经济管理工作，是经济管理的组成部分。提出这一观点的代表性人物是杨纪琬、阎达五教授。

本书将会计界定为一项经济管理工作，即会计是以货币为主要计量单位，采用一系列专门技术和方法，对各类经济组织的经济活动进行连续、全面、系统的核算和监督，以提供财务信息、提高经济效益为目的的一项经济管理活动。

三、会计的职能

会计的职能是指会计在经济管理中所体现的功能和作用。现代会计的基本职能可以归纳为两个方面：会计核算职能和会计监督职能。

(一)会计核算职能

会计核算职能是会计的首要职能。所谓会计核算，是指会计以货币为主要计量单位，通过确认、计量、记录和报告等会计核算方法，从价值上反映各单位已经发生或完成的经济活动，为经济管理提供完整、连续和系统的会计信息。例如，企业对外销售一批商品，会计人员首先要确认该项销售活动的发生及完成，是否需要登记入账以及入账的科目等；其次要以货币为主要计量单位计量实现的收入及发生的成本费用等；再次要根据销售发票、出库单等销售凭证登记入账，即为记录；最后会计人员根据记录的结果编制报告。从上述经济业务的处理过程中可以归纳出会计核算职能有以下三个特点。

1. 以货币为主要计量单位

会计对经济活动状况进行全面反映时，通常可以采用三种量度方法，具体包括货币量度、实物量度、劳动量度。在商品经济环境下，价值规律和等价交换的原则决定了会计主要利用货币计量。例如，企业销售商品、购买设备、采购材料，虽然商品、设备、材料都有实物数量和具体的物质形态，但只有利用货币进行计量才能全面统一地记录反映这些经济活动的状况。因此，会计要全面系统地核算各类经济活动，必然选择货币这种主要计量单位，实物量度和劳动量度只能作为辅助计量单位。

2. 反映经济活动的全过程

会计核算就是要反映经济活动的实质。一般来说，会计核算主要是针对已发生的经济活动，反映历史财务信息。只有当经济活动发生或完成以后，才能取得该项经济活动完成的证明材料。这些证明材料就是会计核算的各种凭证，根据这些凭证可以登记账簿及编制报告，保证会计所提供信息的真实可靠性。但是，随着经济的不断发展，经济活动日益复杂，经营管理需要增强预见性。为此，需要会计进一步扩展职能的范围，进行事前的分析和预测，为经济管理提供更多的前瞻性经济信息，这样会计才能更好地发挥经济管理的作用。当然，虽然会计具有预测职能，其核算范围扩大到未来的经济活动，但从编制会计报表、提供会计信息的角度来看仍然是面向过去的。

3. 具有系统性、全面性和连续性

所谓系统性，是指要采用科学的会计核算方法对会计信息进行整理、分类、加工、汇总处理，保证提供的财务信息成为一个有序的会计信息系统，从而可以反映经济活动的本质；所谓全面性，是指对所发生的所有经济活动都要进行核算和反映，不能有遗漏；所谓连续性，是指对发生的经济活动进行记录核算时要连贯，不能有间断，要逐笔序时进行报告。

(二)会计监督职能

会计监督职能是会计的另一个基本职能。所谓会计监督，是指采用预测、决策、分析、控制、评价等方法，利用会计核算提供的会计信息，对经济活动的运行进行监控，促使经济活动按照规定的要求运行，以达到预期的目的。例如，企业对外销售商品，当确认销售收入时要满足会计准则中规定的收入确认条件，记录销售收入时必须有销售发票和商品出库单等作为记录的依据，同时这些记录核算的实现都必须经过严格的审核，这正是会计监督职能的体现。从经济业务的处理中可以归纳出会计监督职能有以下两个特点。

1. 合法性和强制性

会计监督是依据国家制定的财经法规进行的。例如，销售收入的确认所需满足的条件就是会计准则中所规定的，而且必须遵守，不能违背。如果会计核算过程中违背了法律法规的规定，就不能保证会计信息的质量。因此，会计监督是以国家的财经法规为准绳的，具有合法性和强制性。

2. 完整性和连续性

会计要对经济活动的全过程进行监督，包括事前、事中、事后监督。例如，对销售收入的确认记录必须有凭证作为依据，包括销售发票和出库单等，而这些凭证是否符合标准，是否全面，都需要进行审核，以保证会计信息的质量，并且无论什么时间发生的销售业务，这样的审核过程都是必须进行的。因此，会计监督贯穿于整个会计核算过程，具有完整性和连续性。

(三)会计核算职能和会计监督职能的关系

会计核算和会计监督是会计的两大基本职能，两者的关系是密不可分、相互关联的。会计核算职能是会计监督职能的基础，如果没有会计核算职能所提供的会计信息，就无法实现会计监督。会计监督职能又是会计核算职能的保证。如果没有会计监督职能提供的有力保证，就不可能提供真实、可靠的会计信息，无法正常发挥会计管理的作用，会计核算也就失去了意义。因此，会计核算职能和会计监督职能是紧密结合、密不可分、相辅相成的，体现了辩证统一的关系。

第二节　会计的对象、目标及任务

【案例导入】

蓝天公司本月发生两项重大事项，一是从工商银行取得贷款50万元；二是和工商银行签订了战略合作协议，工商银行未来将优先向公司的优质项目提供贷款支持。这两项事项都对蓝天公司的经营产生了重大影响，它们都是会计的工作对象吗？

蓝天公司的决策者在筹集资金的过程中，曾经考虑过多种筹资方案，并责成会计部门提供相关分析报告，最终根据会计部门的分析报告确定采用贷款融资方案。会计部门的分析报告究竟向公司的决策者提供了什么样的信息？这样做的目标是什么？

一、会计的对象

会计的对象是指会计所核算和监督的内容，即会计工作的客体。由于会计需要以货币为主要计量单位，对一定会计主体的经济活动进行核算和监督，因而凡是特定主体能够以货币表现的经济活动，都是会计核算和监督的内容，也就是会计的对象。以货币表现的经济活动通常又称为资金运动。由于各种单位的组织形式和经济活动的内容不同，其会计对象均有不同的特点。下面以制造业企业为例对会计对象进行分析。

制造业企业进行生产经营活动，首先要用货币资金去购买生产设备、原材料等，为生产过程做准备，然后将其投入到生产过程中生产出产品，最后将所生产出来的产品对外销售并收回货币资金。这样，制造业企业的资金就陆续经过供应过程、生产过程和销售过程，其形态也随之发生变化。用货币购买生产设备、原材料的时候，货币资金转化为固定资金和储备资金；生产车间领用材料时，储备资金转化为生产资金；将车间加工完毕的产品验收到成品仓库后，生产资金又转化为成品资金；将产成品销售出去收回货币资金后，成品资金又转化为货币资金。我们把资金从货币形态开始，依次经过储备资金、生产资金、成品资金，最后又回到货币资金这一运动过程叫作资金循环。周而复始的资金循环叫作资金周转。

就整个企业的资金运动而言，资金的循环周转还应该包括资金的投入和资金的退出。资金的投入是指资金进入企业。企业进行生产经营活动的前提是必须拥有一定数量的资金投入，包括投资者的资金投入和债权人的资金投入。前者构成了企业的所有者权益，后者形成了企业的债权人权益，即企业的负债。投入企业的资金一部分形成流动资产，另一部分形成企业的固定资产等非流动资产。资金的退出是指资金退出企业的资金循环和周转，包括按法定程序返回投资者的投资、偿还各项债务、上缴税费、向所有者分配利润等内容。

综上所述，制造业企业因资金的投入、循环周转及退出等经济活动而引起的各项财产和资源的增减变动情况，在经营过程中各项生产费用的支出和产品成本的形成情况，以及企业销售收入的取得、税金的缴纳及利润的形成和分配情况，构成了制造业企业会计的具体对象。

二、会计的目标及任务

(一)会计的目标

会计的目标主要包括两个方面：一是向会计信息使用者提供与企业财务状况、经营成果和现金流量等有关的会计信息，帮助会计信息使用者作出经济决策；二是反映企业管理层受托责任履行情况。

1. 提供对决策有用的信息

企业进行会计核算以及编制财务报告的主要目的是满足会计信息使用者的信息需

要，帮助其作出正确的经济决策。因此，向会计信息使用者提供对决策有用的信息是会计的基本目标。会计信息使用者包括投资者、债权人、政府部门和社会公众等。

企业投资者通常关心企业的盈利能力和发展能力，他们需要借助会计信息等相关信息来决定是否调整投资、更换管理层和加强企业的内部控制等。企业贷款人、供应商等债权人通常关心企业的偿债能力和财务风险，他们需要借助会计信息等相关信息来判断企业能否按约定支付所欠货款、偿还贷款本金和支付利息等。企业管理者是会计信息的重要使用者，他们需要借助会计信息等相关信息来管理企业，对企业进行控制、作出财务决策。

2. 反映企业管理层受托责任的履行情况

在现代公司制下，企业所有权和经营权相分离。企业管理层是受委托人之托经营管理企业及其各项资产，负有受托责任，即企业管理层所经营管理的各项资产基本上是由投资者投入的资本或者向债权人借入的资金所形成的，企业管理层有责任妥善保管并合理、有效地使用这些资产，因此，会计的工作应当反映企业管理层受托责任的履行情况，以助于评价企业的经营管理责任以及资源使用的有效性。

投资者与债权人的区别

一般来说，投资者和债权人都是企业资金的提供者，但两者又有着明显的区别。

在股份公司中，投资者表现为公司的股东。股东一旦将资本投入公司，他们与公司经营成败与否就有着最直接的利益关系：如果公司经营成功，他们不仅能收到股利，而且在证券市场上，他们的股票价格也会不断上升；如果公司经营不成功，经营亏损，他们就无法取得股利，其股票也可能会相应贬值；公司经营失败，导致破产、倒闭，他们投入的资本将很难收回。

公司的债权人可以是银行等金融机构，也可以是持有公司所发行债券的一般公众，还可以是原材料供应商等。债权人集团与公司之间也存在着直接的经济利益关系。公司是否具有持续经营的能力、是否能顺利地返本付息，是债权人特别是长期债权人所关心的问题。因此，从理性经济人的角度出发，银行等债权人在将资本借给企业经营之前，必须要详细了解借款申请人的财务状况、经营能力；在将款项借给申请人之后，从对自己财产安全关注的角度考虑，他们还必须要随时了解借款人的经营情况及偿债能力，以便在借款人出现重大财产变化时，能及时采取行动、收回贷款。

(二)会计的任务

会计的任务是就会计工作而言的，是指为了达到会计目标而应完成的会计工作，是会计职能的具体化。会计的任务包括以下三个方面。

1. 全面反映和监督各会计主体的经济活动，提供财务会计信息

会计的基本任务就是利用一系列专门方法，对各项经济活动进行全面、系统、及时、

准确的反映，提供经营管理信息，揭示经营活动中的问题，分析原因，促进管理者改善经营管理策略，提高经济效益。

2. 参与经营管理，帮助企业管理者作出合理决策

会计是一种经济管理活动，会计的监督体现在事前、事中、事后的全过程。也就是说，会计不仅对历史财务信息进行事后反映和监督，还会在掌握历史资料的基础上对经济前景进行分析预测，积极参与经营决策。

3. 为企业外部相关利益人作出经济决策提供信息服务

外部相关利益人在与企业发生关系时，都会面临很多需要解决的问题，如投资者的投资决策、债权人需要的企业信用信息、职工对工资薪金的考虑、客户的购买决策等，这些都需要会计提供相关的信息。由于涉及的范围非常广泛，为了维护广大企业相关利益人的经济利益，要求会计提供的信息必须以会计法规、准则、制度为依据，是合法和公允的。对于违背财经法规、准则、制度的行为，应及时予以制止和揭露。

第三节 会计核算的基本前提和会计信息质量要求

【案例导入】

蓝天公司销售一批空调，价值30 000元，产品已发出，购货方承诺三个月后支付货款。会计小刘认为现在就应确认30 000元收入，会计小王认为应该等到三个月后收到货款时再确认收入。从会计信息质量的角度来看，哪种处理方式提供的会计信息更加客观？

蓝天公司于2018年年末发现公司销售出现萎缩，无法实现年初确定的销售收入目标。但考虑到2019年春节前后，公司销售可能会出现较大幅度的增长，因此公司提前预计库存商品销售，在2018年年末制作了若干存货出库凭证——出库单，并确认销售收入实现。从会计信息质量的角度来看，该公司所提供的会计信息质量是否符合要求？

一、会计核算的基本前提

在不断变化的经济环境中，会计工作需要面对诸多不确定因素，对这些不确定因素作出合理的推断是从事会计工作的基本前提。一般来说，会计核算的基本前提是指对会计工作所处的时间和空间环境等作出的合理假设。会计假设是人们在长期的会计工作实践中逐步认识和总结形成的。《企业会计准则——基本准则》中规定，会计假设即会计核算的基本前提，主要包括四项：会计主体假设、持续经营假设、会计分期假设和货币计量假设。

(一)会计主体假设

会计主体是指会计工作为之服务的对象，它明确了会计工作的空间范围。会计主体可以是一家公司、一家工厂、一所学校、一个商店、一个政府机关，也可以是上述经济

组织内部的一个分支机构，如分公司、分厂等。会计人员应当对特定会计主体范围内发生的交易或事项进行确认、计量、记录和报告，对外提供财务信息。这里要明确属于本会计主体交易或事项的范围，其范围既不包括企业所有者本人，也不包括其他企业的交易或事项。例如，甲公司对乙公司投入资本 100 万元，对丙公司投入资本 200 万元。站在乙公司的角度，乙公司只需要确认实收资本 100 万元，增加所有者权益，而甲公司对其他单位的投资不属于乙公司会计主体的核算范围。

会计主体假设是持续经营假设、会计分期假设的基础。只有明确了会计核算的空间范围，会计核算工作才能有效进行。

会计主体与法律主体的区别

会计主体和法律主体不是同一个概念。一般来说，法律主体必然是会计主体，但会计主体不一定是法律主体。会计主体可以是一个具有法人资格的企业，也可以是若干企业通过控股关系形成的集团公司，还可以是企业或单位组织的二级核算单位或分支机构。这些二级核算单位或分支机构可以称为一个会计主体，但在法律上并不独立，其财产所有权属于企业，债务责任也要由企业来承担。

(二)持续经营假设

持续经营假设是指企业的生产经营活动会持续不断地进行下去，在可以预见的将来企业不会破产和清算。除非有证据证明企业已进入清算程序，否则会计人员都要假设企业会持续经营下去，能正常进行各种经营活动。只有如此，会计系统生成的信息才能保持稳定性，企业对外提供的财务信息才具有可比性，才能有助于信息使用者作出正确的决策。

持续经营假设明确了会计工作的时间范围。会计核算过程中所使用的一系列方法都是建立在会计主体持续经营的基础之上的。例如，只有在持续经营的前提下，企业在对资产和负债进行分类时才能有流动和非流动之分。对于一家企业来说，如果持续经营这个前提条件不存在了，那么一系列的会计核算也就失去了存在的基础。企业必须定期对其持续经营基本前提的条件作出分析和判断，如果一家企业已经被判断不能持续经营了，那么就应当改变会计核算的原则和方法。

(三)会计分期假设

会计分期假设这一前提是在持续经营假设基本前提的基础上引申出来的。会计分期就是将一个企业持续不断的生产经营活动期间划分为若干个连续的、长短相同的期间。虽然企业的经营活动是持续不断地进行的，但是为了方便反映企业的经营成果，向会计信息使用者提供会计信息，必须将连续不断的经营过程划分为若干个等同时间的期间段。在会计上，一般以自然年度、季度、月度划分会计期间，这种划分是一种人为的行为。它既是定期核算企业经营成果的需要，也是及时对外提供会计信息的需要。

会计期间要和生产周期区分开。会计期间一般就是自然年度、季度、月度。生产周期一般是企业生产经营活动的一个循环期。这个循环期可能与会计期间相符，也可能不相符。例如，企业生产一批产品需要经历四个月时间，在对产品成本进行会计核算时，不能在完成四个月生产后进行，而是在每个月都要记录核算所发生的当月生产费用，生产结束后再计算总的生产成本。

由于会计分期的存在，必然还会涉及经济活动的发生应该计入哪一个会计期间的问题。案例导入中提到：蓝天公司销售一批空调，价值 30 000 元，产品已发出，购货方承诺三个月后支付货款。会计小刘认为现在就应确认 30 000 元收入，而会计小王则认为应该等到三个月后收到货款时再确认收入。这两种观点实际上体现的是会计的两种不同的记账基础，即收付实现制和权责发生制。在我国会计核算中，一般采用权责发生制作为记账基础。

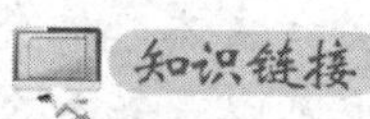

权责发生制与收付实现制

权责发生制是指对于会计主体在一定期间内发生的交易或事项，凡是符合收入确认标准的本期收入，无论款项是否实际收到，均作为本期的收入处理；凡是符合费用确认标准的本期费用，无论款项是否实际支付，均作为本期的费用处理。权责发生制的核心是按照交易或事项是否影响各个会计期间的经营成果和受益情况，确定其归属期。权责发生制在确定本期收入和费用时，其标准是应收应付而不问款项的实际收付，因此权责发生制也叫应收应付制或应计制。

收付实现制是指对于会计主体在一定期间内发生的交易或事项，收入和费用都是按照款项的收付日期确定其归属期。将收入确认在收到现金或银行存款的期间，将费用确认在支付款项的期间，而不论其是否归属于本期。凡在本期未收到款项的收入和未支付款项的费用，即使归属于本期，由于没有实际收到和支付现金或银行存款，也不能作为本期的收入和费用。收付实现制在确定本期收入和费用时，其标准是实际发生现金收付行为，因此收付实现制也叫实收实付制或现金制。

(四)货币计量假设

货币计量假设是指会计主体在进行会计确认、计量、记录、报告时以货币作为计量单位，反映会计主体的财务状况、经营成果和现金流量。货币计量是会计核算的基本特征，也是会计核算的重要前提。企业经济活动中发生的交易或事项凡是能用货币这一尺度进行计量的，就可以进行会计核算；凡是不能用货币进行计量的，则不必进行会计核算。

货币计量假设实际上还有另一个重要前提，即币值稳定。货币计价的习惯做法是按照历史成本计价，采用历史成本计价就必须假设币值稳定，这样会计核算的财产物资才具有可比性。我国的会计核算还规定以人民币作为记账本位币，在多种货币存在的情况

下，要先将外币用某种汇率折算为记账本位币，然后登记账簿，编制报表。

二、会计信息质量要求

会计信息质量要求是对企业提供的会计信息质量提出的基本要求。根据《企业会计准则——基本准则》的规定，会计信息质量的基本特征包括以下八项：真实性(可靠性)、相关性、可理解性、可比性、实质重于形式、重要性、谨慎性和及时性。这些会计信息质量的特征是会计人员在从事会计业务、提供会计信息时应遵循的要求，从而为会计信息使用者提供更好的服务。

(一)真实性(可靠性)

真实性(可靠性)要求企业应当以实际发生的交易或事项为依据进行确认、计量和报告，如实反映符合确认和计量要求的各项会计要素及其他相关信息，保证提供的会计信息真实可靠、内容完整。

会计信息要有用，必须以可靠为基础，如果会计所提供的会计信息是不可靠的，就会对会计信息使用者的决策产生误导乃至造成损失。为了贯彻可靠性要求，企业应当做到如下三点。

(1) 以实际发生的交易或事项为依据进行确认、计量，将符合会计要素定义及其确认条件的资产、负债、所有者权益、收入、费用和利润等如实反映在财务报表中，不得根据虚构的、没有发生的或者尚未发生的交易或事项进行确认、计量和报告。

(2) 在符合重要性和成本效益原则的前提下，保证会计信息的完整性，其中包括应当编报的报表及其附注内容等应当保持完整，不能随意遗漏或者减少应予披露的信息，与使用者决策相关的有用信息都应当充分披露。

(3) 所提供的会计信息应当是中立的。如果企业为了达到事先设定的结果或效果，而在财务报告中通过选择或列示有关会计信息以影响决策和判断，这样的财务报告信息就不是中立的。

公司的处理是否违背了真实性原则？

蓝天公司于2011年年末发现公司销售出现萎缩，无法实现年初确定的销售收入目标。但考虑到2012年春节前后，公司销售可能会出现较大幅度的增长，因此公司提前预计库存商品销售，在2011年年末制作了若干存货出库凭证——出库单，并确认销售收入实现。这种处理不是以其实际发生的交易事项为依据的，而是虚构的交易事项，这违背了会计信息质量要求的真实性原则，也违背了我国会计法的规定。

(二)相关性

相关性要求企业提供的会计信息应当与信息使用者的经济决策需要相关，有助于信息使用者对企业过去、现在或者未来的情况作出评价或者预测。

会计信息是否有用，是否具有价值，关键是看其是否与使用者的决策需要相关，是否具有预测价值和反馈价值。相关的会计信息应当能够有助于信息使用者评价企业过去的决策，证实或者修正过去的有关预测，因而具有反馈价值。相关的会计信息还应当具有预测价值，有助于信息使用者根据所提供的会计信息预测企业未来的财务状况、经营成果和现金流量。例如，区分收入和利得、费用和损失、流动资产和非流动资产、流动负债和非流动负债以及适度引入公允价值等，都可以提高会计信息的预测价值，进而提升会计信息的相关性。

会计信息质量的相关性要求企业在确认、计量和报告会计信息的过程中，充分考虑使用者的决策模式和信息需要。但是，相关性是以真实性(可靠性)为基础的，两者之间并不矛盾，不应将两者对立起来。也就是说，在保证会计信息真实性(可靠性)的前提下，尽可能地做到相关性，以满足财务报告信息使用者的决策需要。

(三)可理解性

可理解性要求企业提供的会计信息应当清晰明了，便于投资者等会计信息使用者理解和使用。

企业编制财务报告、提供会计信息的目的在于使用，而要使使用者有效使用会计信息，能让其了解会计信息的内涵，弄懂会计信息的内容，就要求所提供的会计信息清晰明了，易于理解。只有这样，才能提高会计信息的有用性，实现会计的工作目标，满足向投资者等会计信息使用者提供有用信息的要求。

会计信息毕竟是一种专业性较强的信息产品，在强调会计信息可理解性的同时，还应假定使用者具有一定的有关企业经营和会计方面的知识，并且愿意付出努力去研究这些信息。对于某些复杂的信息，如交易本身较为复杂或者会计处理较为复杂，如果其与使用者的经济决策是相关的，那么企业就应当在财务报告中予以充分披露。

(四)可比性

可比性要求企业提供的会计信息应当相互可比。具有可比性的会计信息，能便于投资者等会计信息使用者了解企业财务状况、经营成果和现金流量的变化趋势，比较企业在不同时期的财务报告信息，全面、客观地评价过去、预测未来，从而作出决策。这主要包括以下两层含义。

1. 同一企业不同时期可比

会计信息质量的可比性要求同一企业在不同时期发生的相同或相似的交易或事项，应当采用一致的会计政策，不得随意变更。但是，满足会计信息可比性要求，并非表明企业不得变更会计政策。如果在会计政策变更后能够提供更可靠、更相关的会计信息，是可以变更会计政策的。有关会计政策变更的情况，应当在附注中予以说明。

2. 不同企业相同会计期间可比

会计信息质量的可比性要求不同企业在同一会计期间发生的相同或者相似的交易或事项，应当采用规定的会计政策，确保会计信息口径一致、相互可比，以使不同企业按照一致的确认、计量和报告要求提供有关会计信息。

(五)实质重于形式

实质重于形式要求企业应当按照交易或事项的经济实质进行会计确认、计量和报告，不能仅以交易或事项的法律形式为依据。

企业发生的交易或事项在多数情况下，其经济实质和法律形式是一致的，但在有些情况下，会出现不一致。例如，以融资租赁方式租入的资产虽然从法律形式来讲企业并不拥有其所有权，但是由于租赁合同中规定的租赁期相当长，接近于该资产的使用寿命，租赁期结束时承租企业有优先购买该资产的选择权，在租赁期内承租企业有权支配资产并从中受益等，因此，从其经济实质来看，企业能够控制融资租入资产所创造的未来经济利益，在会计确认、计量和报告上就应当将以融资租赁方式租入的资产视为企业的资产，列入企业的资产负债表。

又如，企业按照销售合同销售商品却又签订了售后回购协议，虽然从法律形式上实现了收入，但如果企业没有将商品所有权上的主要风险和报酬转移给购货方，没有满足收入确认的各项条件，即使签订了商品销售合同或者已将商品交付给购货方，也不应当确认销售收入。

(六)重要性

重要性要求企业提供的会计信息应当反映与企业财务状况、经营成果和现金流量有关的所有重要交易或事项。

如果会计信息的省略或者错报会影响投资者等会计信息使用者据此作出的决策，则该信息就具有重要性。重要性的应用需要依赖职业判断，企业应当根据其所处环境和实际情况，从项目的性质和金额大小两个方面加以判断。

例如，我国上市公司要求对外提供中期财务报告，考虑到中期财务报告披露的时间较短，从成本效益原则的角度考虑，中期财务报告没有必要像年度财务报告那样披露详细的附注信息。因此，中期财务报告准则规定，公司中期财务报告附注应当以年初至本中期末为基础编制，披露自上年度资产负债表日之后发生的、有助于理解企业财务状况、经营成果和现金流量变化情况的重要交易或事项。这种附注披露，就体现了会计信息质量的重要性要求。

(七)谨慎性

谨慎性要求企业对交易或事项进行会计确认、计量和报告时应当保持应有的谨慎，不应高估资产或者收益、低估负债或者费用。

在市场经济环境下，企业的生产经营活动面临着许多风险和不确定性，如应收款项的可收回性、固定资产的使用寿命、无形资产的使用寿命、售出存货可能发生的退货或者返修等。这就需要企业在面临不确定性因素的情况下作出职业判断时，应当保持应有的谨慎，充分估计各种风险和损失，既不高估资产或者收益，也不低估负债或者费用。例如，要求企业对可能发生的资产减值损失计提资产减值准备、对售出商品可能发生的保修义务等确认预计负债等，就体现了会计信息质量的谨慎性要求。

谨慎性的应用也不允许企业设置秘密准备，如果企业故意低估资产或者收益，或者故意高估负债或者费用，将不符合会计信息的可靠性和相关性要求，损害会计信息质量，扭曲企业实际的财务状况和经营成果，从而对使用者的决策产生误导，这是会计准则所不允许的。

(八)及时性

及时性要求企业对于已经发生的交易或事项，应当及时进行确认、计量和报告，不得提前或者延后。

会计信息的价值在于帮助信息使用者作出经济决策，具有时效性。即使是可靠、相关的会计信息，如果不及时提供，就失去了时效性，对于使用者的效用也就大大降低甚至不再具有实际意义。在会计确认、计量和报告过程中贯彻及时性，一是要求及时收集会计信息，即在经济交易或事项发生后，及时收集整理各种原始单据或者凭证；二是要求及时处理会计信息，即按照会计准则的规定，及时对经济交易或事项进行确认或者计量，并编制财务报告；三是要求及时传递会计信息，即按照国家规定的有关时限，及时地将编制的财务报告传递给财务报告使用者，便于其及时使用和决策。

为了及时提供会计信息，可能需要在有关交易或事项的信息全部获得之前即进行会计处理，这样就满足了会计信息的及时性要求，但这可能会影响会计信息的可靠性；反之，如果企业等到与交易或事项有关的全部信息获得之后再进行会计处理，这样的信息披露可能又会由于时效性问题，对投资者等会计信息使用者决策的有用性将大大降低。这就需要在及时性和可靠性之间进行权衡，以更好地满足投资者等会计信息使用者的经济决策需要为判断标准。

第四节 会计核算方法

【案例导入】

企业开展生产经营活动会发生很多经济业务，如销售产品、购买材料、发放工资、缴纳税费等，对这些业务进行会计核算时，是统一反映还是分类登记？通过什么方法可以让我们清晰地看到每一笔业务资金运动的来龙去脉？应该根据什么将这些业务登记入账？如何让账簿记录和实际情况保持一致？

会计核算方法是指会计对企事业、机关单位已经发生的经济活动进行连续、系统和全面的核算和监督所采用的方法。由于会计核算和监督的会计对象具有多样性和复杂性的特点，因此决定了对其进行核算和监督的会计核算方法不能采用单一的形式，而应采

用方法体系的模式。因此，会计核算方法由设置会计账户、复式记账、填制和审核会计凭证、登记账簿、成本计算、财产清查、编制会计报表和会计资料分析利用等具体方法构成。其具体内容如下。

一、设置会计账户

设置会计账户是对会计核算的具体内容进行分类核算和监督的一种专门方法。由于会计对象的具体内容是复杂多样的，因此要对其进行系统的核算和经常性监督，就必须对经济业务进行科学的分类，以便分门别类地、连续地记录，并据以取得多种不同性质、符合经营管理需要的信息和指标。每个会计账户只能反映一定的经济内容，将会计对象的具体内容划分为若干项目即为会计科目。基于此设置若干个会计账户，可以使所设置的账户既有分工又有联系地反映整个会计对象的内容，提供管理所需要的各种信息。

二、复式记账

复式记账是指对所发生的每项经济业务，以相等的金额，同时在两个或两个以上相互联系的账户中进行登记的一种记账方法。采用复式记账方法，可以全面反映每一笔经济业务的来龙去脉，便于检查账簿记录的正确性和完整性，有效防止记账差错，是一种比较科学的记账方法。例如，从银行提取 1 000 元现金。这笔业务在编制会计记录时，一方面要在“库存现金”账户中登记增加 1 000 元；另一方面还要在“银行存款”账户中登记减少 1 000 元。这样既可以了解这笔经济业务的具体内容，也可以反映经济业务的来龙去脉，即系统、完整地记录了资金运动的全过程。

三、填制和审核会计凭证

会计凭证是记录经济业务，明确经济责任，作为记账依据的书面证明。经济业务是否发生、完成，关键是看是否取得或填制了会计凭证。如果取得或填制了会计凭证，就证明经济业务已经发生或完成。对于已经发生或完成的经济业务，还要经过会计部门的审核，在保证遵循有关法律、制度、规定而又正确无误的情况下，才能予以登记账簿。正确填制和审核会计凭证，是核算和监督经济活动财务收支的基础，也是做好会计工作的前提。

四、登记账簿

登记账簿简称记账，是以审核无误的会计凭证为依据，按照经济业务发生的顺序，在账簿中分门别类地、连续地、完整地记录各项经济业务，以便为经济管理提供完整、系统的经济业务记录，为经济管理提供完整、系统的会计核算资料。账簿记录是重要的会计资料，是进行会计分析、会计检查的重要依据。

五、成本计算

成本计算是按照一定对象归集和分配生产经营过程中发生的各种费用，以便确定各对象的总成本和单位成本的一种专门方法。产品成本是综合反映企业生产经营活动的一项重要指标。正确地进行成本计算，可以考核生产经营过程的费用支出水平，同时也是确定企业盈亏和制定产品价格的基础，并为企业进行经营决策提供重要数据。

六、财产清查

财产清查是指通过盘点实物，核对账目，以查明各项财产物资实有数额的一种专门方法。通过财产清查，可以提高会计记录的正确性，保证账实相符。同时，还可以查明各项财产物资的保管和使用情况以及各种结算款项的执行情况，以便对积压或损毁的物资和逾期未收到的款项及时采取措施，进行清理和加强对财产物资的管理。

七、编制会计报表

编制会计报表是以特定表格的形式，定期总括反映企业、行政事业单位的经济活动情况和结果的一种专门方法。会计报表主要以账簿中的记录为依据，经过一定形式的加工整理而产生一套完整的核算指标，用来考核、分析财务计划和预算的执行情况，同时也作为编制下期财务预算的重要依据。会计报表编制完成，就意味着这一期间会计记录工作的结束。

八、会计资料分析利用

会计资料分析利用是指对会计资料所反映的各项经济指标进行分析比对，确定差异，分析原因，进一步提高企业经济管理水平。

以上会计核算方法，虽各有特定的含义和作用，但并不是独立的，而是相互联系，相互依存，彼此制约的，它们构成了一个完整的方法体系。在会计核算中，应正确地运用这些方法。在实际会计业务处理过程中，复式记账是处理经济业务的基本方法，设置账户和填制凭证是会计工作的开始，登记账簿是会计工作的中间过程，成本计算和财产清查等方法是保证会计信息准确、正确的科学手段，而编制会计报表是一个会计期间工作的终结。会计人员在经济业务发生后，要按规定的手续填制和审核凭证，并应用复式记账法在有关账簿中进行登记，到期末还要对生产经营过程中发生的费用进行成本计算和财产清查，在账证、账账、账实相符的基础上，根据账簿记录编制会计报表。因为这些会计核算方法是一个完整的体系，是相互联系、紧密结合的，必须一环紧扣一环，才能保证会计核算工作的顺利进行。

第五节　会计学及其体系

经济的发展变化直接影响会计学科的产生和发展。经济活动简单，人们不需要复杂的会计方法，当然也就不会有人愿意花费较大的成本去创造、应用复杂的会计方法；在人类经济活动不断创新、日益复杂之后，应用复杂的会计方法会为管理者带来高于成本的效益，此时，复杂的会计方法会被广泛应用和创新，会计学科内容也因此而更加丰富。会计学来源于会计实践，是人们对长期会计实践的理论总结和提炼，并发挥着服务和指导会计工作实践的功能。会计学科的发展经历了一个从简单到复杂的发展过程，随着经济活动的发展，始终处于不断演进和完善之中。

一、会计学

“会计”一词，远在我国西周时期就已经出现了，它的含义主要是对收支的计算和记录，还有考核的意思。会计作为一项计算、记录、考核工作，无论在我国还是在国外很早就出现了，人们利用会计来服务工作至少已有两千多年的历史。但把会计作为一门学科著书立说的最早在国外，1494 年 11 月出版的意大利数学家卢卡·帕乔利的著作《算术、几何、比及比例概要》中“计算与记录详论”(简称“簿记论”)是至今被认可的第一部会计学著作，也可以看作是会计学的奠基之作。

会计在我国虽然起源很早，但主要是官厅会计，同时在我国长期存在抑商思想，会计作为商业活动的重要一环始终得不到应有的重视，对于会计学的研究也停滞不前。直到 19 世纪末，西方会计学知识传入我国，才有人把会计作为专门的学科来研究和传授。

会计学作为一门应用性学科，是研究如何做好会计工作的科学。经过长期的会计实践和理论研究，已经建立了自己特有的概念框架和方法体系。例如，会计学以其特有的目标、前提假设、会计核算方法区别于应用经济学、管理科学门类中的其他学科。

二、会计学科体系

会计学是由许多相互联系的学科组成的，会计学实际上是一个包含若干相互联系的子学科的体系或称学科群。会计学的子学科常被称为会计学分支。在会计理论界，会计学家经过研究发现，建立会计学科体系时，应注意考虑两个问题：一是会计学科体系由哪些部分组成，也就是会计学领域包括哪些方面，这是会计学科体系的内涵；二是会计学与其邻近学科的关系，这是会计学科体系的外延。目前，会计学科体系主要包括基础会计学、财务会计学、管理会计学、成本会计学、财务管理学、审计学等子学科。

(一)基础部分

基础会计学是会计学科体系中的原理部分，主要介绍会计的产生与发展、会计的基本概念、会计前提、会计基本核算方法及其简单应用。基础会计学是会计学分支的基础性子学科，也是财务会计的理论基础。

(二)应用部分

会计学科体系中的应用部分包括财务会计学、成本会计学、管理会计学。其中，“财务会计”主要是按照公认会计准则的要求，研究如何将已发生或完成的企业经济业务活动进行确认、计量、记录和报告，提供反映企业财务状况、经营成果及现金流量的财务信息，帮助企业内部和外部报表信息使用者利用会计信息作出各种经济决策。“成本会计”主要阐述成本预测、成本计算、成本控制、成本分析等理论和方法。“管理会计”主要围绕企业目标，为企业计划、决策、控制、监督提供有用的信息，主要内容包括预测分析、决策分析、量本利分析、全面预算、责任会计、作业会计、战略管理会计等。成本会计通常被认为是管理会计的一部分，两者统称为成本管理会计。

(三)外延部分

从严格意义上来讲，财务管理学和审计学不属于会计学的内容，而是会计学的邻近亲密学科，属于会计学科体系的外延。财务管理学主要研究企业货币资金的筹集及使用，力求在最佳的时点、以最经济的方式取得适量资本，达到资本保值增值的目的。审计学主要是站在独立的第三方角度，检查提供的财务信息是否严格符合会计法规要求，能否在所有重大方面公允地反映企业的财务状况、经营成果和现金流量，目的是合理保证财务会计信息的合法性和公允性。

根据上述分析，现代会计的基本框架可以总结概括为财务会计学、成本管理会计学、财务管理学、审计学四部分。其中，财务会计旨在全面、完整、概括地反映企业的经营活动，主要满足外部信息使用者的需要，按照技术方法的复杂程度，它分为基础会计、中级财务会计和高级财务会计三个部分；成本管理会计完全服务于管理者有效地进行决策和生产过程控制的需要，它也可以分为成本会计和管理会计两部分，其中，成本会计侧重于产品成本的事后核算、事前成本标准制定和事中考核成本标准的执行，管理会计则主要集中于决策的制定与执行；财务管理更多地从企业货币资金的筹集、使用等角度出发，力求在最佳的时点、以最经济的方式取得适量资本，同时以最经济的方式保有和使用资本；审计学则是站在中立的角度，对企业所提供的财务会计信息进行鉴证，以确保外部信息使用者的利益不受损害。

思考题

1. 如何理解会计的概念？
2. 什么是会计的对象？具体包括哪些内容？
3. 会计核算的基本前提有哪些？
4. 对会计信息质量要提出哪些要求？
5. 会计核算方法有哪些？
6. 会计学科体系主要包括哪些子学科？

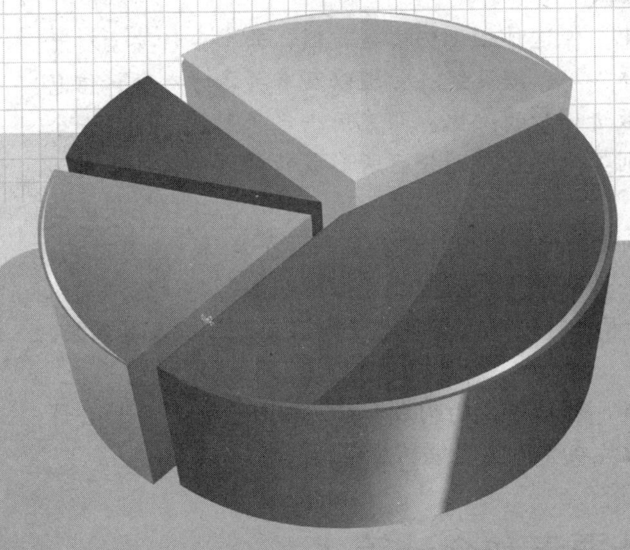

第二章

账 户 设 置

学习目标

- 了解会计要素的含义、作用及分类。
- 了解会计科目的作用及其设置原则。
- 理解账户与会计科目之间的关系。
- 掌握会计等式的原理及应用。
- 掌握账户的结构和分类。

【本章导读】

会计的对象，是特定主体能够以货币表现的经济活动。而会计要素是对会计对象按经济内容以及特征所作的基本分类，通过分类能够分门别类地为信息使用者提供其决策所用的会计信息。会计要素包括资产、负债、所有者权益、收入、费用和利润。会计等式则是对会计要素的性质及相互关系所作的科学概括和表达，也是正确设置账户、复式记账、试算平衡和编制会计报表的理论依据。

会计要素是对会计对象的分类和细化，但这种细化仍略显粗糙，六个会计要素对于纷繁复杂的企业经济业务的反映不够具体，难以满足经济管理以及有关各方对会计信息的质量要求。基于此，必须对会计要素做进一步的细化，即采用一定的形式，对每一个会计要素所反映的具体内容进一步分门别类地划分，划分后所形成的具体核算项目称为会计科目。

会计科目虽然解决了会计要素不够细化的问题，但会计科目只是个名称，没有结构，通过它无法进行会计核算，因此需要在会计科目的基础上设置会计账户。会计账户是根据会计科目设置的，具备一定的格式和结构，可以记录会计要素增减变动情况及其结果，也为会计报表的编制提供了重要依据。

本章主要介绍会计要素的概念和分类、会计等式的构成和应用以及会计科目和会计账户的设置，同时结合会计等式着重介绍其在会计实践中的应用。

第一节　会计要素和会计等式

【案例导入】

甲、乙、丙三人正在讨论资产的来源问题。甲说：“企业的资产一律是投资人投入的，除此之外，没有别的来源。”乙说：“你说得不对，企业的资产，不仅可能来源于投资者的投资，还可能来源于债权人。”丙说：“你们俩说得都不准确，准确地说，企业资产的来源有很多，有来源于投资者的，也有来源于债权人的，还有可能是来源于企业的经营收入以及接受捐赠等。”

甲、乙、丙三人，谁的说法更准确呢？

一、会计要素

会计要素是对会计对象按经济内容以及特征所作的基本分类，是构成会计报表的基本因素。对会计对象进行科学划分，便于进行会计核算和编制会计报表，从而也能够分门别类地为企业外部的信息使用者和企业内部的信息需求者提供其决策所用的会计信息。

财政部《企业会计准则——基本准则》(2006)规定，会计要素按其性质可分为资产、

负债、所有者权益、收入、费用和利润。其中，资产、负债和所有者权益三要素反映的是企业某一时点的财务状况，也称为静态会计要素或反映财务状况的会计要素，是资产负债表的构成要素；收入、费用和利润三要素反映的是企业一定时期的经营成果，也称为动态会计要素或反映经营成果的会计要素，是利润表的构成要素。

(一)资产

1. 资产的定义

资产是企业过去的交易或事项形成的，由企业拥有或控制的，预期会给企业带来经济利益的资源。

2. 资产的特征

(1) 资产预期会给企业带来经济利益。资产预期会给企业带来经济利益是指资产直接或者间接导致现金和现金等价物流入企业的潜力。这种潜力可以来自企业日常的生产经营活动，也可以是非日常经营活动。带来的经济利益可以是现金或者现金等价物，或者是可以转化为现金或者现金等价物的其他形式，或者是可以减少现金或现金等价物流出的其他形式。

预期能够为企业带来经济利益是资产的一个重要特征。例如，企业采购的原材料、购置的固定资产等资源，可以用来制造产品或者提供服务，对外出售产品或提供服务后可以收回货款或报酬，货款或报酬即上述资源给企业所带来的经济利益。如果某一项资源预期不能给企业带来经济利益，那么就不能将其确认为企业的资产。例如，某企业在年末盘点原材料时，发现原材料毁损 100 万元，该原材料毁损无明确的责任者和赔偿者，企业将损失计入当期费用。该毁损原材料预期已经不能为企业带来经济利益，不符合资产的定义，不应再在资产负债表中确认为一项资产。

(2) 资产是由企业拥有或者控制的资源。资产作为一项资源，应当由企业拥有或者控制，具体是指企业享有该项资源的所有权，或者虽然不享有该项资源的所有权，但该资源能够被企业所控制。

企业拥有资产的所有权，一般表明企业能够排他性地从该资产中获取经济利益。通常判断某项资产是否存在时，所有权是考虑的首要因素。在一些情况下，企业虽然对某项资源不具有所有权，但如果企业控制了这些资源，同样表明企业能够从资源中获取经济利益，符合会计上对资产的定义。例如，某企业以融资租赁方式租入一套机器设备，尽管企业并不拥有该融资租入机器设备的所有权，但是如果租赁合同规定的租赁期相当长，接近于该机器设备的使用寿命，那么企业就控制了该资源的使用及其所能带来的经济利益，故应当将其作为企业资产予以确认、计量和报告。反之，如果一项资源，企业既不拥有也不能控制资源所能带来的经济利益，那么就不能将其作为企业的资产加以确认。

(3) 资产是由企业过去的交易或事项形成的。从形成时间方面来讲，资产应当由企业过去的交易或事项所形成。过去的交易或事项包括购买、生产、建造及其他交易或事项。

只有过去的交易或事项才能产生资产，企业预期在未来发生的交易或事项不能形成资产。例如，甲企业和乙施工单位签订了一份厂房建造合同，建造合同尚未履行，即建造行为尚未发生，因此不符合资产的定义，甲企业不能因此而确认这项资产。

3. 资产的确认

将一项资源确认为资产，除需要符合资产的定义外，还应满足以下条件。

(1) 与该资源有关的经济利益很可能流入企业。从资产的定义可以看出，能否带来经济利益是资产的一个本质特征，但在现实生活中，由于经济环境瞬息万变，与资源有关的经济利益能否流入企业或者能够流入多少实际上带有很大的不确定性。因此，资产的确认还应与经济利益流入的不确定性程度的判断结合起来，如果根据编制财务报表时所取得的证据，与该资源有关的经济利益很可能流入企业，那么就应当将其作为资产予以确认；反之，则不能确认为资产。例如，某企业赊销一批商品给某一客户，从而形成了对该客户的应收账款，由于企业最终收到款项与销售实现之间存在时间差，而且收款又在未来期间，因此带有一定的不确定性。如果企业在销售时判断未来很可能收到款项或者能够确定收到款项，就应当将该应收账款确认为一项资产；如果企业判断在通常情况下很可能部分或者全部无法收回，表明该部分或者全部应收账款已经不符合资产的确认条件，应当计提坏账准备，减少资产的价值。

(2) 该资源的成本或价值能够可靠地计量。财务会计系统是一个确认、计量和报告的系统，其中计量起着枢纽作用。可计量性是所有会计要素确认的重要前提，资产的确认也是如此。只有当有关资源的成本或者价值能够可靠地计量时，资产才能予以确认。在会计实践中，企业取得的许多资产都是发生了实际成本的。例如，企业购买或者生产的存货，企业购置的厂房或者设备等。对于这些资产，只要实际发生的购买成本或者生产成本能够可靠计量，就视为符合资产的确认条件。

4. 资产的分类

资产按照其流动性(变现能力)可以分为流动资产和非流动资产两大类。

(1) 流动资产。流动资产是指可以在1年内(含1年)或者超过1年的一个营业周期内变现或者耗用的资产，包括库存现金、各种存款、应收账款、预付款项及存货等。

库存现金是指存放在企业财会部门由出纳人员经管的现金，可随时用于支付。

应收账款是指企业对外销售商品、材料以及提供劳务而应向购货方或接受劳务方收取的款项。

存货是指企业在生产经营过程中为销售或耗用而储存的各种有形资产，包括各种原材料、燃料、包装物、低值易耗品、委托加工材料、在产品、产成品和商品等。

(2) 非流动资产。非流动资产是指流动资产以外的资产，主要包括持有至到期投资、长期应收款、长期股权投资、投资性房地产、固定资产、在建工程、无形资产、长期待摊费用、可供出售金融资产等。资产按照流动性进行分类，有助于掌握企业资产的变现能力，从而进一步分析企业的偿债能力和支付能力。

固定资产是指使用期限较长、单位价值较高，并且能在使用过程中保持其原有实物

形态的资产。例如，机器设备、厂房等均属于固定资产。

无形资产是指企业为生产商品、提供劳务、出租给他人，或为管理目的而持有的，没有实物形态的非货币性长期资产。例如，商标权、专利权等均属于无形资产。

对资产进行分类，除了按照流动性不同的标准进行之外，还可以按照有无实物形态的标准进行分类，可以分为有形资产和无形资产。有形资产是指那些具有实物形态的资产，如固定资产、原材料、库存商品等。无形资产是指企业拥有或者控制的，没有实物形态的可辨认的非货币性资产。会计上通常将无形资产作狭义的理解，即将专利权、商标权等称为无形资产。

(二)负债

1. 负债的定义

负债是指企业过去的交易或事项形成的，预期会导致经济利益流出企业的现时义务。负债是企业承担的，以货币计量的在将来需要以资产或劳务偿还的债务，它代表着企业的偿债责任和债权人对资产的要求权。

2. 负债的特征

(1) 负债是企业承担的现时义务。负债必须是企业承担的现时义务，这里的现时义务是指企业在现行条件下已承担的义务。未来发生的交易或事项所形成的义务不属于现时义务，不应当确认为负债。这里所指的义务可以是法定义务，也可以是推定义务。其中，法定义务是指具有约束力的合同或者法律、法规规定的义务，通常在法律意义上需要企业依照合同或者按照法律、法规履行义务。例如，企业购买材料形成应付账款、企业从银行取得长期或短期借款、企业按照税法规定应当缴纳的税款等，均属于企业应当承担的法定义务，需要依法予以偿还。推定义务是指根据企业的习惯做法、公开的承诺或者公开宣布的经营政策而导致企业将承担的责任，这些责任也使有关各方形成了企业将履行义务承担责任的合理预期。例如，企业制定一项销售政策，对于售出商品提供一定期限内的售后保修服务，那么为售出商品提供的保修服务就属于推定义务，故应当将其确认为一项负债。

(2) 负债预期会导致经济利益流出企业。预期会导致经济利益流出企业是负债的另一个本质特征，只有在履行义务时会导致经济利益流出企业的，才符合负债的定义。在履行现时义务清偿债务时，导致经济利益流出企业的形式是多种多样的。例如，用实物资产形式偿还、用现金偿还或者用劳务形式偿还等。

(3) 负债是由企业过去的交易或事项形成的。换句话说，只有过去的交易或事项才形成负债。企业在未来发生的承诺、签订的合同等交易或事项不形成负债。例如，某企业向银行借了 1 500 万元的长期借款尚未偿还，则该笔长期借款就属于过去的交易或事项所形成的负债。企业同时还与银行达成了两个月后借入 2 000 万元的借款意向书，该交易就不属于过去的交易或事项，不应形成企业的负债。

3. 负债的确认

根据《企业会计准则》第二十四条的规定，在满足《企业会计准则》第二十三条规定的负债定义的义务的前提下，同时满足下列条件时，才能确认为负债。

(1) 与该义务有关的经济利益很可能流出企业。从负债的定义可以看到，预期会导致经济利益流出企业是负债的一个本质特征。在实践中，履行义务所导致的经济利益的流出通常具有不确定性，尤其是与推定义务相关的经济利益的流出通常需要依赖大量的估计。因此，负债的确认应当与经济利益流出的不确定性程度的判断结合起来。如果有确凿证据表明，与现时义务有关的经济利益很可能流出企业，就应当将其作为负债予以确认；反之，如果企业承担了现时义务，但是导致企业经济利益流出的可能性很小，就不符合负债的确认条件，不应将其作为负债予以确认。

(2) 未来流出的经济利益的金额能够可靠地计量。负债的确认在考虑经济利益流出企业的同时，对于未来流出的经济利益的金额应当能够可靠地计量。对于与法定义务有关的经济利益流出金额，通常可以根据合同或法律规定的金额予以确定，考虑到经济利益流出的金额通常在未来期间，有时未来期间较长，有关金额的计量需要考虑货币时间价值等因素的影响。对于与推定义务有关的经济利益流出金额，企业应当根据履行相关义务所需支出的最佳估计数进行估计，并综合考虑有关货币时间价值、风险等因素的影响。

4. 负债的分类

负债按照其偿还速度或偿还时间的长短可以分为流动负债和非流动负债两类。

(1) 流动负债。流动负债是指将在 1 年或超过 1 年的一个营业周期内偿还的债务，主要包括短期借款、应付票据、应付账款、预收账款、应付职工薪酬、应交税费、应付股利、其他应付款和预提费用等。

短期借款是指企业借入的还款期限在 1 年或超过 1 年的一个营业周期内的各种借款，如生产周转借款和临时借款等。

应付票据是指企业在生产经营过程中对外发生债务时所承兑的汇票，包括银行承兑汇票和商业承兑汇票。

应付账款是指企业生产经营过程中因购买材料、商品和接受劳务供应等发生的一项流动负债。

预收账款是指企业按照合同规定向购货单位预收的购货款和定金。

应付职工薪酬是指企业应付职工的工资总额以及包括在工资总额内的各种工资性奖金、津贴和补贴等。

应交税费是指企业应当缴纳的各种税金和费用，包括增值税、消费税和所得税等。

(2) 非流动负债。非流动负债是指偿还期在 1 年或超过 1 年的一个营业周期以上的债务，包括长期借款、应付债券和长期应付款等。

长期借款是指企业向银行等金融机构或其他单位借入的，归还期限在 1 年以上的各种借款。长期借款一般用于固定资产购建、固定资产改扩建工程及固定资产大修理工程

以及流动资产的正常需要等方面。

应付债券是指企业为筹集长期使用的资金而对外发行的一种还款期在 1 年以上的书面凭证。

长期应付款是指企业除了长期借款、应付债券以外的其他一切长期负债，如用补偿贸易方式引进国外设备应付的引进设备款和融资租入固定资产的应付租赁款等。

(三)所有者权益

1. 所有者权益的定义

所有者权益是指企业资产扣除负债后由所有者享有的剩余权益。公司的所有者权益又称为股东权益。所有者权益是所有者对企业资产的剩余索取权，它是企业资产中扣除债权人权益后应由所有者享有的部分，既可反映所有者投入资本的保值增值情况，又体现了保护债权人权益的理念。

2. 所有者权益的特征

(1) 所有者权益在企业经营期内可以供企业长期、持续使用，企业不必向投资者返还资本金。

(2) 企业所有人凭其对企业投入的资本，享受分配税后利润的权利。

(3) 企业所有人有权行使企业的经营管理权，或者授权管理人员行使经营管理权。

(4) 企业的所有者对企业的债务和亏损负有无限的责任或有限的责任。

3. 所有者权益的确认

所有者权益体现的是所有者在企业中的剩余权益，因此所有者权益的确认主要依赖于其他会计要素，尤其是资产和负债的确认；所有者权益金额的确定也主要取决于资产和负债的计量。例如，企业接受投资者投入的资产，在该资产符合企业资产确认条件时，就相应地符合了所有者权益的确认条件；当该资产的价值能够可靠地计量时，所有者权益的金额也就可以确定了。

4. 所有者权益的来源构成

所有者权益的来源包括所有者投入的资本、直接计入所有者权益的利得和损失以及留存收益等，通常由实收资本(或股本)、资本公积(含股本溢价或资本溢价、其他资本公积)、盈余公积和未分配利润构成，如图 2-1 所示。

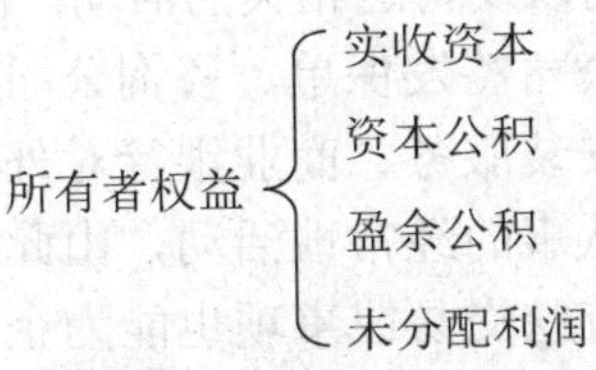

图 2-1　所有者权益的构成

实收资本是指投资者按照企业章程或合同、协议的约定，实际投入企业的资本，它是企业注册登记的法定资本总额的来源，表明所有者对企业的基本产权关系。实收资本是企业永久性的资金来源，是保证企业持续经营和偿还债务的最基本的物质基础。

资本公积又称为准资本，是企业接受投资人投入资产时，与资本有关，但不能直接计入所有者投资的基金。资本公积属于非收益转化而形成的公积金，作为一项准资本归企业所有者所有，并且可以按照法定程序转增注册资本金。资本公积主要包括资(股)本溢价、法定资产重估增值、接受捐赠资产和外币资本折算差额等。

【例 2-1】宝胜公司原有投资人是李四和王五，在公司成立时，他们各自向公司投资 50 万元。公司经过几年运作后，已经有了一定的积累，现在有一名投资者赵六想投资该公司，并且赵六希望投资后在公司中享有与李四、王五相同的权利。经过三人协商，决定让赵六出资 60 万元，其中 50 万元作为实收资本，10 万元计入资本公积，从此以后三人在公司享有同等权利。本例中，赵六多付的 10 万元即资本公积中的“资(股)本溢价”。

盈余公积是指企业按照规定从净利润中提取的各种积累资金。盈余公积与资本公积不同，盈余公积是从净利润中取得的，而资本公积的形成有其特定的来源，与企业的净利润无关。盈余公积根据其用途不同分为公益金和一般盈余公积金两类。一般盈余公积金又分为法定盈余公积金和任意盈余公积金。法定盈余公积金是指按照企业净利润和法定比例计提的盈余公积。任意盈余公积金是根据公司章程及股东会的决议从公司盈余中提取的公积金。

未分配利润是企业未作分配的利润，它在以后年度可继续进行分配，而在未进行分配之前，属于所有者权益的组成部分。从数量上来看，未分配利润是期初未分配利润加上本期实现的净利润，减去提取的各种盈余公积和分出的利润后的余额。

(四)收入

1. 收入的定义

收入是指企业在日常活动中所形成的、会导致所有者权益增加的、与所有者投入资本无关的经济利益的总流入。收入包括销售商品收入、劳务收入、让渡资产使用权收入、利息收入、租金收入和股利收入等，但不包括为第三方或客户代收的款项。

2. 收入的特征

(1) 收入从企业的日常经营活动中产生，而不是从偶发的交易或事项中产生。收入从产生的时间范围方面来讲，形成于“日常活动”。这里的“日常活动”是指企业为实现其经营目标所从事的经常性活动以及与之相关的活动。例如，工业企业制造并销售产品、商品流通企业销售商品、保险公司签发保单、咨询公司提供咨询服务、软件开发公司为客户开发软件、安装公司提供安装服务、商业银行对外贷款、租赁公司出租资产等，均属于企业为实现其经营目标所从事的经常性活动，由此而产生的经济利益的总流入构成收入。在企业的经营过程中，有些交易或事项也能为企业带来经济利益，但却不属于企业的日常经营活动，其带来的经济利益的流入是利得而不是收入。例如，出售固定资产所取得的收益、按照合同向违约方企业收取的违约金等均不属于收入，而属于营业外

收入。

(2) 收入会导致所有者权益增加、与所有者投入资本无关的经济利益的总流入。对于企业来讲，收入取得后可能有如下三种表现：第一种表现为增加资产。例如，企业本月销售商品一批，价款为 50 000 元，这笔销售业务将会导致企业银行存款或应收账款增加 50 000 元，即资产增加。第二种表现为减少负债。例如，企业本月向华盛公司发出商品一批，价款为 200 000 元，用以抵偿前欠华盛公司的账款，这笔经济业务的发生将会导致企业的应付账款减少 200 000 元，即负债减少。第三种表现为增加所有者权益。如上所述的情况，收入能增加资产或减少负债或两者兼而有之。因此，根据等式“资产=负债+所有者权益”，企业所取得的收入一定能增加所有者权益。

(3) 企业的收入只包括本企业经济利益的流入，而不包括为第三方或客户代收的款项，如增值税、代收利息等。

3. 收入的确认

通常，收入在满足下列条件时，才能予以确认。

(1) 企业已将商品所有权上的主要风险和报酬全部转移给购买方。

(2) 企业既没有保留通常与所有权相联系的继续管理权，也没有对已售出商品实施控制。

(3) 收入的金额能够可靠地计量且相关的经济利益很可能流入企业。

(4) 企业已发生或将发生相关成本能够可靠地计量。

4. 收入的分类

收入按照其取得的来源可以分为主营业务收入和其他业务收入。

(1) 主营业务收入。它又称为基本业务收入，是指企业主要的生产经营业务所产生的收入。例如，制造业企业销售产品的收入就属于主营业务收入。

(2) 其他业务收入。它是指企业在主营业务以外的经营活动中所产生的收入。例如，企业将多余的材料销售所取得的收入、技术转让收入、固定资产的出租收入等。

知识链接

营业外收入不是“收入”

营业外收入是指与企业生产经营活动没有直接关系的各种收入。由于收入是产生于日常经营活动中的，而营业外收入的产生和日常经营活动没有任何关系，且其出现具有偶发性，不符合收入的特征，故营业外收入不是“收入”。

营业外收入主要包括非流动资产处置利得、非货币性资产交换利得、债务重组利得、政府补助和盘盈利得等。

非流动资产处置利得包括固定资产处置利得和无形资产出售利得。固定资产处置利得是指企业出售固定资产所取得的价款、报废固定资产的残料价值和变价收入等，扣除固定资产的账面价值、清理费用、处置相关税费后的净收益；无形资产出售利得是指企业出售无形资产所取得价款扣除出售无形资产的账面价值、处置相关税费后的净收益。

非货币性资产交换利得是指在非货币性资产交换中换出资产为固定资产、无形资产的，换入资产公允价值大于换出资产账面价值的差额，扣除相关费用后计入营业外收入的金额。

债务重组利得是指重组债务的账面价值超过清偿债务的现金、非现金资产的公允价值、所转股份的公允价值或者重组后债务账面价值的差额。

盘盈利得是指企业对于现金等资产清查盘点中盘盈的资产，报经批准后计入营业外收入的金额。

政府补助是指企业从政府无偿取得货币型资产或非货币型资产形成的利得。

(五)费用

1. 费用的定义

费用是指企业在日常活动中发生的、会导致所有者权益减少的、与向所有者分配利润无关的经济利益的总流出。

2. 费用的特征

(1) 费用是企业在日常经营活动中形成的。费用必须是企业在其日常经营活动中所形成的，这些日常经营活动的界定与收入定义中涉及的日常经营活动的界定一致。因日常经营活动所产生的费用通常包括销售成本(营业成本)、职工薪酬、折旧费、无形资产摊销费等。将费用界定为日常经营活动中所形成的，目的是将其与损失相区分，企业非日常活动所形成的经济利益的流出不能确认为费用，而应当计入损失。

(2) 费用是与向所有者分配利润无关的经济利益的总流出。费用的发生应当会导致经济利益的流出，从而导致资产的减少或者负债的增加。其表现形式包括现金或者现金等价物的流出。例如，存货、固定资产和无形资产等的流出或者消耗等。虽然说企业向所有者分配利润也会导致经济利益的流出，但该经济利益的流出显然属于所有者权益的抵减项目，不应确认为费用，应将其排除在费用的定义之外。

(3) 费用会导致所有者权益的减少。与费用相关的经济利益的流出应当会导致所有者权益的减少，而不会导致所有者权益减少的经济利益的流出不符合费用的定义，不应确认为费用。例如，某企业用银行存款 100 万元购买生产用机器一台，尽管该购买行为使企业经济利益流出了 100 万元，但并不会导致企业所有者权益的减少，它使企业增加了另外一项资产(固定资产)，在这种情况下，就不应当将该经济利益的流出确认为费用。

3. 费用的分类

在企业日常生产经营过程中所发生的费用，通常可以分为三类，即直接费用、间接费用及期间费用，其中直接费用和间接费用又称为计入成本的费用。费用的分类及构成情况如图 2-2 所示。

直接费用是指直接为生产产品而发生的各项费用，包括直接材料费、直接人工费和其他直接支出。

间接费用是指企业内部生产经营部门为组织和管理生产经营活动而发生的共同费用

和不能直接计入相关产品成本的各项费用。例如，企业生产车间发生的办公费用，这种费用的发生与车间所生产的各种产品均有关系，因此这些费用发生后先归集，月末按照一定的标准分配计入相关产品的生产成本。

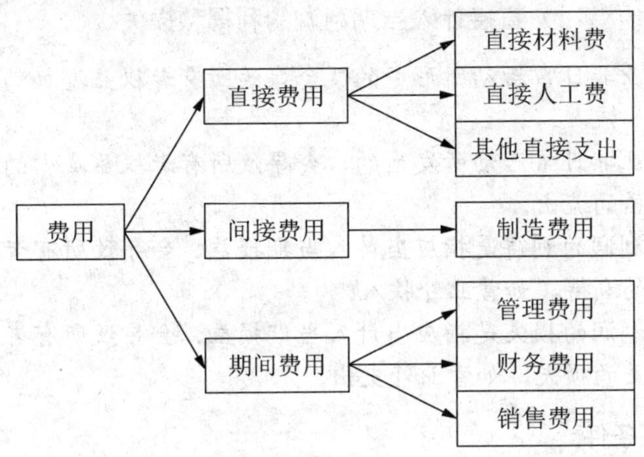

图 2-2　费用的分类及构成

期间费用是指企业本期发生的、不能直接或间接归入营业成本，而是直接计入当期损益的各项费用，包括销售费用、管理费用和财务费用等。

4. 费用的确认

费用的确认除了应当符合定义外，还应当满足严格的条件，即费用只有在经济利益很可能流出，从而导致企业资产减少或者负债增加，且经济利益的流出额能够可靠地计量时才能予以确认。因此，费用的确认至少应当符合以下三个条件。

(1) 与费用相关的经济利益应当很可能流出企业。

(2) 经济利益流出企业的结果会导致资产的减少或者负债的增加。

(3) 经济利益的流出额能够可靠地计量。

(六)利润

1. 利润的定义

利润是指企业在一定会计期间的经营成果。通常情况下，如果企业实现了利润，表明企业的所有者权益将增加，业绩得到了提升；反之，如果企业发生了亏损(利润为负数)，表明企业的所有者权益将减少，业绩下降。利润是评价企业管理层业绩情况的一项重要指标，也是投资者、债权人等财务报告使用者进行决策时的重要参考指标。

2. 利润的来源构成

利润包括收入减去费用后的净额、直接计入当期利润的利得和损失等。其中，收入减去费用后的净额反映企业日常活动的经营业绩，直接计入当期利润的利得和损失反映企业非日常活动取得的业绩。企业应当对收入和利得、费用和损失进行严格的区分，以便更加全面地反映企业的经营成果。

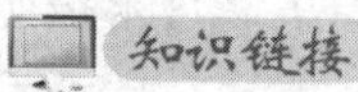

知识链接

直接计入当期利润的利得和损失

利得是指由企业非日常活动所形成的、会导致所有者权益增加的、与所有者投入资本无关的经济利益的流入。

损失是指由企业非日常活动所发生的、会导致所有者权益减少的、与向所有者分配利润无关的经济利益的流出。

直接计入当期利润的利得是指应当计入当期损益、会导致所有者权益增加的、与所有者投入资本无关的利得，如营业外收入。

直接计入当期利润的损失是指应当计入当期损益、会导致所有者权益减少的、与向所有者分配利润无关的损失，如营业外支出。

3. 利润的确认条件

利润反映收入减去费用、利得减去损失后的净额。利润的确认主要依赖于收入和费用以及利得和损失的确认，其金额的确定也主要取决于收入、费用、利得、损失金额的计量。

二、会计等式

会计等式是指会计要素之间的基本数量关系的表达式。会计等式是对会计要素的性质及相互之间的内在经济关系所作的科学的概括和表达，是正确设置账户、复式记账、试算平衡和编制会计报表的重要理论依据。

知识链接

会计等式的历史由来

会计等式产生于 15 世纪末，由意大利数学家、近代会计的奠基人卢卡·帕乔利首先提出。他根据复式记账法的基本原理，通过数学运算方法建立了西式复式簿记的基本方程式，即“一个人的所有财产=其人所有权的总值”。这个公式被西方会计学者奉为会计的基本记账原则。

随着商品经济的发展，出现了公司的组织形式，商业信用大大发展，资本的筹措方式日益多样化。于是，20 世纪 20 年代，美国会计学者 W.A.佩顿(W.A.Paton)和 R.B.凯斯特(R.B.Kester)根据“有财产存在必有财产来源(或业主，或债主)”的基本思想，首次提出了“资产之形态=资产之来源”的会计等式。随后，佩顿根据资产来源即资产支配权的理论，又提出了“资产=权益”的思想。

后来，凯斯特又把支配权明确划分为负债与资本两大类，提出了“资产=负债+资本”的会计等式理论。凯斯特还认为，损益与资本息息相关，收益使资本增加，费用使资本

减少，故而进一步提出了“资产=负债+(资本+收入−费用)”的会计等式理论。到20世纪30年代，会计等式及其理论基本成熟定型。此后“资产=负债+资本”这一会计等式就成了西方国家借贷复式簿记的理论基础。

在我国，由于实行的是以公有制为主体、多种所有制经济共同发展的基本经济制度，企业的投资者既有国家、法人，又有个人和外商，因此我国将会计基本等式表述为“资产=负债+所有者权益”。

(一)静态会计等式

静态会计等式反映了资产、负债及所有者权益三者之间的数量关系。

企业为了从事生产经营活动，一方面必须筹集一定数量的经营资金，并使用筹集的资金购置必要的劳动资料和劳动对象，如原材料、机器、厂房以及专利权等。企业所持有的上述劳动资料和劳动对象等资源，在会计核算中统称为“资产”。另一方面，企业筹集的资金均有其来源，其来源有两个途径：一是所有者投入的资本，称为主权资本；二是贷款人的贷款和其他应付款项，统称为借入资金。所有者和债权人向企业投入经济资源不可能是无偿的，他们对企业均有利益要求。其中，所有者以其出资额在企业享有利益，贷款人以其为企业提供款项对企业的资产拥有要求权，这种利益和要求权在会计核算中统称为“权益”。

资产和权益之间存在着相互依存的关系，资产通常表明了企业拥有的经济资源的类型以及各类型经济资源的货币数量；权益则表明了谁提供了获取这些经济资源的资金，以及提供资金的数量情况，并且投入者对这些经济资源均拥有要求权。换句话说，资产和权益体现的是同一价值运动的两个方面：资产体现了资金的占用形态，即资金被以何种形态的资产占用着；权益则体现着资金的来源渠道，即资产所占用资金的来源情况。从数量上来看，有一定数额的资产就必然有相应数额的权益；反之，有一定数额的权益也必然有相应数额的资产。因此，在任何一个时点上，资产和权益总是保持着相等的关系，即企业中各类资产的总额和形成资产的权益总额必然相等。资产和权益之间的这种数量关系用公式表示如下。

资产=权益

作为企业资金提供者的投资者和债权人，对企业资产的要求权是有所差别的。在会计上，习惯将债权人对企业资产的要求权称为负债(债权人权益)，所有者对企业资产的要求权称为所有者权益。因此，上述等式也可以用以下等式表示。

资产=债权人权益+所有者权益或资产=负债+所有者权益　　(2-1)

式(2-1)为静态会计等式，它是反映企业某一特定日期财务状况的基本会计等式。资产和权益的恒等关系是复式记账法的理论基础，同时也是编制资产负债表的依据。

【例 2-2】新华酒店是一家国有独资有限责任公司。酒店设立时，收到国家出资额1 000 000元，存入银行。开业前，发生了下列经济业务。

(1) 购置设备一批，已通过银行转账方式支付价款500 000元。

(2) 购置低值易耗品和物品一批，价款共计200 000元，通过银行转账支付了180 000

元，余款 20 000 元暂欠。

(3) 从银行存款中提取现金 20 000 元，用于日常零星支付。

例 2-2 说明，新华酒店在开业前拥有资产总计为 1 020 000 元，其中固定资产为 500 000 元，存货为 200 000 元，库存现金为 20 000 元，银行存款为 300 000 元。开业前的应付账款为 20 000 元，所有者投资为 1 000 000 元，即权益总值为 1 020 000 元。资产总值等于权益总值。新华酒店开业前拥有的资产和权益情况，即资产负债表，如表 2-1 所示。

表 2-1 资产负债表

2018 年 1 月 31 日　　单位：元

资　产	金　额	负债及所有者权益	金　额
库存现金	20 000	应付账款	20 000
银行存款	300 000	实收资本	1 000 000
存货	200 000		
固定资产	500 000		
合计	1 020 000	合计	1 020 000

上述资产负债表清晰地反映了新华酒店在开业前的资产、负债及所有者权益之间的数量关系，即资产和权益相等。

(二)动态会计等式

动态会计等式反映了收入、费用和利润之间的数量关系。

企业通过利用所拥有的各类资产进行生产经营活动，并通过销售所生产的产品或提供劳务的形式来获取收入，在获取收入的同时，会发生资产的耗用，即费用。通过将收入和费用进行配比可对经营业绩作出评估，如果当期收入大于费用，利润为正，则表明企业当期取得了较好的经营业绩；反之，则表明企业当期的经营业绩较差。对于收入、费用及利润这三个要素之间的数量关系，可以用公式表示如下。

利润=收入-费用　　(2-2)

式(2-2)为动态会计等式，它是计算企业在某一期间经营成果的会计等式，同时也是编制利润表的重要依据。

【例 2-3】华通公司是一家生产医疗器械的制造型企业。该公司在 2018 年 5 月份销售医疗器械共取得收入 1 000 000 元，发生的销售成本为 450 000 元，销售费用为 30 000 元，财务费用为 5 000 元，管理费用为 20 000 元。(考虑到方便计算等因素，假设当期其他收入和费用均为零。)

华通公司 2018 年 5 月的利润=1 000 000-450 000-30 000-5000-20 000=495 000(元)

(三)静态会计等式与动态会计等式之间的关系

由于企业的利润一般都是归投资者所有的，因此可以将静态会计等式与动态会计等式建立起相应的联系，具体如下。

资产=负债+所有者权益+利润

或　　　　　　　资产=负债+所有者权益+(收入−费用)

或　　　　　　　资产+费用=负债+所有者权益+收入

可以将静态会计等式与动态会计等式合并在一起，并以上面的公式进行列示。原因在于，在每个会计期间的期初时点上，收入和费用均为零，所以可以用“资产=负债+所有者权益”的形式列示；如在期末，由于收入和费用经过配比，形成利润，利润减去企业缴纳的所得税税额为净利润，净利润归投资者所有，是投资的回报，是资本的增值，是所有者权益的构成内容，因而将利润分配并转入所有者权益中后，仍然可以列示为“资产=负债+所有者权益”。

上述等式把收入、费用及利润三个会计要素列入会计恒等式中，将资产负债表和利润表有效地联系起来，进而揭示了资产负债表要素和利润表要素各自内容及相互之间的内在联系和数量关系。

总之，会计恒等式很好地揭示了各个会计要素之间的关系，是应用复式记账、进行账户试算平衡以及编制会计报表的理论依据。

(四)经济业务对会计等式的影响

企业在经营过程中，会发生各种各样的经济业务活动，这些经济业务的发生将会引起相关会计要素及其具体项目发生相应的增减变动。在会计中，通常将企业发生的这些经济活动称为会计事项。经济业务的发生必然引起企业的资产和权益等发生增减变动，那么经济业务的发生会不会破坏会计等式的恒等关系呢？

经济业务的发生会引起各项会计要素的增减变动，归纳起来，可以分为以下四种类型、九种业务。

(1) 一项资产增加，另一项资产减少，增减金额相等。

(2) 资产与权益同时增加，双方增加的金额相等。这种类型可以分为两种业务：一种业务是一项资产与一项负债同时等额增加；另一种业务是一项资产与一项所有者权益同时等额增加。

(3) 资产与权益同时减少，双方减少的金额相等。与上述类型同理，这种类型也可以分为两种业务：一种业务是一项资产与一项负债同时等额减少；另一种业务是一项资产与一项所有者权益同时等额减少。

(4) 权益内部一增一减，增减金额相等。由于权益分为负债和所有者权益两个部分，所以这种类型又具体可以分为四种业务类型：第一种业务是一项负债增加，另一项负债减少；第二种业务是一项所有者权益增加，另一项所有者权益减少；第三种业务是一项负债增加，一项所有者权益减少；第四种业务是一项负债减少，一项所有者权益增加。

上述四种类型、九种具体的经济业务引起的资产、负债和所有者权益的变动情况如图 2-3 所示。

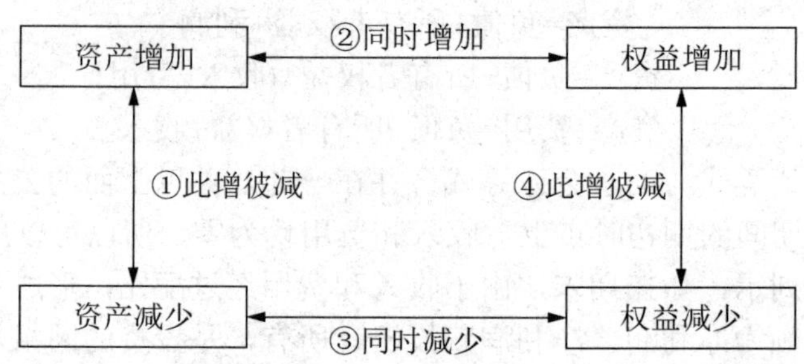

图 2-3　经济业务引起的资产、负债和所有者权益的变动情况

对于任何经济组织来讲，不管发生哪一种类型的经济业务活动，均会影响资产、负债及所有者权益并使其数额发生变化。

【例 2-4】金丸公司 2018 年 10 月 1 日的资产、负债及所有者权益情况如表 2-2 所示。

表 2-2　金丸公司财务简表

单位：元

资　产	借方金额	负债及所有者权益	贷方金额
库存现金	50 000	应付账款	3 000 000
银行存款	450 000	应付票据	1 500 000
存　　货	3 500 000	短期借款	5 500 000
固定资产	20 000 000	实收资本	10 000 000
		盈余公积	3 000 000
		未分配利润	1 000 000
合计	24 000 000	合计	24 000 000

由表 2-2 可知，资产的期初余额等于负债及所有者权益的期初余额之和，但随着企业各项经济业务的发生，表中各项目的金额也会发生相应变化。

例如，该企业本月发生下列经济业务。

(1) 从风华公司购入原材料一批，价款为 80 000 元，已转账支付。

该笔经济业务的发生导致资产要素中的原材料项目增加 80 000 元，同时也使资产要素中的银行存款项目减少 80 000 元，结果是资产要素内部有增有减，且增减金额相等，而等式右边，负债和所有者权益均没有变动，故等式左右两边总额仍保持平衡。

(2) 归还工商银行到期短期借款一笔，借款金额为 100 000 元，已转账支付。

该笔经济业务的发生导致资产要素中的银行存款项目减少 100 000 元，同时也使负债要素中的短期借款项目减少 100 000 元，结果是等式左右两边同减，且减少金额相等，故等式左右两边总额仍保持平衡。

(3) 公司收到投资者投入的资本金 100 000 元，该款已到账。

该笔经济业务的发生导致资产要素中的银行存款项目增加 100 000 元，同时也使所有者权益要素中的实收资本项目增加 100 000 元，结果是等式左右两边同增，且增加金额相

等，故等式左右两边总额仍保持平衡。

(4) 经与兴达公司协商，将公司所欠兴达公司的货款 200 000 元，转为兴达公司向本单位的投资。

该笔经济业务的发生导致负债要素中的应付账款项目减少 200 000 元，同时也使所有者权益要素中的实收资本项目增加 200 000 元，结果是等式右边负债和所有者权益一减一增，且减少和增加金额相等，右边金额不变，而等式左边没有变动，故等式左右两边总额仍保持平衡。

(5) 公司经批准减少资本金 400 000 元，以银行存款退还投资者。

该笔经济业务的发生导致资产要素中的银行存款项目减少 400 000 元，同时也使所有者权益要素中的实收资本项目减少 400 000 元，结果是等式左右两边同减，且减少金额相等，故等式左右两边总额仍保持平衡。

(6) 经董事会决议通过利润分配方案，向投资者分配利润 20 000 元。

该笔经济业务的发生导致负债要素中的应付股利项目增加 20 000 元，同时也使所有者权益要素中的未分配利润项目减少 20 000 元，结果是等式右边负债和所有者权益一增一减，且增加和减少的金额相等，右边金额不变，而等式左边没有变动，故等式左右两边总额仍保持平衡。

通过上述金丸公司所发生的经济业务以及所发生的经济业务对会计等式的影响情况来看，不论发生怎样的经济业务，虽然会使会计等式中相关会计要素发生增减变动，但均不会破坏会计等式的平衡关系。

第二节　会 计 科 目

【案例导入】

2018 年末，蓝天公司召开了经营分析会，财务经理李某在汇报时提到公司的资产在今年增长较快，由年初的 2 000 万元增加到现在的 5 000 万元。总经理王某提出了问题，要求李某详细说明资产增加的具体项目和原因。

请根据本案例思考一下，李某所汇报的信息能否满足企业经营决策的需要？存在什么问题？

一、会计科目的概念

会计科目是指对会计对象的具体内容(会计要素)进行分类核算所规定的项目。会计要素，即资产、负债、所有者权益、收入、费用和利润，是对会计对象的基本分类，同时也是会计核算和监督的内容，而这六个会计要素对于纷繁复杂的企业经济业务的反映又显得过于粗略。因此，为满足经济管理以及有关各方对会计信息的质量要求，必须对会计要素进行细化，即采用一定的形式，对每一个会计要素所反映的具体内容进一步分门别类地划分，划分后所形成的具体核算项目称为会计科目。

二、设置会计科目的意义及原则

(一)设置会计科目的意义

企业在生产经营过程中，经常会发生各种会计事项。会计事项的发生必然会引起会计要素的增减变动。为了全面、系统、分类地核算和监督各项会计要素的增减变化，有必要对会计对象的具体内容按其不同特点和经济管理的要求进行科学分类，并事先确定进行分类核算的项目名称，规定其核算内容，这就需要设置会计科目。会计科目在会计核算中具有非常重要的意义，主要体现在以下四个方面。

(1) 会计科目是复式记账的基础。复式记账要求每一笔经济业务在两个或两个以上相互联系的账户中进行登记，以反映资金运动的来龙去脉，而账户是在会计科目的基础上设置的。

(2) 会计科目是编制记账凭证的基础。编制记账凭证的重要内容之一就是确定所发生的经济业务应记入哪个科目，同时记账凭证也成为分门别类登记账簿的依据。

(3) 会计科目为成本核算与财产清查提供了前提条件。通过会计科目的设置，有助于成本核算，使各种成本计算成为可能；而通过账面记录与实际结存的核对，又为财产清查、保证账实相符提供了必备的条件。

(4) 会计科目为编制会计报表提供了方便。会计报表是提供会计信息的主要手段，为了保证会计信息的质量及其提供的及时性，会计报表中的许多项目与会计科目是一致的，并根据会计科目的本期发生额或余额填列。

(二)设置会计科目的原则

为了更好地设置和运用会计科目，以保证提供连续、系统、全面的会计信息，各单位在设置会计科目时应遵循以下原则。

1. 符合会计制度的要求

众所周知，选择何种会计制度是由本单位所处行业性质和核算的内容所决定的，如果是企业，在进行会计核算时需要遵循企业会计制度；如果是行政单位，就需要使用行政单位会计制度；如果是事业单位，就必须使用事业单位会计制度；或者，如果核算的项目内容是基本建设类的，那就应该使用建设单位会计制度等。即每一个会计主体都必须按照国家财政部门统一制定的各项制度的规定和要求，选定适合本单位的会计制度，而且会计制度确定后，在设立账套选择会计科目时，一级会计科目不得随意增减，也就是要遵循会计科目设置的统一性，不能随意变更。

2. 紧密结合会计对象的特点

所谓紧密结合会计对象的特点，就是根据不同单位经济业务的特点，依据全面核算其经济业务的全过程及结果的目的来确定应该设置哪些会计科目。首先，根据不同行业经济业务的主要特征进行设置。例如，制造业企业应设置反映产品生产过程的会计科目，

商业企业不生产产品，而是以商品买卖作为主要经营业务，其会计科目主要应该反映商品的买卖过程。因此，在成本费用方面，制造业企业需要设置“生产成本”“制造费用”等会计科目，而商业企业则不需要设置这类会计科目。其次，要结合企业规模设置。大型制造业企业经济业务量大，为了便于组织会计工作，会计科目的设置应全面、具体和详细，而单步骤生产的小型企业，经济业务量少，会计科目的设置应力求简单、直观和明了，不必追求全而细。

3. 符合经济管理的需要

由于经济管理的要求不同，会计科目的设置也会有差别，因此设置会计科目时应充分考虑有关方面对会计信息的需求，不仅要符合国家宏观经济管理的需要，还要满足企业内部经济管理的需要，也要满足投资者、债权人和其他有关方面的需要，以利于有关方面进行经济决策。

4. 坚持统一性和灵活性相结合的原则

由于各企业的经济业务千差万别，在分类核算会计要素的增减变动时需要将统一性和灵活性相结合。统一性是指设置会计科目时要符合会计制度的要求。灵活性是指在能提供统一核算指标的前提下，各个单位根据自身的具体情况及投资者的要求，可以增减会计科目。

5. 保持会计科目稳定性的原则

为了便于在不同时期分析比较会计核算指标和在一定范围内汇总核算指标，在会计科目的设置上，既要适应经济业务发展的需要，对长年不用或零余额的明细科目进行合理删减，又要使一级科目或对本单位很重要的明细科目保持其相对稳定，不能经常变动会计科目的名称、内容、数量，以便在一定时间和范围内综合汇总以及在不同时期对比分析其所提供的核算指标，以使核算指标保持可比性。

三、会计科目的分类

为了在会计核算中正确地掌握和恰当地设置会计科目，需要对会计科目进行分类。目前，对会计科目的分类标准主要有三种：一是按照所核算的经济内容不同进行分类；二是按照所提供的核算指标的详细程度不同进行分类；三是按照用途和结构不同进行分类。

1. 按照所核算的经济内容不同分类

所谓会计科目的经济内容，是指会计科目核算和监督的具体内容，也就是会计要素的具体项目。按经济内容不同对会计科目进行分类是对会计科目最基本的分类。

会计科目按其所归属的会计要素不同，分为资产类、负债类、所有者权益类、共同类、成本类及损益类六大类。因为本书主要是以制造业企业为主展开讲解的，对制造业企业来讲，其常用的会计科目可分为资产类、负债类、所有者权益类、成本类及损益类五大类，其具体划分可参见制造业企业常用会计科目表，如表 2-3 所示。

表 2-3　制造业企业常用会计科目表

编　号	会计科目	编　号	会计科目
	一、资产类	2203	预收账款
1001	库存现金	2211	应付职工薪酬
1002	银行存款	2221	应交税费
1012	其他货币资金	2231	应付利息
1101	交易性金融资产	2232	应付股利
1121	应收票据	2241	其他应付款
1122	应收账款	2401	递延收益
1123	预付账款	2501	长期借款
1131	应收股利	2502	应付债券
1132	应收利息	2701	长期应付款
1221	其他应收款	2801	预计负债
1231	坏账准备	2901	递延所得税负债
1401	材料采购		三、共同类(略)
1402	在途物资		四、所有者权益类
1403	原材料	4001	实收资本
1404	材料成本差异	4002	资本公积
1405	库存商品	4101	盈余公积
1408	委托加工物资	4103	本年利润
1411	周转材料	4104	利润分配
1471	存货跌价准备		五、成本类
1481	待摊费用	5001	生产成本
1511	长期股权投资	5101	制造费用
1512	长期股权投资减值准备	5201	劳务成本
1601	固定资产		六、损益类
1602	累计折旧	6001	主营业务收入
1603	固定资产减值准备	6051	其他业务收入
1604	在建工程	6101	公允价值变动损益
1605	工程物资	6111	投资收益
1606	固定资产清理	6301	营业外收入
1701	无形资产	6401	主营业务成本
1702	累计摊销	6402	其他业务成本
1703	无形资产减值准备	6403	税金及附加
1711	商誉	6601	销售费用
1801	长期待摊费用	6602	管理费用
1811	递延所得税资产	6603	财务费用
1901	待处理财产损溢	6701	资产减值损失
	二、负债类	6711	营业外支出
2001	短期借款	6801	所得税费用
2201	应付票据	6901	以前年度损益调整
2202	应付账款		

(1) 资产类科目是指用于核算资产增减变化，提供资产类项目会计信息的会计科目，如库存现金、银行存款、固定资产及应收账款等均属于资产类会计科目。

(2) 负债类科目是指用于核算负债增减变化，提供负债类项目会计信息的会计科目，如短期借款、应付账款、应付利息及应付股利等均属于负债类会计科目。

(3) 所有者权益类科目是指用于核算所有者权益增减变化，提供所有者权益有关项目会计信息的会计科目，如实收资本、资本公积及盈余公积等均属于所有者权益类会计科目。

(4) 成本类科目是用于核算成本的发生和归集情况，提供成本相关会计信息的会计科目，如生产成本、制造费用及劳务成本等均属于成本类会计科目。

(5) 损益类科目是指用于核算收入、费用的发生或归集，提供与一定会计期间损益相关的会计信息的会计科目，如主营业务收入、其他业务收入、财务费用及管理费用等均属于损益类会计科目。

2. 按照所提供的核算指标的详细程度不同分类

会计科目按其所提供的核算信息的详细程度及其统驭关系的不同，可分为总分类科目和明细分类科目。

(1) 总分类科目。总分类科目又称总账科目或一级科目，是指对会计要素的具体内容进行总括分类核算的科目，是进行总分类核算的依据。企业在进行会计核算时，应当根据总分类科目设置相应的总分类账户，所进行的核算称为总分类核算，所提供的核算指标是对某类会计要素有关项目的总括性指标。

总分类科目原则上由国家财政部统一制定，以会计核算制度的形式颁布实施。

(2) 明细分类科目。明细分类科目又称为明细科目或细目，是指对某一总分类科目核算内容所作的进一步详细分类的科目。企业可以根据本单位的实际情况以及经济管理的需要自行设置明细科目。在会计核算上，企业应根据明细分类科目设置明细分类账户，所进行的核算称为明细分类核算，所提供的核算指标是某类会计要素有关项目较为具体和详细的指标。例如，“应付账款”科目按债权人名称或姓名设置明细科目，反映应付账款的具体对象；“应收账款”科目按债务人名称或姓名设置明细科目，反映应收账款的具体对象；“原材料”科目按原料及材料的类别、品种和规格等设置明细科目，反映各种原材料的具体构成内容。

上述分类方法共同对会计要素的有关项目进行了详细程度不同的核算，且它们之间的关系是前者统驭后者、后者从属于前者。现以“固定资产”为例，按照所提供的核算指标的详细程度不同进行分类，如图 2-4 所示。

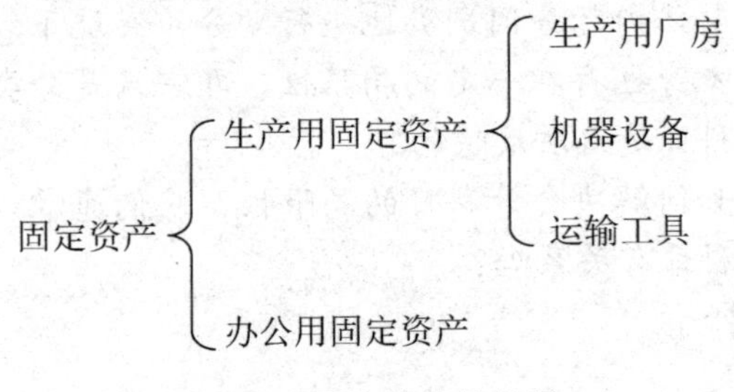

图 2-4　固定资产的分类

3. 按照用途和结构不同分类

会计科目按照用途和结构不同，可分为基本科目、调整科目和生产经营科目。

(1) 基本科目。基本科目是反映资产、负债和所有者权益的科目。基本科目反映的是企业所拥有的经济资源及这些资源的来源，其反映的是企业的财务状况。如资产类的原材料、固定资产、应收账款等科目，负债类的短期借款、应付账款、应交税费等科目，所有者权益类的实收资本、资本公积、盈余公积等科目都是基本科目。

(2) 调整科目。调整科目与基本科目相对应，是用来调整基本科目价值的科目。

基本科目反映的价值在许多情况下是会发生变动的，而这些变动由于没有实现，也不知道日后结果如何。另外出于核算和管理的要求，一般对基本科目反映的内容保持原值不变，对变动的价值需要另设调整科目作单独反映。也就是说，需要在基本科目的基础上，设置调整科目以便对基本科目的变动进行相应的反映。例如，对于原材料，与之相对应的调整科目是“存货跌价准备”，它反映的是，存货在资产负债表日发生减值而提取的准备金——因材料未用也未卖不能直接减少原材料；又如，对于固定资产，与之相对应的调整科目是“累计折旧”，它反映的是固定资产的损耗。固定资产实际损耗了，本来可将折旧直接减少固定资产，但为了便于从“固定资产”的价值角度考察企业的经营规模和生产能力，必须在账户记录中保持“固定资产”的原始价值(简称原值)，因此固定资产提取的折旧数额情况需要放在与其相对应的调整科目“累计折旧”科目中反映。所以，要了解固定资产现有账面的实际价值(净值)，则应用“固定资产”账户的固定资产原值扣除“累计折旧”账户中计提的固定资产折旧数额。

(3) 生产经营科目。生产经营科目是用来反映企业生产经营情况的科目。直接反映生产的科目有生产成本、制造费用、劳务成本、研发成本，直接反映经营的科目有主营业务收入、其他业务收入、投资收益、主营业务成本、其他业务成本、税金及附加、销售费用、管理费用、财务费用、所得税费用等，都是会计科目表中按经济内容分的成本类与损益类科目。

第三节 会 计 账 户

【案例导入】

会计要素对经济活动的反映是比较粗略的，会计科目通过对会计要素的细化，对每一个会计要素所反映的具体内容分门别类地进行划分，实现了经营决策对会计信息的精细化要求。但会计科目本身也存在一定的局限性，即它只是分类后的名称，当经济活动发生增减变动时，会计科目是无法反映的。

思考一下，我们该如何解决会计科目的局限性？我们通常说会计人员是记账的，那么，这个“账”和会计科目有关系吗？

一、会计账户的定义和分类

(一)会计账户的定义

会计账户简称“账户”，是根据会计科目设置的，具有一定格式和结构，用以分类、系统、连续地记录和反映会计要素增减变动情况及其结果的一种载体或工具。

会计科目是对会计对象的具体内容进行的分类，但它只有分类的名称而没有一定的格式，由于会计科目不能把发生的经济业务连续、系统地记录下来，以取得经营管理所需的信息资料，因此为了经济业务核算的需要，需要在会计科目的基础上设置账户。账户以会计科目作为名称，同时又具备一定的格式(结构)，只有这样，才能很好地记录经济业务情况，提供会计核算信息以满足管理部门对信息的需求。在会计核算中，利用具有一定结构的账户记录交易或事项，有利于分门别类地、连续而又系统地记录和反映各项经济业务情况及其所引起的有关会计要素具体内容的增减变化及其结果。设置账户是会计核算的重要方法之一。

对任何企业来讲，结合自身特点以及其他相关因素设置出一套与本单位相适应的账户体系具有重要意义。为了保证企业账户设置的科学性，在设置账户时需要综合考虑以下三个方面的因素。

(1) 经济业务的性质和内容是分类的主要依据，满足经济业务的需要是设置账户的基本要求。

(2) 企业会计管理的要求也是分类和设置账户的一个依据。

(3) 为企业的投资人、债权人以及金融、税务、政府机关等部门提供有用数据和信息的需要，也是分类和设置账户的依据。

(二)账户的分类

在会计核算中，每一个账户只能记录企业经济活动的某一个方面，不可能对企业的全部经济业务加以记录。账户分类就是研究这个账户体系中各账户之间存在的共性，寻求其规律，探明每一个账户在账户体系中的地位和作用，以便加深对账户的认识，更好地运用账户来对企业的经济业务进行反映。同时，在会计实践中，为了更好地满足核算的要求，也需要对会计账户进行分类。关于账户的分类标准有很多种，本书主要介绍以下两种常见的分类方法。

1. 按照提供信息的详细程度及统驭关系分类

与会计科目的分类相对应，会计账户也可以按照提供信息的详细程度以及统驭关系的不同进行分类，具体可分为总分类账户和明细分类账户。总分类账户是指根据总分类科目设置的，用来对会计要素具体内容进行总括分类核算的账户，简称总账账户或总账。例如，“生产成本”账户、“原材料”账户以及“固定资产”账户等都是总分类账户。总分类账户所提供的是总括分类核算指标，在核算中只使用货币计量单位来反映经济业务，可以提供概括核算的资料和指标，是对所属明细分类账户核算资料的综合。另外，在设置上，总分类账户一般是根据国家的统一会计制度的相关规定进行设置的。

明细分类账户是根据明细分类科目设置的，用来对会计要素具体内容进行明细分类核算的账户，简称明细账。例如，“原材料”账户下属的“甲材料”和“乙材料”、“库存商品”账户下属的“A 产品”和“B 产品”等均属于明细账户。明细分类账户所提供的是明细分类核算指标，是对其总账资料的具体化和补充说明，在核算时除了使用货币计量外，必要时还需要使用实物计量或劳动计量单位，从数量和时间上进行反映，如小时、升、台、辆、吨等。

一般来说，总账账户又可称为一级账户，总账以下的账户称为明细账户。明细分类账户也可根据会计核算的需要进一步划分为二级、三级等多级账户。总账账户和其所属的明细账户核算内容相同，只不过反映内容的详细程度不同。总账账户反映的是某项经济内容的总括情况，而明细账户反映的是该项经济内容的详细情况。二者相互补充，相互制约，相互核对。总账统驭和控制明细账，是明细账的统驭账户。明细账从属于总账，是总账的从属账户。

2. 按照所反映的经济内容分类

账户的经济内容是指账户所反映的会计对象的具体内容。账户按照所反映的经济内容进行分类是账户最基本的分类。

企业会计对象的具体内容可以归结为资产、负债、所有者权益、收入、费用和利润六项会计要素。由于企业在一定期间所取得的收入和发生的费用都将体现在当期损益中，因此可以将收入、费用账户归为损益类账户；而企业在一定期间实现的利润经过分配之后，最终要归属于企业的所有者权益。另外，对于生产制造以及加工类企业，还需要专门设置进行产品成本核算的账户。因此，账户按经济内容分类，可以分为资产类账户、负债类账户、所有者权益类账户、成本类账户和损益类账户五大类。

(1) 资产类账户。资产类账户是用来反映企业资产的增减变动及其结存情况的账户。按照资产的流动性和经营管理核算的需要，资产类账户又可以分为反映流动资产的账户和反映非流动资产的账户。反映流动资产的账户有“库存现金”“银行存款”“应收账款”“原材料”“库存商品”“其他应收款”等；反映非流动资产的账户有“长期股权投资”“长期应收款”“固定资产”“累计折旧”“无形资产”等。

(2) 负债类账户。负债类账户是用来反映企业负债的增减变动及其结存情况的账户。按照负债的流动性或偿还期限的长短，负债类账户又可以分为反映流动负债的账户和反映非流动负债的账户。反映流动负债的账户有“短期借款”“应付账款”“应付职工薪酬”“应交税费”“应付股利”“应付票据”等；反映非流动负债的账户有“长期借款”“长期应付款”等。

(3) 所有者权益类账户。所有者权益类账户是用来反映企业所有者权益的增减变动及其结存情况的账户。按照所有者权益的来源不同，所有者权益类账户又可以分为反映投入资本的账户和反映留存收益的账户。反映投入资本的账户有“实收资本”“资本公积”等；反映留存收益的账户有“盈余公积”“本年利润”“利润分配”等。

(4) 成本类账户。成本类账户是用来反映企业在生产经营过程中发生的各项耗费并计

算产品或劳务成本的账户，如“生产成本”“制造费用”以及“劳务成本”等。

(5) 损益类账户。损益类账户是用来反映企业收入和费用的账户。按照损益与企业的生产经营活动是否有关，损益类账户又可以分为反映营业损益的账户和反映非经常性损益的账户。反映营业损益的账户有“主营业务收入”“主营业务成本”“税金及附加”“其他业务收入”以及“其他业务成本”等；反映非经常性损益的账户有“营业外收入”“营业外支出”等。

二、会计账户的基本结构

为了反映经济业务发生对会计要素产生的数量上的影响，账户必须要有一定的结构。由于企业经济业务的发生必然会引起会计要素发生变动，而这种变动从数量上来看，不外乎是增加和减少两种情况。因此，为了清晰地反映和便于计算经济业务引起的各项会计要素的增减变动，一般将账户分为左方、右方两个方向，一方登记增加，另一方登记减少。至于哪一方登记增加，哪一方登记减少，则取决于所发生的经济业务的情况以及所涉及账户的性质。账户名称加上登记增加额和减少额的两方，就构成了账户的基本结构。反映账户基本结构的最简单的形式是 T 形账户，如图 2-5 所示。

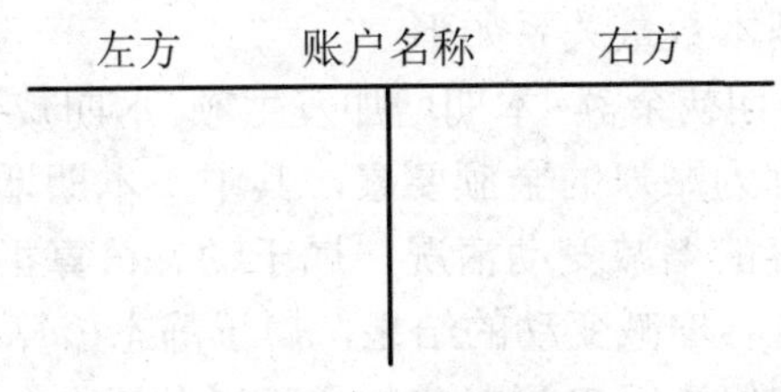

图 2-5　T 形账户

在会计教学中，常用图 2-5 中的简化账户格式来代替实际账户。该格式能够突出账户的基本结构：左方与右方。在借贷记账法下，左方表示借方，右方表示贷方，余额因账户性质不同而所在方向不同，简化账户形似英文字母“T”，故称为 T 形账户。

当然，在实际工作中所使用的账户，从结构上讲要比 T 形账户复杂得多，实际工作中所使用的账户要依附于簿籍开设，即账簿。这样，每一个账户只表现为账簿中的某张或某些账页。在结构上，账户除了具备以上基本项目外，还需要设置相关的辅助栏目，用以反映经济业务和账簿记录详细情况的其他内容。因此，在工作中实际使用的账户还应具体包括以下内容。

(1) 账户的名称(会计科目)，即规定了账户所要记录的经济业务内容。

(2) 日期，即记录经济业务发生的时间。

(3) 凭证号数，即表明账户记录的来源和依据。

(4) 摘要，即简要说明发生的经济业务内容。

(5) 金额，即增加和减少的金额及余额。增减相抵后的差额称为余额。余额按照表示的时间不同，又分为期初余额和期末余额。

按照上述项目组成的账户的基本格式如表 2-4 所示。

表 2-4　账户的基本格式

年		凭证编号	摘　要	借　方	贷　方	借或贷	余　额
月	日						

一般来说，每一个账户所记录的金额包括四项：期初余额、本期增加额、本期减少额以及期末余额。

期初余额是指将上期的期末余额转入本期的金额。

本期增加额是指一定时期(如月、季度和年度)内账户所登记的增加金额的合计，也称本期增加发生额。

本期减少额是指一定时期(如月、季度和年度)内账户所登记的减少金额的合计，也称本期减少发生额。

期末余额是指期初余额加计本期增加发生额与本期减少发生额相抵后的差额，也就是期末结存数。

上述四项要素之间的基本数量关系如下。

$$期末余额=期初余额+本期增加发生额-本期减少发生额 \tag{2-3}$$

式(2-3)中的四个部分称为账户的金额要素。其中，本期增加发生额和本期减少发生额反映了会计要素具体内容的增减变动情况，属于动态核算指标；而期初余额和期末余额则反映了会计要素具体内容增减变动的结果，属于静态核算指标。

下面通过实例来说明如何进行 T 形账户的登记以及期末余额的计算。

【例 2-5】华强电子科技有限公司 2018 年 6 月初银行存款有 2 000 000 元，6 月份发生下列经济业务。

(1) 14 日，购买材料一批，通过银行转账支付材料款 150 000 元。

(2) 16 日，转账支付前欠彤晖公司货款 300 000 元。

(3) 21 日，收到创辉公司预付的购货款 350 000 元。

华强电子科技有限公司将这些涉及银行存款的经济业务逐笔登记到“银行存款”账户中，如图 2-6 所示。

借方	银行存款　　贷方
期初余额：2 000 000	
	(1)150 000
(3)350 000	(2)300 000
期末余额：1 900 000	

图 2-6　银行存款 T 形账户

根据关系式可得，银行存款账户期末余额=2 000 000+350 000- (150 000+300 000) =1 900 000(元)。

三、账户与会计科目的联系及区别

账户与会计科目在会计学领域有着紧密的联系，但两者又有很大的不同。

1. 两者的联系

(1) 账户与会计科目都是对会计对象具体内容的科学分类，两者设置口径一致，性质相同。

(2) 会计科目是账户的名称，也是设置账户的依据；账户是会计科目的具体运用。会计科目的性质决定了账户的性质，账户的分类与会计科目分类的内容一致。

(3) 没有会计科目，账户便失去了设置的依据；没有账户，会计科目就无法发挥作用。

2. 两者的区别

(1) 会计科目仅仅是账户的名称，不存在结构，而账户则具有一定的格式和结构。会计科目只是把会计对象按经济内容和特征进行了分类，规定其核算内容与相关科目之间的对应关系，本身没有结构；账户作为分类记录经济业务的一种形式，则必须有特定的结构和格式，以便提供具体的数据资料。

(2) 会计科目仅说明反映的经济内容是什么，而账户不仅说明反映的经济内容是什么，而且还反映和控制其增减变化和结余情况。

(3) 会计科目是在实际经济业务发生之前，为了记录会计对象的具体内容而作的分类规范，是设置账户的依据；账户是会计科目在记账过程中的应用，是经济业务发生之后所进行的分类记录。

(4) 会计科目的作用主要是为了开设账户，为填制会计凭证所运用；而账户的作用主要是提供某一具体会计对象的会计资料，为编制财务报表所运用。

思考题

1. 什么是会计要素？会计要素可以分为哪几类？
2. 资产的特征及确认条件有哪些？
3. 负债的特征及确认条件有哪些？
4. 所有者权益的来源构成有哪些？
5. 收入的特征是什么？
6. 费用的特征是什么？
7. 什么是利润？
8. 会计等式包括哪两项？它的基本含义是什么？
9. 什么是会计科目？会计科目按核算内容可以分为哪几类？
10. 什么是账户？账户与会计科目之间的联系和区别是什么？

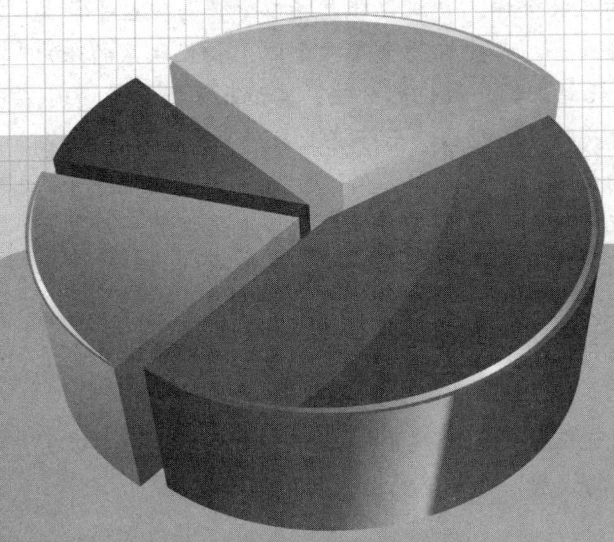

第三章

复式记账

学习目标

- 了解复式记账的概念及其理论依据。
- 掌握借贷记账法下的账户结构特点。
- 掌握借贷记账法的记账规则及运用方法。
- 掌握借贷记账法下会计分录的编制方法。
- 掌握总分类账户和明细分类账户的平行登记。

【本章导读】

会计账户的设置为我们解决了记账工具的问题，那么接下来在账户这个工具中我们应该采用什么样的方式和方法记账，是本章要重点解决的问题。

在会计发展的历史过程中，记账方法经历了从单式记账到复式记账的发展过程。单式记账是指只对经济业务作单方登记，而不反映其来龙去脉的一种记账方法。其记账手续比较简单，适用于经济业务相对简单的经济个体。复式记账是指以资产与权益平衡关系作为记账基础，对于发生的每一笔经济业务，都要在两个或两个以上相互联系的账户中进行登记，从而系统地反映资金运动变化结果的一种记账方法。其记账手续相对烦琐，但比单式记账提供的信息更加完整、清晰，而且更能反映出经济业务的来龙去脉。

借贷记账法是复式记账的一种，它的标志性特点是以“借”“贷”作为记账符号，并以“有借必有贷，借贷必相等”作为记账规则，是当今会计领域普遍采用的一种复式记账方法。平行登记是指对所发生的每项经济业务都要以会计凭证为依据，一方面记入有关总分类账户，另一方面记入有关总分类账户所属的明细分类账户。平行登记一方面可以满足管理上对总括会计信息和详细会计信息的需求，另一方面又可以检验账户记录的完整性和正确性。

本章主要介绍复式记账的原理，借贷记账法的记账规则、账户结构及会计分录编制等，同时结合总分类账户和明细分类账户的设置，介绍平行登记的内容和方法。

第一节　复式记账原理

【案例导入】

蓝天公司用银行存款购买了价值 1 000 元的原材料，如果用 T 形账户登记，我们可以采用的记账方法有如下两种。

方法一：“银行存款”账户登记减少 1 000 元，如图 3-1 所示。

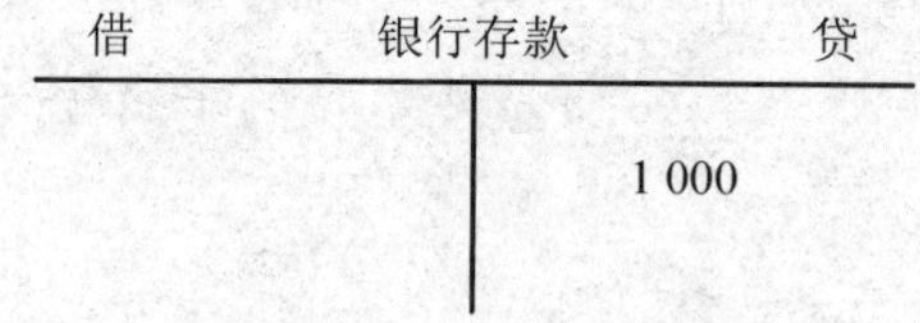

图 3-1　银行存款 T 形账户

方法二：“银行存款”账户登记减少 1 000 元，“原材料”账户登记增加 1 000 元，如图 3-2 所示。

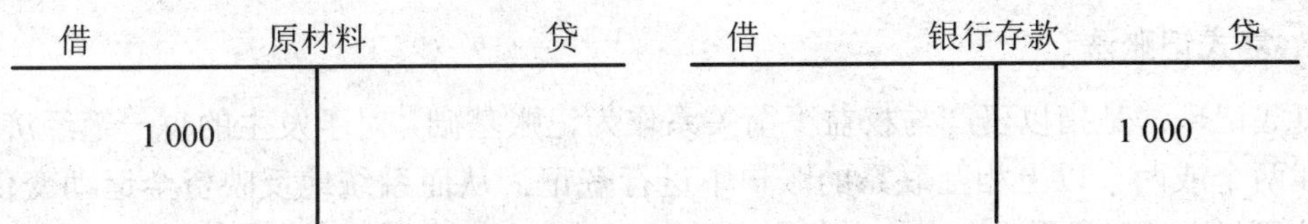

图 3-2　原材料 T 形账户和银行存款 T 形账户

比较一下两种记账方法的优缺点，从企业的角度来看，应该选择哪种记账方法更加合理一些？

一、记账法概述

(一)记账法的概念

记账方法是指在交易或事项发生后，采用一定的记账符号和计量单位，利用文字和数字，将其所引起的会计要素的增减变动在有关的账户中进行记录的一种方法。在会计发展的历史过程中，记账方法经历了从单式记账法到复式记账法的发展过程。

(二)记账法的种类

按照经济业务发生时登记经济业务方式的不同，记账法可以分为单式记账法和复式记账法。

1. 单式记账法

单式记账法是指只对经济业务作单方登记，而不反映其来龙去脉的一种记账方法。单式记账法的记账手续比较简单，而且账户之间不能形成相互对应和平衡的关系，不能全面、完整而又系统地反映各会计要素的增减变动情况，不能较好地反映经济业务的来龙去脉，也不利于检查账户记录是否正确和完整。因此，这种记账方法只适用于经济业务相对简单的经济个体。

从记账的实际情况来看，单式记账法的主要特征是通常只将现金、银行存款的收付业务和应收、应付等往来账款业务以及业主权益业务在账户中予以登记，而对实物的收付业务一般不作登记。例如，用银行存款购买厂房这笔经济业务，只在银行存款账户中登记减少，而不登记厂房的增加；如果购买的这间厂房尚未付款，也只在应付的账户中登记增加，而不登记厂房的增加。

单式记账法的最大优点就是记账过程和记账方式较为简单，但也因此存在着严重的缺陷，即账户的记录是不完整的，账户记录之间也没有相互平衡的关系，所以很难获得全面、完整的信息，也不便于后期进行会计检查工作，而且无法通过检查来验证账户记录的正确性。这种记账方法可以满足经济活动相对简单的单位的需要，因此只能在简单经济条件下应用。但是，随着社会经济的不断发展，单式记账法将会逐渐被复式记账法所取代。

2. 复式记账法

复式记账法是指以资产与权益平衡关系作为记账基础，对于发生的每一笔经济业务，都要在两个或两个以上相互联系的账户中进行登记，从而系统地反映资金运动变化结果的一种记账方法。从提供信息完整性的角度及反映经济业务全面性的角度来看，复式记账法比单式记账法提供的信息更加完整、更加清晰，而且更能反映出经济业务的来龙去脉。

在复式记账法下，账户设置比较完整而且全面，进而构建了一个完整的账户体系。对发生的每一笔经济业务都有相应的账户作相关联的记录。对于每一项经济业务，在两个或两个以上相互联系的账户中登记，不仅可以反映出每一项经济业务的来龙去脉，而且可以将某一会计期间发生的全部经济业务作为一个有机的整体在整个账户体系中进行反映，还可以通过账户记录全面地、系统地了解会计主体整体资金运动的过程及其结果。例如，从银行提取现金，按照复式记账法，在库存现金账户一方记增加，同时在银行存款账户一方记减少。从账簿记录中，我们就可以得知，这笔资金从银行取回，只是资产形态由银行存款变成了库存现金，能够较为清晰地了解该笔经济业务的全貌。

在复式记账法下，对于每一笔经济业务都需要根据该经济业务所引起的会计要素具体核算内容的变化以及核算项目之间的相互联系，以相同的金额在两个或两个以上相互关联的账户中进行登记，从而能够完整地反映经济业务的来龙去脉。例如，从银行提取现金 5 000 元，一方记库存现金账户增加 5 000 元，另一方记银行存款账户减少 5 000 元。另外，在复式记账法下，按照一定的记账规则记账，还可以进行试算平衡，而且通过试算平衡也能够检查全部账户登记是否正确。同样以上述例子来进行讲解，从银行提取现金 5 000 元，一方记库存现金账户增加 5 000 元，另一方记银行存款账户减少 5 000 元，双方相等就是平衡的，如果出现不等的情况，就证明账户登记出现了错误。

二、复式记账的理论基础

会计等式即“资产=负债+所有者权益”，又叫会计恒等式，是企业财务状况的表达，也是会计对象即资金运动的公式化。它体现了资产、负债和所有者权益三者之间的数量关系。资产就其主体而言，是企业所拥有或控制的经济资源，是会计主体本身获取未来经济利益的基础。从价值形式上来看，资产一定有相应的提供渠道，由此产生了资金提供者对企业资产提出要求的权利，即权益，也是会计主体自身对债权人和所有者义务的一种量化体现。由于权益表明了资产的来源，使资产与权益相互依存，归于统一，因此在任何时候，作为独立经济主体所拥有的资产总额必然恒等于权益总额，进而我们可以用会计恒等式来表示二者之间的关系。经济个体的资金运动总是处于运动变化的状态，从其运动过程的角度来讲，通常又可以分为三种表现形式，即资金的投入与退出、资金的循环与周转、资金的耗费与收回，从而形成了以循环与周转为特征的运动，其公式可以表述为“资产=负债+所有者权益+(收入-费用)”。

无论企业发生何种类型的经济交易或事项，只要这些交易或事项符合会计要素的定

义且能够计量，都不会破坏“资产=负债+所有者权益”这一基本等式。例如，企业接受投资者投资1 000万元，使得资产和所有者权益同时增加1 000万元，这一经济业务的发生使等式两边同时增加了1 000万元，但会计等式仍然保持平衡。

综上所述，虽然经济业务的发生会对会计等式产生影响，但这些影响仅仅是引起会计等式内部各项目之间的增减变化，会计等式依然保持平衡关系，即遵循了资金运动的规律。也就是说，一项经济业务发生之后，其影响要分别反映在两个不同的账户中，这就是复式记账。复式记账针对每一项经济业务或事项，都在两个或两个以上的账户中以相等的金额加以记录，也同样遵循了资金运动的规律。因此，复式记账法作为一种科学的记账方法，是建立在会计等式的基础上的，并以此为基本理论基础。

三、复式记账法的种类

我国先后产生的复式记账法有“龙门账”与“四脚账”，后来在20世纪六七十年代曾先后出现过“增减记账法”和“收付记账法”。通常，复式记账法按照记账符号和记账规则的不同，可以具体划分为借贷记账法、增减记账法和收付记账法三种。记账法的具体分类情况如图3-3所示。

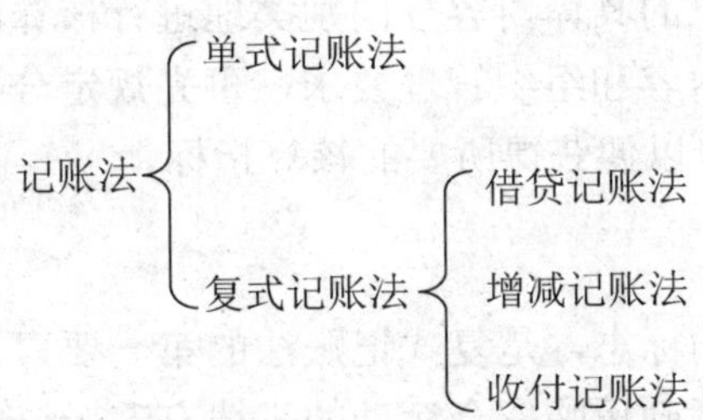

图3-3　记账法的具体分类

借贷记账法是指在复式记账法中，以借贷作为记账符号的一种记账方法；增减记账法是指以增减作为记账符号的一种记账方法(该法曾经普遍应用于商品流通企业)；收付记账法是指以收付作为记账符号的一种记账方法。

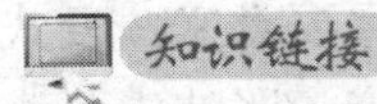

复式记账法的由来及发展

复式记账法也叫复式簿记法，它的演变，从萌芽到接近于完备形式，大约经历了300年(13世纪初至15世纪末)。这一演变过程都发生在中世纪的意大利商业城市，如威尼斯、热那亚等。当时，在地中海沿岸某些城市的商业和手工业发展速度很快，出现了马克思所说的“资本主义生产的最初萌芽”。发达的商品经济，特别是地中海沿岸某些城市中十分活跃的商业(包括海上贸易)和银钱兑换业，都迫切要求从簿记中获得有关经济往来和经营成果的重要信息。经过一段孕育时期以后，簿记的方法终于取得了重大突破，科学的复式簿记法在意大利诞生。这一演变过程大体上经历了复式簿记的萌芽阶段(1211—

1340 年)、复式簿记的改良阶段(1340—1494 年)、复式簿记的完备阶段(1494—1854 年)三个不同的发展阶段。

1494 年卢卡·帕乔利著名的《算术、几何、比及比例概要》一书正式出版，在该书中全面系统地总结了当时流行的威尼斯复式记账法，即账户的格式已分为左右两方，账户的记录由文字叙述为主改为数字平衡为主，每个账户都要结出余额，并进行全部账户余额的试算平衡。该书的问世使得复式簿记的优点及方法很快为世人所认识，它是人类最早关于复式簿记的划时代的文献，在会计的发展史中具有里程碑意义，标志着现代会计的开始。

四、复式记账法的基本内容

复式记账法是一种比较科学的记账方法，它对发生的每一项经济业务都要以相等的金额在两个或两个以上的账户中记录，完整地反映了企业经济业务的全貌。复式记账法在具体运用时，要涉及以下四个方面的基本内容。

1. 设置会计科目

会计科目是对会计对象的具体内容分门别类地进行核算所规定的项目。设置会计科目是根据会计对象的具体内容和组织管理要求，事先规定分类核算的项目，并依据该项目在账簿中开设相应账户，以便获得所要的核算指标。

2. 确定记账符号

记账符号是记账方向的标志，是复式记账法的第一要素。确定记账符号，对于记账方法其他要素的确定以及正确反映资金运动的规律有着十分重要的作用。虽然记账符号不是决定复式记账法的本质要素，但记账对象和记账主体以及记账对象价值量变化与记账符号的联系方式，则构成了复式记账法的本质要素。

3. 制定记账规则

记账规则是指记录经济业务和账簿启用与登记时所应遵守的规则。在应用复式记账法时，制定科学合理的记账规则对于进行账簿登记和核算会计信息具有重要意义。复式记账中的一项基本内容就是要制定科学、合理的记账规则。其中，在借贷记账法中，遵循“有借必有贷，借贷必相等”的记账规则。

4. 规定平衡公式

会计平衡公式又称会计基本等式，它表明构成会计对象的诸要素之间经济上的内在联系和数量上的相互关系，即会计要素的基本平衡关系，它是构建会计报表的基本依据，也是复式记账的一项基本内容。

第二节　借贷记账法

【案例导入】

借贷记账法是复式记账方式中应用最广的一种记账方法，以“借”和“贷”作为记账符号是其代表性标志。“借”和“贷”究竟代表什么含义呢？为什么“库存现金”账户增加要登记在借方，而“短期借款”账户增加则登记在贷方。“借”和“贷”究竟谁表示增加？谁又表示减少？

为了准备给员工发工资，出纳王华到公司开户银行提取现金50 000元。同时根据取款凭证在记账凭证上作了相应的记录，如下所示。

借：库存现金　　　　50 000

　　贷：银行存款　　　　50 000

如上所示，这种记录的含义是什么？它对于记账有什么帮助？

会计小刘正在编制公司当月的试算平衡表，计算结果完全符合试算平衡的三个等式，即期初余额借贷相等、本期发生额借贷相等和期末余额借贷相等。会计小刘向财务主管报告，通过他的检查已确定当月账簿记录是完全正确的。请问小刘可以做这样的保证吗？通过了试算平衡的检验就不会有错账吗？

一、记账符号

借贷记账法是以“借”和“贷”作为记账符号的一种复式记账方法。

“借”“贷”两个字的外文，起源于拉丁文。根据有关历史资料记载，借贷记账法最早起源于公元13世纪意大利地中海沿岸一带的城市，当时这些地方的商业贸易已有较高程度的发展，借贷资本也比较盛行。一些银行资本家为了记录吸收的存款和放出的贷款，把收进来的存款记在贷主的名下，表示自身的债务，即“欠人”的增加；把放出去的贷款记在借主的名下，表示自身的债权，即“人欠”的增加。“借”和“贷”也就是表示债权(应收款)和债务(应付款)的增减变动。

随着社会经济的发展，经济活动的内容也日益复杂，记录的经济业务已不局限于货币资金的收付业务，而逐渐扩展到财产物资、经营损益和经营资本等的增减变化。在早期佛罗伦萨的银行和商业簿记中，记账者把反映物品的账户视同人名账户对待，把各种商品、财产及费用账户都人格化，用人名账户记录债权债务关系并用来解释商品购销活动和其他财产物资的增减变化，从而把人之借贷扩展到物之借贷。这时，为了使账簿记录得以统一，对于非货币资金的所有收付活动，都利用“借”“贷”两字的含义来记录其增减变动情况。这样，随着时代的演进和社会经济的发展，“借”“贷”两字就渐渐地失去了其原来的含义，而转化为纯粹的记账符号。

在借贷记账法中，“借”“贷”作为一种记账符号，包括三个方面的含义和三种用途。第一，“借”“贷”是指账户中借方和贷方两个对立的部位，即借方是账户左方的代名词，贷方是账户右方的代名词，其作用在于指明在账户中应计入的两个不同方向；第二，“借”“贷”是指构成会计分录中的两个或两个以上的对应账户的相互关系，其作用在于可以用来反映一笔经济业务所引起的资金增减变化的来龙去脉；第三，“借”“贷”是指已登记在账户中的两个对立部位的数字所包含的不同经济内容，其作用在于可以用来说明账户的经济性质。

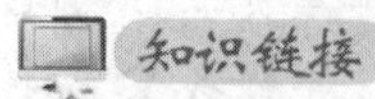

帐与账的来源与区别

“帐”字本身与会计核算无关。在商代，人们把账簿叫作“册”，从西周开始又把它更名为“籍”或“籍书”，战国时代又有了“簿书”这个称谓。西汉时，人们把登记会计事项的账册称为“簿”。根据现有史料考察，“帐”字引申到会计方面起源于南北朝。在南北朝时期，皇帝和高官显贵都习惯到外地巡游作乐，每次出游前，沿路均派人设置帏帐，帐内备有各种生活必需品及装饰品，奢侈豪华，供其享用，此种帏帐在当时被称为“供帐”。供帐内所用之物价值均相当昂贵，薪费数额巨大，为了维护这些财产的安全，皇帝指派专门官吏掌管并实行专门核算，在核算过程中，逐渐把登记这部分财产及供应之费的簿书称为“簿帐”或“帐”，把供帐内经济事项的登记称为“记帐”。在这以后便有了“簿帐”或“帐”之称，后又逐渐扩展到整个会计核算领域，后来的财计官员便把登记日用款目的簿书通称作“簿帐”或“帐”，又写作“账簿”或“账”。从此，“帐”“账”就取代了一切传统的名称。

在 1983 年中国社会科学院语言研究所词典编辑室编辑的《现代汉语词典》中，把“账”字归入“帐”字第“2”义项之中，即把关于货币、货物出入记载意义的“账”字归并到“帐”字中，“账”字并无单独解释。在 1994 年中国社会科学院语言研究所词典编辑室编辑的《现代汉语词典》中，把“帐”和“账”分开单独注释。“帐”字包括两层含义，一是用布、纱或绸子等做成的遮蔽用的东西，如帐幕、帐篷；二是“帐”同“账”。“账”字专用于关于货币、货物出入记载，如账本、账簿等。

由此可见，“帐”字的含义要比“账”字的含义广一些，“帐”字通“账”字。换言之，有关货币、货物出入记载的用“账”或“帐”均可。新近颁布的《会计法》中有关“账簿”的“账”字，《人民日报》刊发时用的是“帐”字，而未用“账”字；而在财政部会计司新近印发的一些文件中见到的是“账”字，而不是“帐”字。既然《现代汉语词典》中说“帐”通“账”(注意不是“账”同“帐”，“帐篷”是不能写成“账篷”的)，“账簿”“账本”“账目”中的“账”字，用“帐”或“账”均可。不过，在通篇财务报告、报表附注中应力求一致。

二、账户设置

借贷记账法下，账户一般分为借(左)、贷(右)两方，其中一方用来登记经济活动所引起的资金增加的金额，另一方用来登记经济活动所引起的资金减少的金额。不同经济内容和性质的账户，其结构也是不同的。

账户按照反映的经济内容不同，可分为资产类账户、负债类账户、所有者权益类账户、成本类账户、损益类账户及共同类账户六类。其中，共同类账户属于双重性质的账户，在进行资产负债表的编制时，通常需要根据共同类账户的账户余额所在方向来确定其性质，如果账户余额在借方就应归入资产类项目，如果账户余额在贷方就归于负债类项目。

下面对各类账户的结构情况一一说明。

1. 资产类账户的结构

反映资产的账户称为资产类账户。由于资产类项目一般在资产负债表的左方反映，因此习惯上资产类账户的借方记录资产的增加额，贷方记录资产的减少额。每一会计期间借方记录的金额合计称为借方本期发生额，贷方记录的金额合计称为贷方本期发生额。在正常情况下，资产类账户的期初余额与本期增加额之和总是大于本期减少额，因此资产类账户的期初余额往往在借方，而期末余额转到下期就是下期的期初余额，所以一般情况下，资产类账户的余额与其增加所记的方向是一致的，即余额在借方，其借方期末余额的计算公式如下。

资产类账户期末余额=借方期初余额+借方本期发生额-贷方本期发生额

资产类账户的结构如图 3-4 所示。

借方　　　　资产类账户	贷方
期初余额 本期增加额	本期减少额
本期发生额	本期发生额
期末余额	

图 3-4　资产类账户的结构

2. 负债类账户的结构

反映负债的账户称为负债类账户，因为它属于企业的权益，所以又称为权益类账户。由于负债类项目一般列示在资产负债表的右方，因此习惯上在负债类的贷方登记增加额，借方登记减少额。在正常情况下，负债类账户的期初余额和本期增加额之和总是大于本期减少额，因此负债类账户的余额一般在贷方，而期末余额转到下期就是下期的期初余额，所以一般情况下，负债类账户的余额与其增加所记的方向是一致的，即余额在贷方，其贷方期末余额的计算公式如下。

负债类账户期末余额=贷方期初余额+贷方本期发生额-借方本期发生额

负债类账户的结构如图 3-5 所示。

3. 所有者权益类账户的结构

反映所有者权益的账户称为所有者权益类账户，因为它也属于企业的权益，所以也可以称为权益账户。由于所有者权益类项目一般列示在资产负债表的右方，因此习惯上在所有者权益类账户的贷方登记增加额，借方登记减少额。在正常情况下，所有者权益类账户的期初余额和本期增加额之和总是大于本期减少额，因此所有者权益类账户的余额一般在贷方，而期末余额转到下期就是下期的期初余额，所以一般情况下，所有者权益类账户的余额与其增加所记的方向是一致的，即余额在贷方，其贷方期末余额的计算公式如下。

借方	负债类账户 贷方
本期减少额	期初余额 本期增加额
本期发生额	本期发生额
	期末余额

图 3-5 负债类账户的结构

所有者权益类账户期末余额=贷方期初余额+贷方本期发生额−借方本期发生额

所有者权益类账户的结构如图 3-6 所示。

借方	所有者权益类账户 贷方
本期减少额	期初余额 本期增加额
本期发生额	本期发生额
	期末余额

图 3-6 所有者权益类账户的结构

4. 成本类账户的结构

成本与费用并无本质区别，成本类账户如有余额则表示期末尚未完工的在产品成本，性质属资产。因此，成本类账户的结构与资产类账户基本相同，账户的借方登记所发生成本的增加额，贷方登记成本的转销额。期末如有余额，应在借方。

成本类账户的结构如图 3-7 所示。

借方 成本类账户	贷方
期初余额 本期增加额	本期减少额
本期发生额	本期发生额
期末余额	

图 3-7 成本类账户的结构

5. 损益类账户的结构

损益类账户按照反映的具体内容不同，又可以分为收入类账户和费用类账户。

收入可引起所有者权益的增加，因此收入类账户的记账方向与所有者权益相同。收入类账户的贷方记录收入的增加额，借方记录收入的减少额或转出额。期末时，本期收入的增加额减去减少额后的差额，应转入有关所有者权益类账户("本年利润"账户)，期末结转后，收入类账户没有余额。

收入类账户的结构如图 3-8 所示。

借方　　　　收入类账户	贷方
本期减少(转出)额	本期增加额
本期发生额	本期发生额

图 3-8　收入类账户的结构

费用的发生会导致所有者权益的减少，因此费用类账户的记账方向与所有者权益相反。费用类账户的借方记录费用的增加额，贷方记录费用的减少额或转出额。期末时，本期费用的增加额减去费用的减少额或转出额后的差额，应转入有关所有者权益类账户("本年利润"账户)，以便与收入配比后计算本期损益。期末结转后，费用类账户一般没有余额。

费用类账户的结构如图 3-9 所示。

借方　　　　费用类账户	贷方
本期增加额	本期减少(转出)额
本期发生额	本期发生额

图 3-9　费用类账户的结构

由于收入转入了本年利润账户的贷方，而费用转入了本年利润账户的借方，这样通过对比收入和费用即可求得当期的经营成果。当收入大于费用时，本年利润账户余额在贷方，为企业实现的利润；当收入小于费用时，本年利润账户余额在借方，为企业发生的亏损。需要说明的是，由于本年利润最终应归属于所有者权益，因此在会计年度结束后，通常将本年利润账户年末余额转入所有者权益账户，这样本年利润账户年末一般也无余额。

6. 共同类账户的结构

因为"借""贷"记账符号对会计等式两方的会计要素规定了增减相反的含义，所以可以由此设置既有资产性质，又有负债性质的具有双重性质的账户。例如，“应收账款”和“预收账款”可以合并为一个账户，“应付账款”和“预付账款”也可以合并为一个账户。

对于共同类账户，需要在月末结合其账户余额的方向来判断其账户性质。在会计核算中，具有双重性质的账户，一般既可能反映资产的变动情况，也可能反映权益的变动情况，如“投资收益”“待处理财产损溢”等账户。

共同类账户的结构如图 3-10 所示。

借方	共同类账户　　　　贷方
期初余额(表示资产) 本期增加额	期初余额(表示负债) 本期增加额
本期发生额	本期发生额
期末余额(表示资产)	期末余额(表示负债)

图 3-10　共同类账户的结构

三、记账规则及会计分录

(一)记账规则

所谓记账规则，是指记录经济业务时所应遵循的规则。

由于借贷记账法是一种复式记账法，而且借贷记账法又规定账户的左方为借方，账户的右方为贷方，借方和贷方哪一方登记增加金额，哪一方登记减少金额，则取决于所发生的经济业务的内容和涉及的账户性质，因此运用借贷记账法处理经济业务时，应从以下三个方面来加以考虑。

(1) 该项经济业务发生后涉及哪几个账户。

(2) 所涉及的账户属于哪类性质的账户。

(3) 根据账户的结构，确定经济业务的增加额或减少额以及应该记入相关账户的借方还是贷方。

按照借贷记账法的记账要求，需要对每一笔经济业务同时在两个或两个以上相互联系的账户中进行登记，以反映资金的来龙去脉。因此，任何经济业务的发生都会影响两个或两个以上账户金额的变动。根据“资产=权益”的会计恒等式，我们可以把经济业务分成四种类型。

(1) 资产和权益同时增加。

(2) 资产和权益同时减少。

(3) 资产内部不同项目一增一减。

(4) 权益内部不同项目一增一减。

由于经济业务的类型只有上述四种，而且这四种类型的经济业务均是有借有贷，借

贷相等，因此在借贷记账法下，对任何经济业务都是有借有贷，且借贷相等的。这样也就形成了借贷记账法“有借必有贷，借贷必相等”的记账规则。“有借必有贷”是指任何一笔经济业务都应在一个账户或几个账户的借方和另一个账户或几个账户的贷方同时进行登记。“借贷必相等”则是指任何一笔经济业务计入借方账户的金额一定等于计入贷方账户的金额。

在“有借必有贷，借贷必相等”的记账规则下，受上述四种类型的经济业务影响的账户变动情况具体如下。

第一种类型的经济业务，将影响至少一个资产类账户的借方和一个负债类账户(或所有者权益类账户)的贷方。

第二种类型的经济业务，将影响至少一个负债类账户(或所有者权益账户)的借方和一个资产类账户的贷方。

第三种类型的经济业务，将至少影响一个资产类账户的借方和另一个资产类账户的贷方。

第四种类型的经济业务，将至少影响一个权益类账户的借方和另一个权益类账户的贷方。

也就是说，任何一个经济业务的发生，都将引起一个账户的借方和另一个账户的贷方发生变化，这就是“有借必有贷”的含义。另外，同一笔经济业务的发生同时引起至少两个相互联系的账户发生变化，其金额必然相等，否则，会计恒等式的平衡关系将被破坏，这也是“借贷必相等”的含义。

下面通过举例来说明借贷记账法的记账规则。

【例 3-1】2 月 3 日，宝胜公司财务部门的小李从银行提取现金 5 000 元，以备日常之用。

这项经济业务的发生，一方面使公司的库存现金这一资产项目增加了 5 000 元，另一方面使公司的银行存款这一资产项目减少了 5 000 元。因此，本题所述业务涉及“库存现金”和“银行存款”这两个账户。这两个账户均属于资产类账户，其增加金额应登记在借方，其减少金额应登记在贷方，故本题应登记在“库存现金”账户的借方和“银行存款”账户的贷方。库存现金和银行存款 T 形账户登记情况如图 3-11 所示。

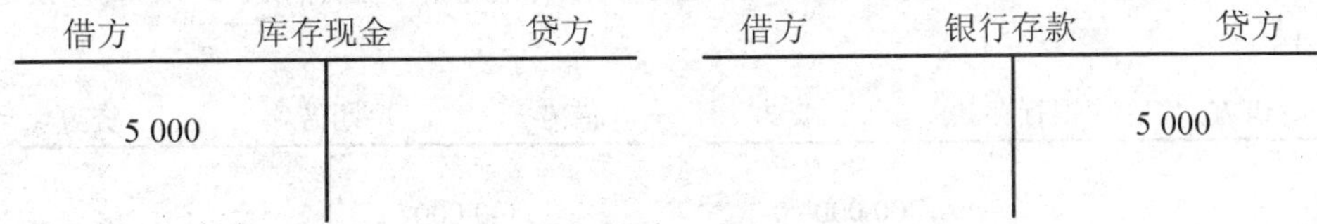

图 3-11　库存现金和银行存款 T 形账户登记情况

【例 3-2】2 月 10 日，宝胜公司因流动资金不足从中国工商银行借入短期借款 200 000 元，用以归还前欠华强公司的购货款。

这项经济业务的发生，一方面使公司的短期借款项目增加了 200 000 元，另一方面使公司的应付账款这一项目相应地减少了 200 000 元。因此，本题所述业务涉及“短期借款”和“应付账款”这两个账户。这两个账户均属于负债类账户，其增加金额应登记在贷方，其减少金额应登记在借方，故应登记在“短期借款”账户的贷方和“应付账款”账户的借方。应付账款和短期借款 T 形账户登记情况如图 3-12 所示。

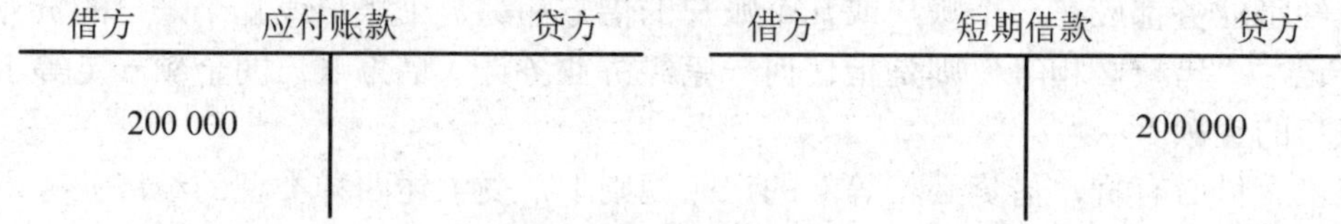

图 3-12　应付账款和短期借款 T 形账户登记情况

【例 3-3】2 月 16 日，宝胜公司通过发行债券的形式共募集资金 2 000 000 元，所募集资金均已到账。

这项经济业务的发生，一方面使公司的银行存款这一资产项目增加了 2 000 000 元，另一方面使公司的应付债券这一负债类项目相应增加了 2 000 000 元。因此，本题所述业务涉及资产类“银行存款”账户和负债类“应付债券”账户。前者属于资产类账户，增加金额登记在借方；后者属于负债类账户，增加金额登记在贷方。故本题应登记在“银行存款”账户的借方和“应付债券”账户的贷方。银行存款和应付债券 T 形账户登记情况如图 3-13 所示。

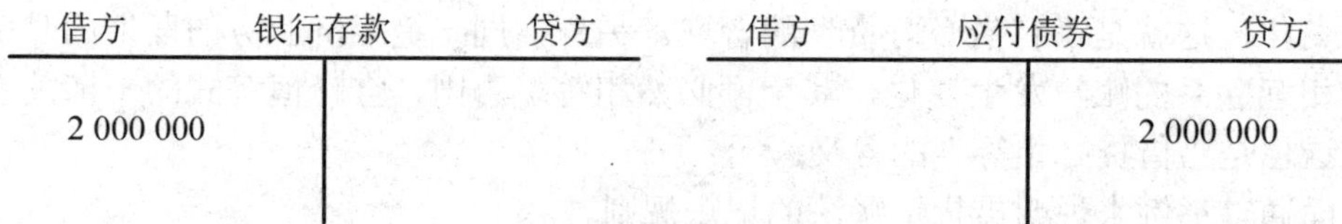

图 3-13　银行存款和应付债券 T 形账户登记情况

【例 3-4】宝胜公司 2 月 18 日用银行存款归还到期的短期借款 300 000 元。

这项经济业务的发生，一方面使公司的银行存款这一资产项目减少了 300 000 元，另一方面使公司的短期借款这一负债项目相应地减少了 300 000 元。因此，本题所述业务涉及资产类“银行存款”和负债类“短期借款”这两个账户。前者属于资产类账户，减少金额登记在贷方；后者属于负债类账户，减少金额登记在借方，故本题应登记在“银行存款”账户的贷方和“短期借款”账户的借方。银行存款和短期借款 T 形账户登记情况如图 3-14 所示。

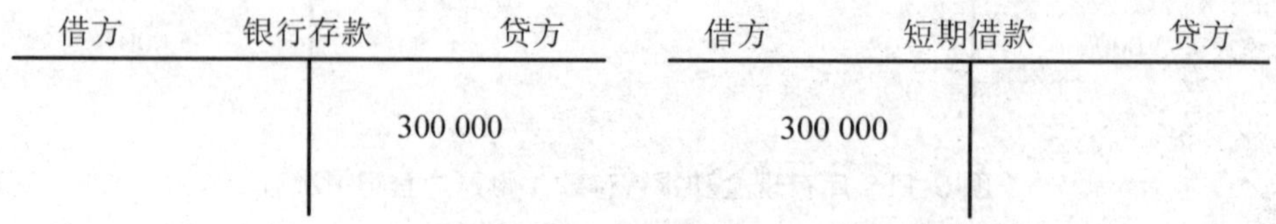

图 3-14　银行存款和短期借款 T 形账户登记情况

【例 3-5】2 月 19 日，宝胜公司收到投资者的投资，该投资者投入机器设备一台，经双方协商该机器设备以 150 000 元入账，该机器设备现已投入使用。

这项经济业务的发生，一方面使公司的固定资产这一资产项目增加了 150 000 元，另

一方面使公司的实收资本这一所有者权益项目相应地增加了 150 000 元。因此，本题所述业务涉及资产类“固定资产”和所有者权益类“实收资本”这两个账户。前者属于资产类账户，增加金额登记在借方；后者属于所有者权益类账户，增加金额登记在贷方，故本题应登记在“固定资产”账户的借方和“实收资本”账户的贷方。固定资产和实收资本 T 形账户登记情况如图 3-15 所示。

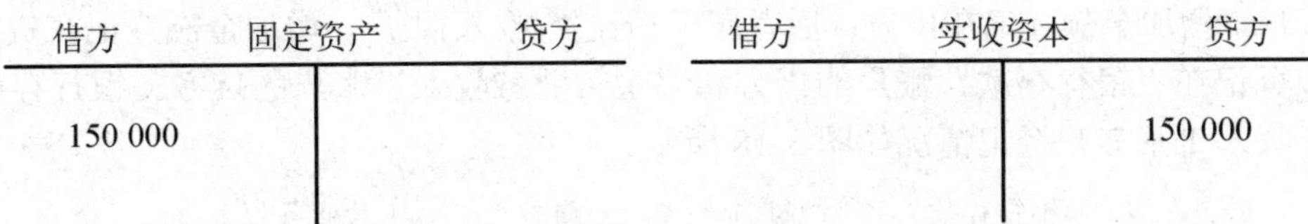

图 3-15　固定资产和实收资本 T 形账户登记情况

【例 3-6】2 月 20 日，宝胜公司从蓝天公司购入原材料一批，数量为 4 500 千克，单价为 2 元，该批材料的价款尚未支付。

这项经济业务的发生，一方面使公司的原材料这一资产项目增加了 9 000 元，另一方面使公司的应付账款这一负债项目相应地增加了 9 000 元。因此，本题所述业务涉及资产类“原材料”和负债类“应付账款”这两个账户。前者属于资产类账户，增加金额登记在借方；后者属于负债类账户，增加金额登记在贷方，故本题应登记在“原材料”账户的借方和“应付账款”账户的贷方。原材料和应付账款 T 形账户登记情况如图 3-16 所示。

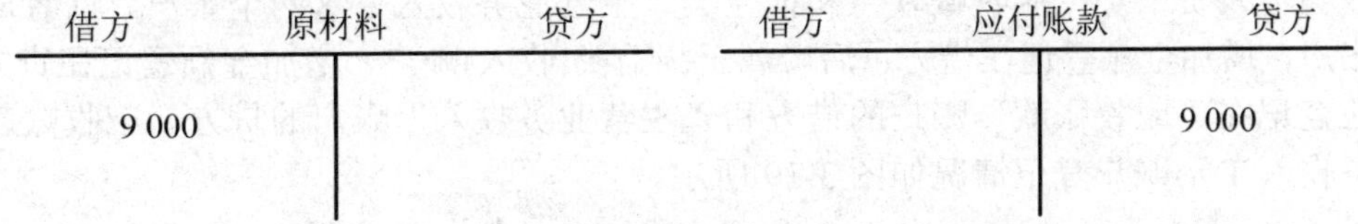

图 3-16　原材料和应付账款 T 形账户登记情况

【例 3-7】2 月 22 日，宝胜公司按照合同的约定，通过银行转账的方式向永昌公司预付购料款 50 000 元。

这项经济业务的发生，一方面使公司的预付账款这一资产项目增加了 50 000 元，另一方面使公司的银行存款这一资产项目相应地减少了 50 000 元。因此，本题所述业务涉及资产类中的两个账户，即“预付账款”和“银行存款”。两者均属于资产类账户，增加金额登记在借方，减少金额登记在贷方，故本题应登记在“预付账款”账户的借方和“银行存款”账户的贷方。预付账款和银行存款 T 形账户登记情况如图 3-17 所示。

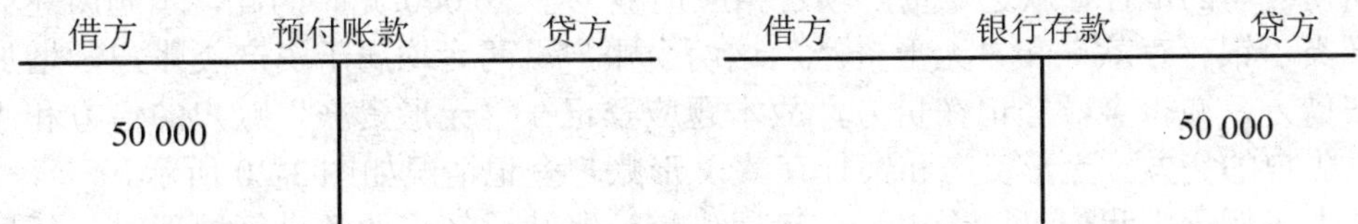

图 3-17　预付账款和银行存款 T 形账户登记情况

【例 3-8】2 月 24 日，宝胜公司向美达公司销售甲商品一批，共 500 件，每件为 200

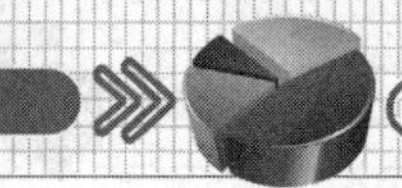

元，价款共计为 100 000 元(不考虑增值税因素)，该批商品的款项，美达公司已通过银行转账的方式予以支付。

这项经济业务的发生，一方面使公司的银行存款这一资产项目增加了 100 000 元，另一方面使公司的主营业务收入这一损益(收入)项目相应地增加了 100 000 元。因此，本题所述业务涉及资产类“银行存款”和损益类“主营业务收入”这两个账户。前者属于资产类账户，增加金额登记在借方；后者属于损益类(收入)账户，增加金额登记在贷方，故本题应登记在“银行存款”账户的借方和“主营业务收入”账户的贷方。银行存款和主营业务收入 T 形账户登记情况如图 3-18 所示。

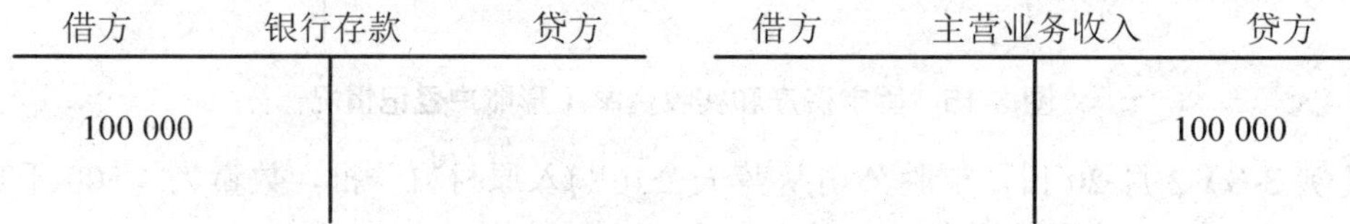

图 3-18　银行存款和主营业务收入 T 形账户登记情况

【例 3-9】2 月 26 日，宝胜公司向万利达公司销售乙商品一批，共 200 件，每件为 500 元，价款共计 100 000 元(不考虑增值税因素)，该批商品的款项，万利达公司尚未支付。

这项经济业务的发生，一方面使公司的应收账款这一资产项目增加了 100 000 元，另一方面使公司的主营业务收入这一损益(收入)项目相应地增加了 100 000 元。因此，本题所述业务涉及资产类“应收账款”和损益类“主营业务收入”这两个账户。前者属于资产类账户，增加金额登记在借方；后者属于损益类(收入)账户，增加金额登记在贷方，故本题应登记在“应收账款”账户的借方和“主营业务收入”账户的贷方。应收账款和主营业务收入 T 形账户登记情况如图 3-19 所示。

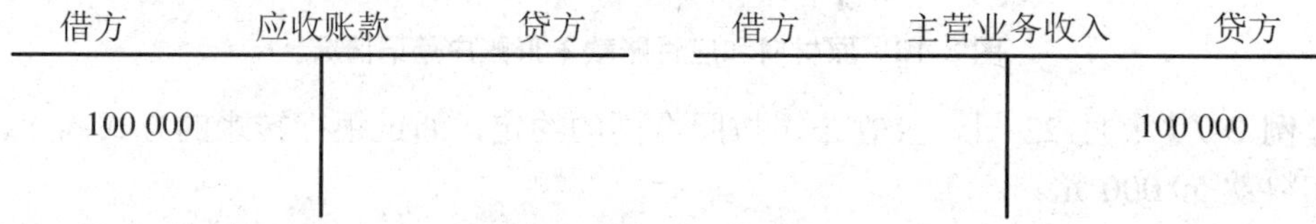

图 3-19　应收账款和主营业务收入 T 形账户登记情况

【例 3-10】2 月 28 日，宝胜公司购得一项专利技术，该专利技术价款为 20 000 元，价款已通过银行转账方式支付。

这项经济业务的发生，一方面使公司的无形资产这一资产项目增加了 20 000 元，另一方面使公司的银行存款这一资产项目相应地减少了 20 000 元。因此，本题所述业务涉及资产类“银行存款”和“无形资产”这两个账户。两者均属于资产类账户，增加金额登记在借方，减少金额登记在贷方，故本题应登记在“无形资产”账户的借方和“银行存款”账户的贷方。无形资产和银行存款 T 形账户登记情况如图 3-20 所示。

从上述例子中我们可以看出，在运用借贷记账法对经济业务进行处理时，任何一笔经济业务都需要在至少两个或两个以上账户中进行登记，这样就在相关的账户之间发生了应借、应贷的相互关系。在会计中，我们把账户之间的这种相互关系称为账户的对应关系，发生对应关系的账户叫作对应账户。

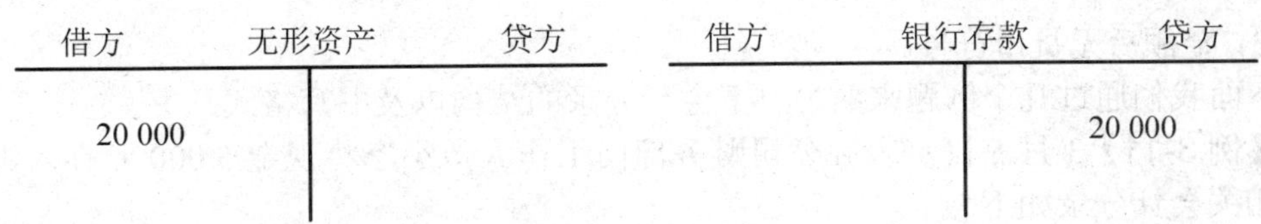

图 3-20　无形资产和银行存款 T 形账户登记情况

需要指出的是，账户的对应关系是相对于某项具体的经济业务而言的，并非是指某个账户与某个账户之间是固定的对应账户。例如，某企业用现金 5 000 元购买行政管理部门所用的办公用品。该项经济业务的发生，一方面使企业“库存现金”这一资产项目减少了 5 000 元，另一方面也使企业“管理费用”这一费用项目增加了 5 000 元。我们在应用借贷记账法记账时，一方面需要在“管理费用”账户借方登记 5 000 元，另一方面需要在“库存现金”账户贷方登记 5 000 元。这项经济业务的发生使“管理费用”和“库存现金”账户之间发生了应借、应贷的对应关系，那么这两个账户就可以叫作对应账户。又如，企业出纳人员从单位在银行的存款账户中提取现金 5 000 元。这笔经济业务在处理时，应记入“库存现金”账户的借方和“银行存款”账户的贷方。这笔经济业务使“库存现金”账户与“银行存款”账户之间也发生了应借、应贷的相互关系，那么“库存现金”账户和“银行存款”账户也是对应账户。上述两个例子说明了账户之间的对应关系并非是固定的，它受具体经济业务的影响。

(二)会计分录

1. 会计分录的概念

在企业的日常经营中会发生种类繁多而且数量较多的各类经济业务，如果按照经济业务的情况直接逐笔登记到账户中，则工作量将非常大，而且很容易出现错误，从而会影响所提供的会计信息的质量。因此，在会计实践中，为了保证账户记录的正确性和高效性，在将经济业务的具体内容记入相关账户之前，需要用一种专门的方法来确定经济业务所涉及项目之间的正确的账户对应关系，即明确经济业务涉及的账户及其借贷方向和金额。这种工作方法，在会计中称为编制会计分录。

会计分录是指在经济业务发生后，按照记账规则的要求，标明其应借应贷账户及其金额的一种记录，简称“分录”。

在实际工作中，通常是将会计分录登记在记账凭证中。一个完整的会计分录通常包括以下三项要素。

(1) 账户名称，即涉及的会计科目。

(2) 记账方向，即记账符号“借”和“贷”，用以表示账户记录内容的增加或减少。

(3) 金额。

在实际编制会计分录的过程中，还需要注意会计分录在格式上的要求。关于会计分录的书写格式，主要有以下三个方面的要求。

(1) 借方在前，贷方在后，即先借后贷。

(2) 借方内容与贷方内容要分上下行来写，切记不能写在同一行中。另外，贷方的文字和金额需要与借方的文字和金额错开两格进行书写。

(3) 金额后无货币符号。

下面我们通过几个例题来熟悉一下会计分录的结构以及书写格式。

【例 3-11】3 月 5 日，宝胜公司财务部门工作人员小李将现金 5 000 元存入银行账户。相关会计分录如下。

借：银行存款　　5 000

　　贷：库存现金　　5 000

【例 3-12】3 月 10 日，宝胜公司通过转账方式偿还到期的一笔短期借款，该笔短期借款的金额为 50 000 元。相关会计分录如下。

借：短期借款　　50 000

　　贷：银行存款　　50 000

【例 3-13】3 月 15 日，宝胜公司收到南天集团的投资款 1 000 000 元，该投资款已到账。相关会计分录如下。

借：银行存款　　1 000 000

　　贷：实收资本——南天集团　　1 000 000

2. 会计分录的分类

在编制会计分录时，我们发现有的会计分录只涉及两个账户，有的会计分录涉及两个以上的账户。因此，可以按照会计分录中所涉及的账户数量的多少，将会计分录分为简单会计分录和复合会计分录。

简单会计分录是指涉及的账户数量仅为两个，也就是一个账户的借方和另一个账户的贷方发生对应关系的会计分录，即一借一贷的会计分录。例如，上面所举的例 3-11～例 3-13 的会计分录均为简单会计分录。

复合会计分录是指涉及的账户数量在两个以上，也就是一个账户的借方与另外几个账户的贷方，或几个账户的借方与另外一个账户的贷方或几个账户的借方与几个账户的贷方发生对应关系的会计分录，即一借多贷、多借一贷或多借多贷的会计分录。例如，下面将要讲到的例 3-14～例 3-16 的会计分录即为复合会计分录。

【例 3-14】3 月 17 日，宝胜公司用转账支票结算方式偿还前欠永强公司的账款 20 000 元，用现金偿还剩余的账款 5 000 元。相关会计分录如下。

借：应付账款——永强公司　　25 000

　　贷：银行存款　　20 000

　　　　库存现金　　5 000

【例 3-15】3 月 22 日，宝胜公司向金川公司购买 A 材料 1 000 千克，收到金川公司开来的增值税发票，单价 10 元，价款 10 000 元；增值税税率为 16%，增值税税额为 1 600 元；款项已通过银行转账支付，该批材料均已验收入库。相关会计分录如下。

借：原材料——A 材料　　10 000

　　应交税费——应交增值税(进项税额)　　1 600

　　贷：银行存款　　11 600

【例 3-16】3 月 25 日，宝胜公司根据合同的规定，向已预付货款的南天公司发出 A 产品 200 件，每件售价 50 元，按照规定计算的增值税税额为 1 600 元，冲销原预收货款

5 000 元后，尚有 6 600 元未收到。相关会计分录如下。

借：预收账款——南天公司　　5 000
　　应收账款——南天公司　　6 600
　　贷：主营业务收入——A 产品　　10 000
　　　　应交税费——应交增值税(销项税额)　　1 600

3. 会计分录的编制

经济业务发生后，我们需要根据经济业务的情况编制会计分录。一般来说，编制会计分录时应遵循一定的思路。通常，编制会计分录的过程大体可以分为以下四步。

第一步，分析确定经济业务所涉及账户的名称及账户性质。分析经济业务所涉及账户的名称实际上是对经济业务按账户分类，将同类经济业务记录在同一账户中；分析确定经济业务所涉及账户的性质是指确定经济业务所涉及的账户是借方表示增加，还是贷方表示增加。

第二步，根据经济业务引起的会计要素的增减变化和借贷记账法下账户的性质确定对应账户的记账方向，即确定应借账户和应贷账户。虽然每个企业发生的经济业务各种各样，但经济业务所引起的经济内容的变化则只有两种，即增加或减少。确定会计要素增减变化方向的目的是确定在账户中登记时，是应记入账户的借方，还是应记入账户的贷方。

第三步，确定发生的经济业务对会计要素的影响程度，即增减变化的情况，从而确定账户应登记的金额。

第四步，根据借贷记账法“有借必有贷，借贷必相等”的记账规则，检查会计分录借方金额和贷方金额是否平衡，账户名称的书写有无错误。

下面我们以例 3-16 为例，来分析会计分录的编制步骤。

步骤一，该笔经济业务涉及“预收账款”“应收账款”“主营业务收入”及“应交税费——应交增值税”四个项目。其中，“应收账款”属于资产类账户，“主营业务收入”属于损益(收入)类账户，“预收账款”和“应交税费——应交增值税”均属于负债类账户。

步骤二，该笔经济业务导致公司应收账款增加 6 600 元，预收账款减少 5 000 元，主营业务收入增加 10 000 元，应交税费——应交增值税增加 1 600 元。

步骤三，根据账户结构可知，资产类账户增加记借方，负债类账户增加记贷方、减少记借方，损益(收入)类账户增加记贷方。

步骤四，确认记入借方账户的金额合计数为 11 600 元，记入贷方账户的金额合计数为 11 600 元，符合借贷必相等的记账规则。

则相关会计分录如下。

借：预收账款——南天公司　　5 000
　　应收账款——南天公司　　6 600
　　贷：主营业务收入——A 产品　　10 000
　　　　应交税费——应交增值税(销项税额)　　1 600

关于会计分录在这里还有一点需要补充说明，以上所列会计分录的格式，只是在教学中采用的一种形式。在会计实际工作中，并没有单独编制会计分录这个程序，而是用记账凭证来指明经济业务应记入的账户名称、记账方向和记账金额。

四、试算平衡

(一)试算平衡的概念及原理

试算平衡是根据资产和权益之间的平衡关系和借贷记账法的记账规则来检查所有账户的记录是否正确的一种方法。

在借贷记账法下，按照“有借必有贷，借贷必相等”的记账规则进行记账，就使得根据每一项经济业务所编制的会计分录，借贷两方的发生额必然相等；在一定时期内，全部账户的借(贷)方本期发生额合计是每一项经济业务会计分录借(贷)方发生额的累计，因此，根据等量加等量和相等的原理，将一定期间内(如一个月)反映全部经济业务的所有会计分录都记入有关账户后，所有账户的借方本期发生额合计数与贷方本期发生额合计数也必然是相等的；借贷记账法下根据账户结构可以看出，若账户余额在借方，表明是企业的资产，账户余额在贷方，则表明是企业的权益，因为资产=权益，所以可以推出，所有账户的借方余额合计等于所有账户的贷方余额合计。

(二)试算平衡的方法

根据上面的分析，我们能够得知，如果在记账的过程中发生差错，那么就可能使借方金额和贷方金额出现不平衡。如果借贷方金额不平衡，不仅说明在账户记录中出现了错误，还将会导致以账户记录为依据而编制的报表出现错误。因此，为了检查和验证账户记录是否正确，以便及时找出差错及分析其原因，并予以更正，就必须定期进行试算平衡。试算平衡包括两种方法，即发生额试算平衡和余额试算平衡。

1. 发生额试算平衡

发生额试算平衡是通过计算全部账户的借方发生额合计与全部账户的贷方发生额合计是否相等来检验本期账户记录是否正确的方法。其计算公式如下。

全部账户本期借方发生额合计=全部账户本期贷方发生额合计

发生额试算平衡是根据借贷记账法的记账规则得出的。按照借贷记账法，当经济业务发生后，需要按照记账规则记账。按照记账规则，每一笔经济业务都需要在相关账户的借方和贷方进行登记，且记入相关账户借方和贷方的金额必然是相等的。当一定会计期间的全部经济业务都记入相关账户后，所有账户的借方发生额合计数与所有账户的贷方发生额合计数也必然相等。利用发生额试算平衡公式可以检查每一项经济业务的记录是否正确，也可以检查一定会计期间内所有经济业务记录的正确性。

2. 余额试算平衡

余额试算平衡是通过计算全部账户的借方期末余额合计数与全部账户的贷方期末余

额合计数是否相等来检验本期账户记录是否正确的方法。其计算公式如下。

全部账户借方期末余额合计=全部账户贷方期末余额合计

余额试算平衡也是根据会计恒等式推导出来的。在借贷记账法下，资产类账户的期末余额在借方，负债类和所有者权益类账户的期末余额在贷方。由于存在“资产=负债+所有者权益”的平衡关系，因此全部账户的借方期末余额合计数应当等于全部账户的贷方期末余额合计数。余额试算平衡法主要是通过各种账户余额来检查、推断账户处理正确性的。利用余额试算平衡公式可以检查每一个账户记录的正确性，也可以检查一定会计期间内所有账户记录的正确性。

在会计实际工作中，通常在每一会计期间结束时，在已经结出各个账户本期发生额和期末余额的基础上，通过编制试算平衡表完成试算平衡工作。

编制的试算平衡表主要有两种：一种是将本期发生额和期末余额分别编表进行试算平衡，即分别编制账户本期发生额试算平衡表(见表 3-1)和账户期末余额试算平衡表(见表 3-2)，然后对本期账户发生额和账户余额分别进行试算平衡。

表 3-1 账户本期发生额试算平衡表

年 月 日 单位：元

账户名称	借方发生额	贷方发生额
合计		

表 3-2 账户期末余额试算平衡表

年 月 日 单位：元

账户名称	借方余额	贷方余额
合计		

另一种是将本期发生额和期末余额合并在一张表上进行试算平衡，即将账户本期发生额和账户期末余额均列在一张表上同时进行试算平衡。该表的格式如表 3-3 所示。

表 3-3 账户本期发生额及余额试算平衡表

年 月 日 单位：元

账户名称	期初余额		本期发生额		期末余额	
	借 方	贷 方	借 方	贷 方	借 方	贷 方
合计						

上面讲到了试算平衡可以检查账户记录的正确性，但通过试算平衡来检查账户记录是否正确也并非绝对可靠。如果等式两边不等，则说明账户记录肯定有错误，但如果等式两边相等，也不能说明账户记录绝对正确。因为有些错误并不影响等式两边的平衡，

因此，在编制试算平衡表的时候，还应注意以下三个方面的问题。

(1) 认真审核并仔细检查，保证全部账户的发生额及余额均已记入试算平衡表中。

(2) 若试算平衡表中借贷方金额不相等，则说明账户记录中存在错误，应仔细排查。

(3) 即使实现了试算平衡，也不能说明账户记录绝对正确，因为有些错误不会影响借贷双方的平衡关系。例如，经济业务记错有关账户、漏记经济业务以及颠倒了记账方向等问题均不会影响借贷双方的平衡关系。因此，在试算平衡的情况下也不能够掉以轻心，仍应进行细致的检查工作，从而保证账户记录的正确性。

下面我们通过一个例题来熟悉一下试算平衡的运用。

【例 3-17】某公司 2018 年 5 月 1 日有关总分类账户的余额情况如表 3-4 所示。

表 3-4　某公司有关总分类账户余额情况

2018 年 5 月 1 日

资　产	借方余额	负债及所有者权益	贷方余额
库存现金	5 000	短期借款	100 000
银行存款	2 400 000	应付账款	500 000
原材料	95 000	实收资本	3 000 000
固定资产	1 500 000	盈余公积	400 000
合计	4 000 000	合计	4 000 000

该公司 2018 年 5 月份发生了下列经济业务。

(1) 收到投资者投入的投资款 250 000 元，存入银行。

(2) 用银行存款 350 000 元购买设备一台。

(3) 购入材料一批，买价为 15 000 元，货款尚未支付。

(4) 从银行提取现金 5 000 元。

(5) 用盈余公积金 200 000 元转增注册资本。

(6) 用银行存款偿还到期短期借款 50 000 元。

要求根据以上经济业务，编制会计分录和进行 T 形账户登记，并应用试算平衡原理进行账户发生额及账户余额的试算平衡。

相关经济业务分析、会计分录编制及账户登记内容如下。

业务(1)：该笔经济业务的发生，一方面使资产项目中的“银行存款”增加了 250 000 元，另一方面使所有者权益项目中的“实收资本”增加了 250 000 元。故应在“银行存款”账户的借方登记 250 000 元，同时在“实收资本”账户的贷方登记 250 000 元。银行存款和实收资本 T 形账户登记情况如图 3-21 所示。

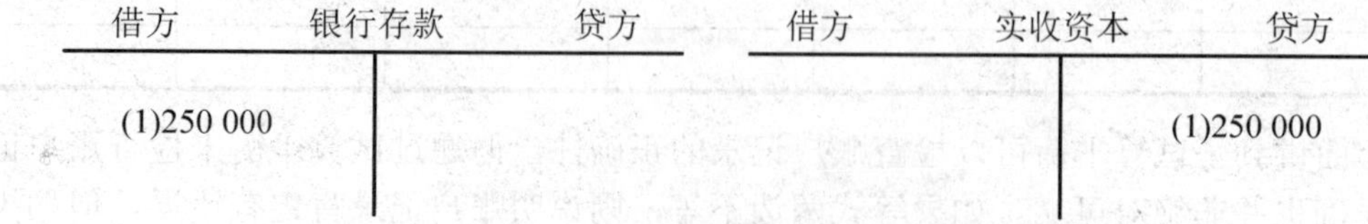

图 3-21　银行存款和实收资本 T 形账户登记情况

相关会计分录如下。

借：银行存款　　250 000

　　贷：实收资本　　250 000

业务(2)：该笔经济业务的发生，一方面使资产项目中的“银行存款”减少了 350 000 元，另一方面也使资产项目中的“固定资产”增加了 350 000 元。故应在“固定资产”账户的借方登记 350 000 元，同时在“银行存款”账户的贷方登记 350 000 元。固定资产和银行存款 T 形账户登记情况如图 3-22 所示。

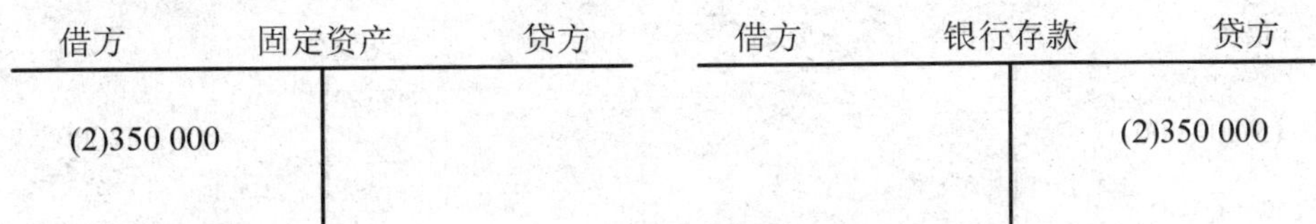

图 3-22　固定资产和银行存款 T 形账户登记情况

相关会计分录如下。

借：固定资产　　350 000

　　贷：银行存款　　350 000

业务(3)：该笔经济业务的发生，一方面使资产项目中的“原材料”增加了 15 000 元，另一方面使负债类项目中的 “应付账款”增加了 15 000 元。故应在“原材料”账户的借方登记 15 000 元，同时在“应付账款”账户的贷方登记 15 000 元。原材料和应付账款 T 形账户登记情况如图 3-23 所示。

借方	原材料	贷方
(3)15 000		

借方	应付账款	贷方
		(3)15 000

图 3-23　原材料和应付账款 T 形账户登记情况

编制会计分录如下。

借：原材料　　15 000

　　贷：应付账款　　15 000

业务(4)：该笔经济业务的发生，一方面使资产项目中的“库存现金”增加了 5000 元，另一方面也使资产项目中的“银行存款”减少了 5 000 元。故应在“库存现金”账户的借方登记 5 000 元，同时在“银行存款”账户的贷方登记 5 000 元。库存现金和银行存款 T 形账户登记情况如图 3-24 所示。

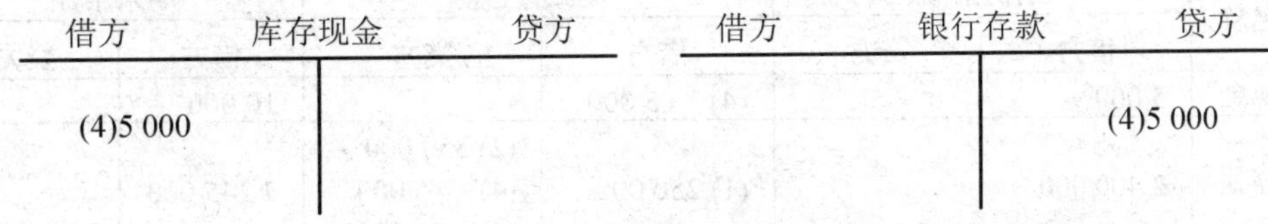

图 3-24　库存现金和银行存款 T 形账户登记情况

编制会计分录如下。

借：库存现金　　5 000

　　贷：银行存款　　5 000

业务(5)：该笔经济业务的发生，一方面使所有者权益项目中的“盈余公积”减少了 200 000 元，另一方面也使所有者权益项目中的“实收资本”增加了 200 000 元。故应在“盈余公积”账户的借方登记 200 000 元，同时在“实收资本”账户的贷方登记 200 000 元。盈余公积和实收资本 T 形账户登记情况如图 3-25 所示。

借方　盈余公积	贷方
(5)200 000	

借方　实收资本	贷方
	(5)200 000

图 3-25　盈余公积和实收资本 T 形账户登记情况

编制会计分录如下。

借：盈余公积　　200 000

　　贷：实收资本　　200 000

业务(6)：该笔经济业务的发生，一方面使资产项目中的“银行存款”减少 50 000 元，另一方面也使负债项目中的“短期借款”减少 50 000 元。故应在“银行存款”账户的贷方登记 50 000 元，同时在“短期借款”账户的借方登记 50 000 元。银行存款和短期借款 T 形账户登记情况如图 3-26 所示。

借方　银行存款	贷方
	(6)50 000

借方　短期借款	贷方
(6)50 000	

图 3-26　银行存款和短期借款 T 形账户登记情况

编制会计分录如下。

借：短期借款　　50 000

　　贷：银行存款　　50 000

根据上述账户的登记情况，并结合该企业 2018 年 5 月 1 日各账户的期初余额情况，编制试算平衡表，如表 3-5 所示。

表 3-5　试算平衡表

账户名称	期初余额		本期发生额		期末余额	
	借方	贷方	借方	贷方	借方	贷方
库存现金	5 000		(4)　5 000		10 000	
银行存款	2 400 000		(1) 250 000	(2) 350 000 (4)　5 000 (6)　50 000	2 245 000	
原材料	95 000		(3)　15 000		110 000	

续表

账户名称	期初余额		本期发生额		期末余额	
	借方	贷方	借方	贷方	借方	贷方
固定资产	1 500 000		(2) 350 000		1 850 000	
应付账款		500 000		(3) 15 000		515 000
短期借款		100 000	(6) 50 000			50 000
实收资本		3 000 000		(1) 250 000 (5) 200 000		3 450 000
盈余公积		400 000	(5) 200 000			200 000
合计	4 000 000	4 000 000	870 000	870 000	4 215 000	4 215 000

通过试算平衡表，我们能够发现全部账户本期借方发生额合计数与全部账户本期贷方发生额合计数是相等的，金额均为870 000元。另外，通过计算我们也能够发现，全部账户本期借方期末余额合计数与全部账户本期贷方期末余额合计数也是相等的，金额均为4 215 000元。因此，试算平衡可以有效地为我们验证记账工作的正确性和准确性。

试算平衡表

试算平衡表是定期地加计总分类账户的借方发生额、贷方发生额及余额的合计数，用以检查借贷方是否平衡，即账户记录有无错误的一种表式。该表从结构上通常设有“账户名称”栏和“期初余额”“本期发生额”“期末余额”三个金额栏。通过总分类账户本期发生额和余额对照表，除可验算全部总分类账户发生额及期末余额是否平衡外，还可了解该期间经济活动和预算执行的概况；另外，试算平衡表提供的数据通过必要的计算和调整，也可以作为编制会计报表的重要依据。

在实际工作中，试算平衡表可以分为两种：一种是将本期发生额和期末余额分别编制列表；另一种是将本期发生额和期末余额合并在一张表上进行试算平衡。

通过试算平衡表来检查账簿记录是否正确并不是绝对的，从某种意义上来讲，如果借贷不平衡，就可以肯定账户的记录或者计算有错误，但是如果借贷平衡，我们也不能肯定账户记录是正确的，因为有些错误并不影响借贷双方的平衡关系。如果在有关账户中重记或漏记某项经济业务，或者将经济业务的借贷方向记反，我们就不一定能通过试算平衡发现错误。

第三节 账户的平行登记

【案例导入】

俊华公司应收账款总账包括三个明细账户，即甲公司、乙公司及丙公司。

2018年3月应收账款总账期初余额为借方50 000元，应收账款——甲公司期初余额为借方20 000元，应收账款——乙公司期初余额为借方22 000元。

应收账款——甲公司本月借方发生额为10 000元，应收账款——乙公司本月借方发生额为 20 000 元，应收账款——丙公司本月借方发生额为 30 000 元。

根据以上资料试求，俊华公司当月应收账款——丙公司的期初余额及应收账款总账的借方发生额。

一、总分类账户与明细分类账户的设置

1. 设置总分类账户与明细分类账户的意义

对于企业来讲，设置总分类账户和明细分类账户主要是为了满足经营管理的需求。经营管理者要求会计人员一方面要提供会计要素各项目的综合总括资料，另一方面也要提供会计要素各项目的详细具体资料。综合总括资料可以通过总分类账户来提供，详细具体资料可以通过明细分类账户来提供。例如，“原材料”总分类账户可以提供企业在原材料方面占用的资金数额，用以反映原材料方面占用的资金是否过多，是否超过了预定限额，以便控制原材料方面占用的资金在合理的范围之内。但是，单纯有了原材料占用总额还不够，还需要了解各种原材料的占用情况。在实际工作中也可能出现原材料占用总额在合理的数额之内，而个别原材料存在超储积压的情况，或者原材料总额超过了规定的限额，而个别原材料存在不足的情况。这些情况只有通过明细分类账户才能反映出来。因此，同时设置总分类账户和明细分类账户，可为经营管理者提供既综合总括又详细具体的会计信息，便于经营管理者进行生产经营控制和决策。

2. 总分类账户

总分类账户是根据总分类科目设置的，用来对会计要素具体内容进行总括分类核算的账户，简称总账账户或总账。为了保持会计信息的一致性、可比性，目前总分类账户一般根据国家所规定的有关会计制度设置。总分类账户核算的是某一经济内容的总体信息，具有概括性。例如，原材料总分类账户的结构如表 3-6 所示。

表 3-6 原材料总分类账户的结构

账户名称：原材料　　　　第　页

年		凭证号数	摘 要	借 方	贷 方	借或贷	余 额
月	日						

3. 明细分类账户

明细分类账户是根据明细分类科目设置的，用来对会计要素的具体内容进行明细分类核算的账户，简称明细账。明细账核算的内容更加具体、详细。例如，原材料账户的明细分类账户结构如表 3-7 所示。

表 3-7 原材料——甲材料明细分类账户结构

明细账户：甲材料　　　　计量单位：千克　　　　第　页

年		凭证号数	摘　要	收　入			发　出			结　存		
月	日			数量	单价	金额	数量	单价	金额	数量	单价	金额

4. 总分类账户与明细分类账户的关系

(1) 总分类账户对明细分类账户具有统驭控制作用。总分类账户提供的总括核算资料是对有关明细分类账户资料的综合；明细分类账户所提供的明细核算资料是对其总分类账户核算资料的具体化。

(2) 明细分类账户对总分类账户具有补充说明作用。总分类账户是对会计要素各项目增减变化的总括反映，提供总括的资料；明细分类账户反映的是会计要素各项目增减变化的详细情况，提供了某一具体方面的详细资料，有些明细分类账户还可以提供实物数量指标和劳动量指标等。

(3) 总分类账户与其所属明细分类账户在总金额上应当相等。由于总分类账户与其所属明细分类账户是根据相同的依据来进行平行登记的，因此所反映的经济内容是相同的，其总金额必然也相等。

二、总分类账户与明细分类账户的平行登记

(一)平行登记的概念

平行登记是指对所发生的每项经济业务都要以会计凭证为依据，一方面记入有关总分类账户，另一方面记入有关总分类账户所属的明细分类账户。在会计中，平行登记一方面可以满足管理上对总括会计信息和详细会计信息的需求，另一方面又可以检验账户记录的完整性和正确性。

(二)平行登记的内容及要求

由于总分类账户与其所属的明细分类账户反映的经济业务相同，登记的依据也相同，它们提供的资料相互补充，因此总分类账户和明细分类账户必须平行登记，从而满足会计信息使用者对信息详细程度的不同要求。

总分类账户与明细分类账户在平行登记时，要做到以下四点。

1. 登记账户的依据相同

依据相同是指将发生的交易或事项记入总分类账户及其所属明细分类账户时，所依

据的会计凭证(特别是指原始凭证)相同。虽然登记总分类账户及其所属明细分类账户的直接依据不一定相同，但原始依据是相同的。

2. 登记账户的方向相同

方向相同是指将发生的交易或事项记入总分类账户及其所属的明细分类账户时，记账的借贷方向应当一致。如果在进行账户登记时，总分类账户登记的是借方(或贷方)，那么，在记入其所属的明细分类账户时，也应记入借方(或贷方)。

3. 登记账户的期间相同

期间相同是指对发生的每一项交易或事项，既要记入有关的总分类账户，又要在同一会计期间内记入其所属的明细分类账户。尽管登记总分类账与明细分类账的具体日期不一定相同，但都要在同一会计期间内进行登记。

4. 登记账户的金额相等

金额相等是指对发生的每一项交易或事项，记入总分类账户的金额与记入其所属的明细分类账户的金额之和相等。

总分类账户与其所属的明细分类账户之间在数量上的相等关系，具体可用如下公式来表达。

总分类账户的期初余额=所属明细分类账户期初余额的合计数

总分类账户的本期发生额=所属明细分类账户本期发生额的合计数

总分类账户的期末余额=所属明细分类账户期末余额的合计数

下面举例来说明总分类账户和明细分类账户平行登记的方法。

【例 3-18】2018 年 1 月 1 日，宝胜公司“原材料”和“应付账款”总分类账户及其所属的明细分类账户的余额情况如下。

(1) “原材料”总分类账户为借方余额 50 000 元，其所属明细账户结存情况如下。

① “甲材料”明细账户，结存 2 000 千克，单位成本为 20 元，金额计 40 000 元。

② “乙材料”明细账户，结存 50 吨，单位成本为 200 元，金额计 10 000 元。

(2) “应付账款”总分类账户为贷方余额 20 000 元，其所属明细账户余额如下。

① “青川公司”明细账户，贷方余额 12 000 元。

② “云海公司”明细账户，贷方余额 8 000 元。

2018 年 1 月份，宝胜公司发生的有关交易或事项及其会计处理如下。

(1) 1 月 9 日，从青川公司购入甲材料 500 千克，单价 20 元，共计 10 000 元；从云海公司购入乙材料 100 吨，单价 200 元，共计 20 000 元。甲、乙材料均已验收入库，货款尚未支付。

对发生的该交易或事项，宝胜公司应编制会计分录如下。

借：原材料——甲材料　　10 000
　　　　　——乙材料　　20 000
　贷：应付账款——青川公司　　10 000
　　　　　　　——云海公司　　20 000

(2) 1 月 12 日，向青川公司购入甲材料 400 千克，单价 20 元，共计 8 000 元；乙材料 50 吨，单价 200 元，共计 10 000 元。材料均已验收入库，货款尚未支付。

对发生的该交易或事项，宝胜公司应编制会计分录如下。

借：原材料——甲材料　　8 000
　　　　　——乙材料　　10 000
　　贷：应付账款——青川公司　　18 000

(3) 1 月 20 日，以银行存款偿付前欠青川公司的货款 20 000 元、云海公司的货款 20 000 元。

对发生的该交易或事项，宝胜公司应编制会计分录如下。

借：应付账款——青川公司　　20 000
　　　　　　——云海公司　　20 000
　　贷：银行存款　　40 000

(4) 1 月 26 日，生产车间为生产产品从仓库领用甲材料 1 000 千克，金额为 20 000 元；领用乙材料 100 吨，金额为 20 000 元。

对发生的该交易或事项，宝胜公司应编制会计分录如下。

借：生产成本　　40 000
　　贷：原材料——甲材料　　20 000
　　　　　　　——乙材料　　20 000

根据平行登记的要求，将上述交易或事项在“原材料”和“应付账款”总分类账户及其所属的明细分类账户中进行登记。

平行登记结果如表 3-8～表 3-13 所示。

表 3-8　总分类账户——原材料

账户名称：原材料　　　　第　页

2018 年		凭证字号	摘　要	借　方	贷　方	借或贷	余　额
月	日						
1	1		期初余额			借	50 000
1	9	(1)	购入材料	30 000		借	80 000
1	12	(2)	购入材料	18 000		借	98 000
1	26	(4)	生产领料		40 000	借	58 000
			本月发生额及余额	48 000	40 000	借	58 000

表 3-9　总分类账户——应付账款

账户名称：应付账款　　　　第　页

2018 年		凭证字号	摘　要	借　方	贷　方	借或贷	余　额
月	日						
1	1		期初余额			贷	20 000
1	9	(1)	购料欠款		30 000	贷	50 000

续表

2018 年		凭证字号	摘　要	借　方	贷　方	借或贷	余　额
月	日						
1	12	(2)	购料欠款		18 000	贷	68 000
1	20	(3)	偿还欠款	40 000		贷	28 000
			本月发生额及余额	40 000	48 000	贷	28 000

表 3-10　原材料明细分类账户——甲材料

明细账户：甲材料　　　　计量单位：千克　　　　金额：元

2018 年		凭证字号	摘要	收　入			发　出			结　存		
月	日			数量	单价	金额	数量	单价	金额	数量	单价	金额
1	1		期初余额							2 000	20	40 000
1	9	(1)	购入材料	500	20	10 000				2 500	20	50 000
1	12	(2)	购入材料	400	20	8 000				2 900	20	58 000
1	26	(4)	生产领料				1000	20	20 000	1 900	20	38 000
			本月合计	900	20	18 000	1000	20	20 000	1 900	20	38 000

表 3-11　原材料明细分类账户——乙材料

明细账户：乙材料　　　　计量单位：吨　　　　金额：元

2018 年		凭证字号	摘　要	收　入			发　出			结　存		
月	日			数量	单价	金额	数量	单价	金额	数量	单价	金额
1	1		期初结存							50	200	10 000
1	9	(1)	购入材料	100	200	20 000				150	200	30 000
1	12	(2)	购入材料	50	200	10 000				200	200	40 000
1	26	(4)	生产领料				100	200	20 000	100	200	20 000
			本月合计	150	200	30 000	100	200	20 000	100	200	20 000

表 3-12　应付账款明细账户——青川公司

明细账户：青川公司　　　　单位：元

2018 年		凭证字号	摘　要	借　方	贷　方	借或贷	余　额
月	日						
1	1		期初余额			贷	12 000
1	9	(1)	购料欠款		10 000	贷	22 000
1	12	(2)	购料欠款		18 000	贷	40 000
1	20	(3)	偿还欠款	20 000		贷	20 000
			本月发生额及余额	20 000	28 000	贷	20 000

表 3-13　应付账款明细账户——云海公司

明细账户：云海公司　　　　单位：元

2018 年		凭证字号	摘　要	借　方	贷　方	借或贷	余　额
月	日						
1	1		期初余额			贷	8 000
1	9	(1)	购料欠款		20 000	贷	28 000
1	20	(3)	偿还欠款	20 000		贷	8 000
			本月发生额及余额	20 000	20 000	贷	8 000

根据上述各表所登记的情况，从表 3-8、表 3-10 以及表 3-11 中，关于“原材料”总分类账户及其所属明细分类账户平行登记的结果情况能够看出，“原材料”总分类账户的期初余额为 50 000 元，借方本期发生额合计为 48 000 元，贷方本期发生额合计为 40 000 元，期末余额为 58 000 元，分别与其所属的两个明细分类账户的期初余额之和 50 000(40 000+10 000)元，借方本期发生额之和 48 000(18 000+30 000)元，贷方本期发生额之和 40 000(20 000+20 000)元，以及期末余额之和 58 000(38 000+20 000)元均相等，表明原材料总分类账户与其所属明细分类账户的平行登记未发生差错。

另外，从表 3-9、表 3-12 以及表 3-13 中，关于“应付账款”总分类账户及其所属明细分类账户平行登记的结果也可以看出，“应付账款”总分类账户期初余额为 20 000 元，借方本期发生额为 40 000 元，贷方本期发生额为 48 000 元，期末余额为 28 000 元，分别与其所属的明细分类账户的期初余额之和 20 000(12 000+8 000)元，借方本期发生额之和 40 000(20 000+20 000)元，贷方本期发生额之和 48 000(28 000+20 000)元，以及期末余额之和 28 000(20 000+8 000)元均相等，表明应付账款总分类账户与其所属明细分类账户的平行登记未发生差错。

综上所述，通过对总分类账户与明细分类账户登记金额的检验，再次验证了总分类账户与其所属明细分类账户记账金额相等的平行登记规则。利用总分类账户与其所属明细分类账户平行登记所形成的账户金额必然相等的关系，可以通过定期核对双方有关金额，来检查账户的记录是否正确、完整。如果在核对过程中发现有关金额不相等，那么则表明账户登记工作必然存在差错，应及时进行检查，查找导致金额不等的原因，并予以更正。

思考题

1. 什么是复式记账？复式记账的优点有哪些？
2. 什么是借贷记账法？
3. “借”和“贷”的含义及用途是什么？
4. 资产类账户的结构特点是什么？
5. 负债类账户的结构特点是什么？
6. 什么是会计分录？
7. 什么是试算平衡？
8. 什么是平行登记？

第四章

制造业企业主要经济业务的核算

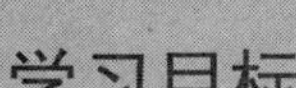

学习目标

- 了解制造业企业的主要经济业务。
- 掌握主要账户的性质、结构及运用。
- 掌握主要经济业务的会计核算方法。

【本章导读】

制造业企业也叫工业企业，是从事产品生产经营活动的经济实体，其主要任务是为社会提供合格产品，满足各方面的需要。相对于其他行业来说，制造业的经济活动复杂多样，生产经营过程发生的经济业务类型也比较典型。

企业为了进行生产经营活动，必须拥有一定数量的资金作为生产经营活动的物质基础。供应过程的主要经济业务是用货币资金购买原材料、辅助材料，支付采购费用，计算采购成本。生产过程是制造业企业生产经营的重要阶段，在生产过程中，企业组织劳动者借助机器设备等劳动工具对各种材料进行加工，以生产出符合社会需要的产品。销售过程是企业生产经营活动的最后阶段，企业通过产品销售，收回货币资金，以保证企业再生产的顺利进行。利润是企业在一定时期内全部经营活动反映在财务上的最终结果，是衡量企业经营管理最重要的综合指标，利润的计算和分配是企业的重要工作。

本章以制造业企业的主要经济业务为例，系统介绍在处理具体业务时所涉及主要账户的性质、结构及其运用等内容，同时结合实例重点介绍不同阶段经济业务的会计核算方法及要求。

第一节　制造业企业的主要经济业务

【案例导入】

一条不太起眼的新闻，让人生出几分感慨：首批国家级经济技术开发区之一的上海漕河泾开发区，7 月 9 日有 12 家中外资企业项目同时落户。这个 20 年前以中外合资微电子工业区为核心扩大起来的开发区，曾是上海改革开放的标志之一。有意思的是，20 年前，漕河泾引进的跨国企业多为制造型的工厂，而现在，进入这里的 12 个项目却是研发中心、企业总部和创新型公司。类似于上海漕河泾开发区这样的转变，也出现在中国沿海的许多开发区，昔日的制造加工区有向“世界实验室”和“区域大脑”转变的迹象。这个转变让人产生许多联想，我们中国的企业能不能有更多的“智造”，而不仅仅是“制造”？我们常说，人才是企业的核心竞争力，面对自身丰富的人才资源，我们不能自己把自己定位在“中国制造”和“世界工厂”上，而必须有所跳跃，向以人才、技术进步为核心的“中国智造”转变。长期以来，“中国制造”让全球受其恩惠，现在，我们有信心，在不远的将来，只要我们有足够的眼光、魄力，并且能抓住机遇，中国企业的“智造”就将惠及华夏甚至全球。

制造业企业是以产品生产经营为主的经济实体，它的生产经营活动主要围绕供应、生产、销售来进行，在供、产、销为主体的活动中，进一步关联企业的资金筹集和分配活动。其主要经济业务包括五个方面，即资金筹集过程的经济业务、供应过程的经济业务、生产过程的经济业务、销售过程的经济业务、财务成果形成及分配的经济业务。

(1) 制造业企业开展生产经营活动，必须拥有一定数额的资金。资金的筹集方式主要包括接受投资者的投资和借入资金。

(2) 在供应过程中，企业一方面要以资金购建原材料、设备、厂房等，为下一步的生产活动做必要的准备；另一方面也要计算材料的采购成本，与供应商发生货款结算关系等。

(3) 在生产过程中，一方面工人借助机器设备等劳动资料，对劳动对象进行加工，制造出满足社会需要的产品；另一方面也会发生各项费用，包括材料的消耗、固定资产的折旧、支付工资等，这些费用构成了产品的生产成本。

(4) 在销售过程中，企业将产品销售出去，收回货币资金，取得销售收入，同时要发生销售费用，缴纳税金，与产品的购买单位发生货款结算关系等。

(5) 在销售之后，企业要确定各期的经营成果，需要计算出本期实现的利润或发生的亏损。对于企业实现的利润，一部分要以税款的形式上缴给国家，一部分要留存企业作为盈余公积，以满足企业未来扩大生产经营的需要，另一部分可以分红的形式分配给投资者。

为了全面、连续、系统地反映和监督由上述企业主要经济业务所形成的生产经营活动过程和结果，也就是企业再生产过程中的资金运动，企业必须根据各项经济业务的具体内容和管理要求，相应地设置不同的账户，并运用借贷记账法，对各项经济业务的发生进行账务处理，以提供管理上所需要的各种会计信息。

制造业企业的特征

(1) 制造业企业是以盈利为目的的经济组织。制造业企业作为经济组织，必须追求经济效益并获取盈利，盈利是企业生产经营活动取得成果的体现，也是企业生存和发展的基础。

(2) 制造业企业是从事工业生产经营活动或提供工业性劳务的经济组织。

(3) 制造业企业是自主经营、自负盈亏、独立核算的商品生产者和经营者。制造业企业作为经济组织，必须拥有一定的人力、物力、财力资源，还必须拥有充分的独立经营自主权，包括资产的处置权和产品的生产销售权等。在计划经济体制下，企业只是国家政府部门的附属物，不是真正意义上的企业。在市场经济条件下，企业必须是商品的生产者和经营者，是市场交换的主体。

(4) 制造业企业是具有法人资格的经济实体。制造业企业作为依法成立的具有法人资格的经济实体，必须完备三个法律程序：第一，必须正式在国家工商管理部门注册备案；第二，必须有特定的名称、固定的经营场所、一定的资金、一定的组织机构和企业章程；第三，能独立对外行使法定权利和承担法律义务。作为法人单位，其合法权益受到法律保护，并能直接承担经营活动中的法律责任。

第二节 资金筹集业务的核算

【案例导入】

俊华公司本月收到股东的投资款和某慈善组织的捐赠款各200 000元,同时与工商银行达成借款协议,从工商银行取得贷款200 000元,期限10年。从表象上来看,公司的银行存款增加了600 000元,而且这几笔资金都是企业可以长期使用的。

试问,对于公司来说,这些资金在本质上究竟有何不同?

企业为了进行生产经营活动,必须拥有一定数量的资金作为生产经营活动的物质基础。企业筹集资金的渠道是指企业取得资金的方式。目前,我国企业的资金来源渠道主要是投资者投入和向银行、金融机构筹借以及发行债券等。因此,接受投资者投入资本业务和借入资本业务的核算,就构成了资金筹集业务核算的主要内容。

一、投资者投入资本的核算

按照我国公司法的规定,投入资本是企业得以成立的首要条件。企业投资者的投资一般是在企业筹建阶段投入的,也可以为了扩大经营规模对老企业追加投资。投入资本按照投资主体的不同,可分为国家投入资本、法人投入资本、个人投入资本、外商投入资本等;按照投入资本的形态不同,可分为有形资产投资和无形资产投资。例如,货币资金、材料物资、固定资产等属于有形资产投资;而专利权、商标权、土地使用权、非专利技术等属于无形资产投资。

(一)账户设置

1. “银行存款”账户

“银行存款”账户属于资产类账户,用来核算企业存入银行或其他金融机构的各种存款。该账户借方登记存入开户银行的款项,表示增加;贷方登记提取或支出的存款,表示减少;期末余额在借方,表示银行存款的实际结存数额。该账户按不同银行或金融机构设置明细账户,进行明细分类核算,如图4-1所示。

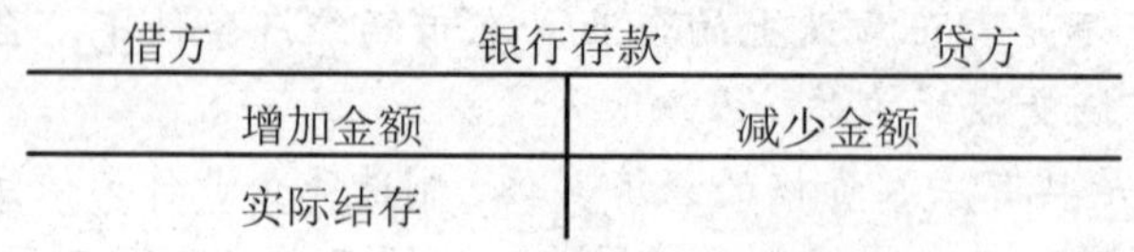

图4-1 “银行存款”账户

2. “实收资本”账户

“实收资本”账户属于所有者权益类账户,用来核算按照企业章程的规定,投资者投入企业的资本。该账户贷方登记企业实际收到的投资者投入的资本数,表示增加;借

方登记企业按法定程序报经批准减少的注册资本数，表示减少；期末余额在贷方，表示企业实有的资本或股本数额。一般情况下，除企业将资本公积、盈余公积转作资本外，该账户数额不能随意变动。该账户可按投资者设置明细账户，进行明细分类核算，如图 4-2 所示。

借方	实收资本　　　贷方
按法定程序减少的资本数额	实际收到的投资额
	投入资本的实有数额

图 4-2　“实收资本”账户

3. “资本公积”账户

“资本公积”账户属于所有者权益类账户，用来核算企业因接受捐赠等而引起的投资者公共积累资本的增减变动情况。该账户贷方登记企业因接受捐赠等原因而增加的资本公积数额，表示增加；借方登记企业按规定转增注册资本的数额，表示减少；期末余额在贷方，表示资本公积的结余数。该账户可按资本公积的来源设置明细账户，进行明细分类核算，如图 4-3 所示。

借方	资本公积　　　贷方
按规定转增注册资本的数额	因接受捐赠等原因而增加的资本公积数额
	资本公积的结余数

图 4-3　“资本公积”账户

4. “固定资产”账户

“固定资产”账户属于资产类账户，用来核算企业为生产产品、提供劳务、出租或经营管理而持有的，使用寿命超过一个会计年度的有形资产的原价，如设备、器具和工具等。该账户借方登记固定资产增加的原始价值，表示增加；贷方登记固定资产减少的原始价值，表示减少；期末余额在借方，表示结存的固定资产原始价值。该账户可按固定资产的类别和项目设置明细账户，进行明细分类核算，如图 4-4 所示。

借方	固定资产　　　贷方
固定资产增加的原始价值	固定资产减少的原始价值
结存的固定资产原始价值	

图 4-4　“固定资产”账户

5. “无形资产”账户

“无形资产”账户属于资产类账户，用来核算企业持有的无形资产的成本，如专利权、非专利技术、商标权、著作权、土地使用权等。该账户借方登记取得无形资产的实际成本，表示增加；贷方登记减少无形资产的实际成本，表示减少；期末余额在借方，表示企业实际持有的无形资产的成本。该账户可按无形资产的项目设置明细账户，进行明细分类核算，如图 4-5 所示。

借方	无形资产 贷方
取得无形资产的实际成本	减少无形资产的实际成本
实际持有的无形资产成本	

图 4-5 “无形资产”账户

(二)投资者投入资本的主要经济业务核算

【例 4-1】机电公司 2018 年 12 月 5 日收到 A 公司的投资款 200 000 元，存入银行。

这项经济业务发生后，引起资产和所有者权益两个要素同时增加。“银行存款”增加 200 000 元，应计入借方，“实收资本”增加 200 000 元，应计入贷方。则编制会计分录如下。

借：银行存款 200 000

贷：实收资本——A 公司 200 000

【例 4-2】机电公司 2018 年 12 月 10 日收到 B 公司的投资，投入设备一台，双方确认该设备入账价值为 300 000 元。

这项经济业务发生后，引起资产和所有者权益两个要素同时增加。“固定资产”增加 300 000 元，应计入借方，“实收资本”增加 300 000 元，应计入贷方。则编制会计分录如下。

借：固定资产——设备 300 000

贷：实收资本——B 公司 300 000

【例 4-3】机电公司 2018 年 12 月 15 日收到 C 公司的投资，投入商标权一项，双方确认该商标权入账价值为 100 000 元。

这项经济业务发生后，引起资产和所有者权益两个要素同时增加。“无形资产”增加 100 000 元，应计入借方，“实收资本”增加 100 000 元，应计入贷方。则编制会计分录如下。

借：无形资产——商标权 100 000

贷：实收资本——C 公司 100 000

【例 4-4】机电公司 2018 年 12 月 20 日收到 D 公司捐赠的一台汽车，该汽车入账价值为 150 000 元，已投入使用。

这项经济业务发生后，引起资产和所有者权益两个要素同时增加。“固定资产”增加 150 000 元，应计入借方，“资本公积”增加 150 000 元，应计入贷方。则编制会计分录如下。

借：固定资产——车辆 150 000

贷：资本公积——D 公司 150 000

【例 4-5】机电公司 2018 年 12 月 25 日经批准，将公司资本公积 100 000 元转增注册资本。

这项经济业务发生后，引起所有者权益要素内部的两个项目一增一减。“实收资本”增加 100 000 元，应计入贷方，“资本公积”减少 100 000 元，应计入借方。则编制会计

分录如下。

借：资本公积 100 000

贷：实收资本 100 000

二、借入资本的核算

除了接受投资者投资以外，通过负债筹集资金也是现代企业筹资过程中的一项重要内容。按企业借款期限的长短可以分为短期借款和长期借款。短期借款是指偿还期在一年以内(含一年)的借款，长期借款是指偿还期在一年以上的各种借款。企业从银行或其他金融机构借入的款项，必须按贷款单位借款规定办理手续，支付利息，到期归还。

(一)账户设置

1. “短期借款”账户

“短期借款”账户属于负债类账户，用来核算企业向银行或其他金融机构等借入的期限在一年以下(含一年)的各种借款。该账户贷方登记借入的各种短期借款，表示增加；借方登记到期偿还的短期借款，表示减少；期末余额在贷方，表示尚未偿还的短期借款。该账户按债权人和借款种类设置明细账户，进行明细分类核算，如图4-6所示。

借方　　短期借款	贷方
到期偿还的短期借款	借入的各种短期借款
	尚未偿还的短期借款

图4-6 “短期借款”账户

2. “长期借款”账户

“长期借款”账户属于负债类账户，用来核算企业向银行或其他金融机构等借入的期限在一年以上的各种借款。该账户贷方登记借入的各种长期借款及利息，表示增加；借方登记到期偿还的长期借款本金和利息，表示减少；期末余额在贷方，表示尚未偿还的长期借款本金和利息。该账户按债权人和借款种类设置明细账户，进行明细分类核算，如图4-7所示。

借方　　长期借款	贷方
到期偿还的长期借款本金和利息	借入的各种长期借款
	尚未偿还的长期借款本金和利息

图4-7 “长期借款”账户

3. “财务费用”账户

“财务费用”账户属于费用类账户，用来核算企业发生的财务费用，主要是利息和手续费。该账户借方登记发生的各项财务费用，包括利息支出、汇兑损失及相关的手续费等，表示增加；贷方登记利息收入、汇兑收益和期末转入“本年利润”账户借方的数额，表示减少；结转后期末无余额。该账户按费用项目设置明细账户，进行明细分类核算，如图 4-8 所示。

借方	财务费用	贷方
发生的各项财务费用		利息收入、汇兑收益、财务费用结转

图 4-8 “财务费用”账户

4. “应付利息”账户

“应付利息”账户属于负债类账户，用来核算企业短期借款、长期借款(每年付息，到期一次还本)等的利息。该账户贷方登记发生的各项利息，表示增加；借方登记实际支付的利息数额，表示减少；期末余额在贷方，表示尚未偿还的利息。该账户按债权人设置明细账户，进行明细分类核算，如图 4-9 所示。

借方	应付利息	贷方
实际支付的利息数额		发生的各项利息
		尚未偿还的利息

图 4-9 “应付利息”账户

(二)借入资本的主要经济业务核算

【例 4-6】机电公司 2018 年 12 月 1 日向工商银行借款 100 000 元，期限 3 个月，利率 6%，款项已收到并存入银行。

这项经济业务发生后，引起资产和负债两个要素同时增加。“短期借款”增加 100 000 元，应计入贷方，“银行存款”增加 100 000 元，应计入借方。则编制会计分录如下。

借：银行存款　　100 000

　　贷：短期借款——工商银行　　100 000

【例 4-7】机电公司 2018 年 12 月 12 日向中国银行借款 300 000 元，期限 2 年，利率 10%，款项已收到并存入银行。

这项经济业务发生后，引起资产和负债两个要素同时增加。“长期借款”增加 300 000 元，应计入贷方，“银行存款”增加 300 000 元，应计入借方。则编制会计分录如下。

借：银行存款　　300 000

　　贷：长期借款——中国银行　　300 000

【例 4-8】机电公司 2018 年 12 月 31 日计提当月应负担的短期借款利息 500(100 000×6%÷12)元。

这项经济业务发生后，引起费用和负债两个要素同时增加。“财务费用”增加 500 元，应计入借方，“应付利息”增加 500 元，应计入贷方。则编制会计分录如下。

借：财务费用　　500

　　贷：应付利息——工商银行　　500

2019 年 1 月末计提利息分录同上。

【例 4-9】机电公司 2019 年 2 月 28 日以银行存款偿还工商银行到期短期借款本金 100 000 元及利息 1 500 元。

这项经济业务发生后，引起负债和资产要素减少，费用要素增加。“财务费用”增加 500 元，应计入借方，“应付利息”减少 1 000 元，应计入借方，“短期借款”减少 100 000 元，应计入借方，“银行存款”减少 101 500 元，应计入贷方。则编制会计分录如下。

借：短期借款——工商银行　　100 000
　　应付利息——工商银行　　1 000
　　财务费用　　500
　　贷：银行存款　　101 500

第三节　供应过程业务的核算

【案例导入】

俊华公司本月采购材料一批，价款 100 000 元，增值税进项税额 16 000 元，同时支付材料运费 2 000 元，公司会计小李在计算材料采购成本时，将该批材料的采购成本登记为 118 000 元，即材料采购成本=买价+增值税+运费。

请问：他的这种算法是否正确？

一、供应过程的主要经济业务

供应过程的主要经济业务是用货币资金购买原材料、辅助材料，支付采购费用，计算采购成本。在供应过程中，企业一方面要积极组织材料物资的采购及验收入库，与供货单位进行货款和各项采购费用的结算；另一方面也要在及时供货、保证生产顺利进行的基础上，积极降低采购成本，节约采购费用。因此，材料的买价、增值税和各项采购费用的发生和结算，以及材料采购成本的计算，就构成了供应过程经济业务核算的主要内容。

二、供应过程主要经济业务的会计核算

(一)账户设置

1. “在途物资”账户

“在途物资”账户属于资产类账户，用来核算材料的采购成本和入库成本。该账户借方登记材料采购成本的金额，表示增加；贷方登记转入“原材料”账户的金额，表示减少；期末余额在借方，表示在途物资的实际成本。该账户按材料品种等设置明细账户，进行明细分类核算，如图 4-10 所示。

借方　　在途物资	贷方
材料采购的实际成本	验收入库的材料成本
在途材料的实际成本	

图 4-10 “在途物资”账户

2. “原材料”账户

“原材料”账户属于资产类账户，用来核算各种库存材料收入、发出和结存的情况。该账户借方登记已验收入库材料的成本，表示增加；贷方登记发出材料的成本，表示减少；期末余额在借方，表示库存材料的成本。该账户按材料类别、品种及规格等设置明细账户，进行明细分类核算，如图 4-11 所示。

借方　　原材料	贷方
验收入库的材料成本	发出材料的成本
库存材料的成本	

图 4-11 “原材料”账户

3. “应付账款”账户

“应付账款”账户属于负债类账户，用来核算企业因购买材料、商品和接受劳务等活动而应支付的款项。该账户贷方登记因采购材料等活动而产生的应付而未付的款项，表示增加；借方登记已经偿还给供应单位的款项，表示减少；期末余额在贷方，表示尚未偿还供应单位的款项。该账户一般按供应单位名称设置明细账户，进行明细分类核算，如图 4-12 所示。

借方　　应付账款	贷方
已偿还的应付款项	因采购材料等活动而产生的应付款项
	尚未偿还的款项

图 4-12 “应付账款”账户

4. “预付账款”账户

“预付账款”账户属于资产类账户，用来核算企业因购买材料、商品和接受劳务等活动而预先支付的款项。该账户借方登记因采购材料等活动而预先支付给供应单位的款项，表示增加；贷方登记与供货单位结算核销的预付款项，表示减少；期末余额若在借方，表示实际预付的款项；期末余额若在贷方，表示尚未补付的款项。该账户一般按供应单位名称设置明细账户，进行明细分类核算，如图 4-13 所示。

借方　　预付账款	贷方
预付或补付给供应单位的款项	结算核销或多付的预付款项
实际预付的款项	尚未补付的款项

图 4-13 “预付账款”账户

5. “应交税费”账户

“应交税费”账户属于负债类账户，用来核算企业按照税法规定应缴纳的各种税费，如增值税、消费税、所得税、资源税等。该账户贷方登记应缴纳的各种税费和增值税销项税额，表示增加；借方登记实际缴纳的各项税费和增值税进项税额，表示减少；期末余额如在贷方，表示应缴而未缴的税费；期末余额如在借方，表示多缴的税费。该账户一般按税费的种类设置明细账户，进行明细分类核算。

“应交税费——应交增值税”明细账户是用来反映和监督企业应缴和实缴增值税结算情况的账户，企业购买材料物资时缴纳的增值税进项税额计入该账户的借方，企业销售产品时向购货单位代收的增值税销项税额计入该账户的贷方，如图 4-14 所示。

借方　　应交税费—	—应交增值税　　贷方
实际缴纳的税费和增值税进项税额	应缴纳的税费和增值税销项税额
多缴的税费	尚未缴纳的税费

图 4-14　“应交税费”账户

增值税的相关规定

在中华人民共和国境内销售货物或者提供加工、修理修配劳务，销售服务、无形资产、不动产以及进口货物的单位和个人，为增值税的纳税人。

纳税人销售货物、劳务、服务、无形资产、不动产，应纳税额为当期销项税额抵扣当期进项税额后的余额。

应纳税额=当期销项税额 − 当期进项税额

销项税额=销售额 × 税率

销售额为纳税人发生应税销售行为收取的全部价款和价外费用，但是不包括收取的销项税额。根据涉税业务的不同，税率分为 16%、10%及 6%三种。

进项税额为纳税人购进货物、劳务、服务、无形资产、不动产支付或者负担的增值税额。

小规模纳税人发生应税销售行为，按销售额的 3%计算增值税，不抵扣进项税额。

(二)主要经济业务核算

【例 4-10】2018 年 12 月 6 日，机电公司从 A 公司购入甲、乙两种材料。其中，甲材料 1 000 千克，单价 10 元，计 10 000 元；乙材料 2 000 千克，单价 20 元，计 40 000 元。增值税进项税额 8 000 元，上述款项以银行存款支付，材料尚未到达。

这项经济业务发生后，引起负债要素减少，资产要素内部两个项目一增一减。“在途物资”增加 50 000 元，应计入借方，“应交税费——应交增值税”减少 8 000 元，应计入借方，“银行存款”减少 58 000 元，应计入贷方。则编制会计分录如下。

借：在途物资——甲材料　　10 000
　　　　　　——乙材料　　40 000
　　应交税费——应交增值税(进项税额)　　8 000
　　贷：银行存款　　58 000

【例 4-11】2018 年 12 月 10 日，机电公司从 A 公司购入的甲、乙两种材料已到货并且验收入库。

这项经济业务发生后，引起资产要素内部两个项目一增一减。“原材料”增加 50 000 元，应计入借方，“在途物资”减少 50 000 元，应计入贷方。则编制会计分录如下。

借：原材料——甲材料　　10 000
　　　　　——乙材料　　40 000
　　贷：在途物资——甲材料　　10 000
　　　　　　　　——乙材料　　40 000

【例 4-12】2018 年 12 月 13 日，机电公司从 B 公司购入丙材料 1 500 千克，单价 20 元，计 30 000 元。增值税进项税额 4 800 元，上述款项尚未支付，材料已到达且验收入库。

这项经济业务发生后，引起资产要素增加，负债要素内部两个项目一增一减。“在途物资”增加 30 000 元，应计入借方，“应交税费——应交增值税”减少 4 800 元，应计入借方，“应付账款”增加 34 800 元，应计入贷方。则编制会计分录如下。

借：在途物资——丙材料　　30 000
　　应交税费——应交增值税(进项税额)　　4 800
　　贷：应付账款——B 公司　　34 800
借：原材料——丙材料　　30 000
　　贷：在途物资——丙材料　　30 000

【例 4-13】2018 年 12 月 23 日，机电公司以银行存款支付欠 B 公司的货税款 34 800 元。

这项经济业务发生后，引起资产和负债要素同时减少。“应付账款”减少 34 800 元，应计入借方，“银行存款”减少 34 800 元，应计入贷方。则编制会计分录如下。

借：应付账款——B 公司　　34 800
　　贷：银行存款　　34 800

【例 4-14】2018 年 12 月 24 日，机电公司以银行存款向 C 公司支付购买丁材料的预付款 20 000 元。

这项经济业务发生后，引起资产要素内部两个项目一增一减。“预付账款”增加 20 000 元，应计入借方，“银行存款”减少 20 000 元，应计入贷方。则编制会计分录如下。

借：预付账款——C 公司　　20 000
　　贷：银行存款　　20 000

【例 4-15】2018 年 12 月 30 日，机电公司收到 C 公司发来的丁材料 2 000 千克，单价 10 元，计 20 000 元。增值税进项税额 3 200 元，货税款差额以银行存款支付，材料已到达且验收入库。

这项经济业务发生后，“在途物资”增加 20 000 元，应计入借方，“应交税费——

应交增值税”减少 3 200 元，应计入借方，“预付账款”减少 20 000 元，应计入贷方，“银行存款”减少 3 200 元，应计入贷方。则编制会计分录如下。

借：在途物资——丁材料　20 000
　　应交税费——应交增值税(进项税额)　3 200
　　贷：预付账款——C 公司　20 000
　　　　银行存款　3 200

借：原材料——丁材料　20 000
　　贷：在途物资——丁材料　20 000

三、材料采购成本的计算

材料采购成本的计算就是把企业在材料采购过程中所支付的材料买价和采购费用，按材料的品种加以归集分配，计算每种材料的总成本和单位成本。买价是企业采购材料时，按发票支付的款项。采购费用是采购材料时所发生的运输费、装卸费、搬运费等费用。发生采购费用凡是能够分清对象的，可将采购费用直接计入该种材料的采购成本；不能分清对象的，可按材料的重量、体积及买价等作为标准进行分配，计入各种材料的采购成本。其计算公式如下。

采购费用分配率=采购费用÷各种材料的分配标准之和

某种材料应负担的采购费用=该种材料的分配标准×分配率

某种材料采购成本=该材料的买价+材料应负担的采购费用

【例 4-16】机电公司 2018 年 12 月 6 日在从 A 公司购入甲、乙两种材料时，以银行存款支付了甲、乙两种材料的运费 300 元，要求按材料重量分配运费。其中，甲材料 1 000 千克，单价 10 元，共计 10 000 元；乙材料 2 000 千克，单价 20 元，共计 40 000 元。

材料采购费用分配率=300÷(1 000+2 000)=0.1(元/千克)

甲材料应分配的运费=1 000×0.1=100(元)

乙材料应分配的运费=2 000×0.1=200(元)

甲材料采购成本=10 000+100=10 100(元)

甲材料单位采购成本=10 100÷1 000=10.1(元)

乙材料采购成本=40 000+200=40 200(元)

乙材料单位采购成本=40 200÷2 000=20.1(元)

这项经济业务发生后，引起资产要素内部两个项目一增一减。“在途物资”增加 300 元，应计入借方，“银行存款”减少 300 元，应计入贷方。则编制会计分录如下。

借：在途物资——甲材料　100
　　　　　　——乙材料　200
　　贷：银行存款　300

第四节　生产过程业务的核算

【案例导入】

俊华公司本月发生电费 100 000 元,其中,生产产品用电 90 000 元,车间办公用电 2 000 元,公司管理部门办公用电 8 000 元。公司会计小李在计算产品成本时,将该月电费全部计入产品成本。

请问:他的这种做法是否正确?

一、生产过程的主要经济业务

生产过程是制造业企业生产经营的重要阶段,在生产过程中,企业组织劳动者借助机器设备等劳动工具对各种材料进行加工,生产出符合社会需要的产品。产品的生产过程即是生产的耗费过程,包括劳动力、劳动资料和劳动对象的耗费。

企业在生产过程中发生的、能够用货币表现的生产耗费,称为生产费用,主要包括为生产产品所消耗的材料、员工的薪酬、厂房及机器设备的折旧费以及为管理和组织生产而发生的各种费用。各项生产费用凡是为生产一定种类和数量的产品所发生的费用,称为产品的生产成本;不能直接归属于某个特定产品的费用,称为期间费用。

生产过程业务核算的主要内容如下。

(1) 直接材料的核算。

(2) 直接人工的核算。

(3) 制造费用的归集和分配。

(4) 产品生产成本的计算和结转。

(5) 期间费用的核算。

二、生产过程主要经济业务的会计核算

(一)账户设置

1. “生产成本”账户

“生产成本”账户属于成本类账户,用来核算生产过程中发生的各项成本。该账户借方登记发生的直接材料、直接人工和分配的制造费用,表示增加;贷方登记完工并验收入库的产品成本,表示减少;期末余额在借方,表示尚未生产完工的在产品成本。该账户可按基本生产成本和辅助生产成本进行明细分类核算。基本生产成本应当按照生产车间和成本核算对象设置明细账户,并按规定的成本项目设置专栏,如图 4-15 所示。

应付账款

借方	贷方
生产产品发生的费用	完工入库的产品成本
尚未完工的在产品成本	

图 4-15　“生产成本”账户

2. “制造费用”账户

“制造费用”账户属于成本类账户，用来核算生产车间为生产产品和提供劳务而发生的各项间接费用。该账户借方登记当月发生的全部间接费用，表示增加；贷方登记月末分配转入“生产成本”账户的间接费用，表示减少；期末无余额。该账户可按生产车间、部门及费用项目设置明细账户，进行明细分类核算，如图 4-16 所示。

制造费用

借方	贷方
当月发生的间接费用	月末转入生产成本的间接费用

图 4-16　“制造费用”账户

3. “应付职工薪酬”账户

“应付职工薪酬”账户属于负债类账户，用来核算企业应付给职工的各种薪酬。该账户贷方登记企业应当支付的薪酬金额，表示增加；借方登记实际发放的薪酬金额，表示减少；期末余额一般在贷方，表示应付而未付的薪酬。该账户可按“工资”“职工福利”“社会保险”“住房公积金”“工会经费”“职工教育经费”等项目设置明细账户，进行明细分类核算，如图 4-17 所示。

应付职工薪酬

借方	贷方
实际发放的薪酬金额	应当支付的薪酬金额
	应付而未付的薪酬金额

图 4-17　“应付职工薪酬”账户

4. “累计折旧”账户

“累计折旧”账户属于资产类的备抵调整账户，作为固定资产的减项，用来核算企业固定资产由于使用、磨损而减少的价值，即累计折旧额。该账户贷方登记企业每月提取的折旧额，表示增加；借方登记由于出售、报废、对外投资等原因减少固定资产而注销的已提折旧数，表示减少；期末余额在贷方，表示企业现有固定资产累计提取的折旧数额。该账户一般不进行明细分类核算，如图 4-18 所示。

累计折旧

借方	贷方
因减少固定资产而注销的折旧	每月提取的折旧
	现有固定资产累计提取的折旧

图 4-18　“累计折旧”账户

5. “库存商品”账户

“库存商品”账户属于资产类账户，用来核算企业库存的各种产品的实际成本。该账户借方登记企业完工验收入库的产品成本和外购直销商品的采购成本，表示增加；贷方登记发出产品的成本，表示减少；期末余额在借方，表示企业库存产品的成本。该账户可按产品的种类、品种及规格等设置明细账户，进行明细分类核算，如图 4-19 所示。

借方　　　　库存商品	贷方
完工验收入库的产品成本	发出产品的成本
库存产品的成本	

图 4-19　“库存商品”账户

6. “管理费用”账户

“管理费用”账户属于费用类账户，用来核算企业为组织和管理企业生产经营而发生的各项管理费用，如行政管理部门职工的工资、业务招待费、工会经费、办公费、董事会费等。该账户借方登记企业实际发生的各项管理费用，表示增加；贷方登记期末转入“本年利润”账户的管理费用，表示减少；期末无余额。该账户可按管理部门设置明细账户，按费用项目设专栏，进行明细分类核算，如图 4-20 所示。

借方　　　　管理费用	贷方
发生的各项管理费用	期末转入“本年利润”的管理费用

图 4-20　“管理费用”账户

(二)生产过程的主要经济业务核算

【例 4-17】机电公司 2018 年 12 月 31 日根据领料汇总表分配材料费用，如表 4-1 所示。

表 4-1　领料汇总表

附领料单 30 份　　　　2018 年 12 月 31 日　　　　单位：元

用　途	甲材料		乙材料		合　计
	数量/千克	金　额	数量/千克	金　额	
A 产品	20 000	200 000			200 000
B 产品			8 000	160 000	160 000
小计	20 000	200 000	8 000	160 000	360 000
车间耗用	3 000	30 000			30 000
企业管理部门耗用			1 000	20 000	20 000
合计	23 000	230 000	9 000	180 000	410 000

这项经济业务发生后，引起成本和费用要素增加，资产要素减少。“生产成本”增加 360 000 元，应计入借方，“制造费用”增加 30 000 元，应计入借方，“管理费用”增加 20 000 元，应计入借方，“原材料”减少 410 000 元，应计入贷方。则编制会计分录如下。

借：生产成本——A 产品　　200 000
　　　　　　——B 产品　　160 000
　　制造费用　　30 000
　　管理费用　　20 000
　　贷：原材料——甲材料　　230 000
　　　　　　　——乙材料　　180 000

【例 4-18】机电公司 2018 年 12 月 31 日分配结转本月的工资费用。其中，生产 A 产品工人工资为 60 000 元，生产 B 产品工人工资为 50 000 元，生产车间管理人员工资 20 000 元，企业行政管理部门人员工资 30 000 元。

这项经济业务发生后，引起负债、成本及费用要素同时增加。“生产成本”增加 110 000 元，应计入借方，“制造费用”增加 20 000 元，应计入借方，“管理费用”增加 30 000 元，应计入借方，“应付职工薪酬”增加 160 000 元，应计入贷方。则编制会计分录如下。

借：生产成本——A 产品　　60 000
　　　　　　——B 产品　　50 000
　　制造费用　　20 000
　　管理费用　　30 000
　　贷：应付职工薪酬——工资　　160 000

【例 4-19】机电公司 2018 年 12 月 31 日按应付工资总额的 14%计提职工福利费。

这项经济业务发生后，引起负债、成本及费用要素同时增加。“生产成本”增加 15 400 元，应计入借方，“制造费用”增加 2 800 元，应计入借方，“管理费用”增加 4 200 元，应计入借方，“应付职工薪酬”增加 22 400 元，应计入贷方。则编制会计分录如下。

借：生产成本——A 产品　　8 400
　　　　　　——B 产品　　7 000
　　制造费用　　2 800
　　管理费用　　4 200
　　贷：应付职工薪酬——职工福利　　22 400

【例 4-20】机电公司 2018 年 12 月 25 日开出现金支票，从银行提取现金 160 000 元，准备发放工资。

这项经济业务发生后，引起资产要素内部两个项目一增一减。“库存现金”增加 160 000 元，应计入借方，“银行存款”减少 160 000 元，应计入贷方。则编制会计分录如下。

借：库存现金　　160 000
　　贷：银行存款　　160 000

【例 4-21】机电公司 2018 年 12 月 25 日以现金支付本月应付职工工资 160 000 元。

这项经济业务发生后，引起负债和资产要素同时减少。“应付职工薪酬”减少 160 000 元，应计入借方，“库存现金”减少 160 000 元，应计入贷方。则编制会计分录如下。

借：应付职工薪酬——工资　　160 000

　　贷：库存现金　　160 000

【例 4-22】机电公司 2018 年 12 月 30 日提取本月固定资产折旧费 30 000 元，其中，生产车间机器设备应提折旧 20 000 元，行政管理部门设备应提折旧 10 000 元。

这项经济业务发生后，引起成本、费用及资产要素同时增加。“制造费用”增加 20 000 元，应计入借方，“管理费用”增加 10 000 元，应计入借方，“累计折旧”增加 30 000 元，应计入贷方。则编制会计分录如下。

借：制造费用　　20 000

　　管理费用　　10 000

　　贷：累计折旧　　30 000

【例 4-23】机电公司 2018 年 12 月 20 日以现金支付生产车间办公费 200 元。

这项经济业务发生后，引起成本和资产要素一增一减。“制造费用”增加 200 元，应计入借方，“库存现金”减少 200 元，应计入贷方。则编制会计分录如下。

借：制造费用　　200

　　贷：库存现金　　200

【例 4-24】机电公司 2018 年 12 月 22 日以银行存款支付生产车间汽车修理费 1 800 元。

这项经济业务发生后，引起成本和资产要素一增一减。“制造费用”增加 1 800 元，应计入借方，“银行存款”减少 1 800 元，应计入贷方。则编制会计分录如下。

借：制造费用　　1 800

　　贷：银行存款　　1 800

【例 4-25】机电公司 2018 年 12 月 23 日以银行存款支付办公用水电费 8 000 元。其中，生产车间耗用 5 200 元，企业行政管理部门耗用 2 800 元。

这项经济业务发生后，引起成本和费用要素增加，资产要素减少。“制造费用”增加 5 200 元，应计入借方，“管理费用”增加 2 800 元，应计入借方，“银行存款”减少 8 000 元，应计入贷方。则编制会计分录如下。

借：制造费用　　5 200

　　管理费用　　2 800

　　贷：银行存款　　8 000

【例 4-26】2018 年 12 月 24 日，机电公司财务部经理李明出差预借差旅费 2 000 元，以现金支付。

这项经济业务发生后，引起资产要素内部两个项目一增一减。“其他应收款”增加 2 000 元，应计入借方，“库存现金”减少 2 000 元，应计入贷方。则编制会计分录如下。

借：其他应收款——李明　　2 000

　　贷：库存现金　　2 000

【例 4-27】2018 年 12 月 28 日，机电公司财务部经理李明出差回来报销差旅费 1 500 元，余款交回。

这项经济业务发生后，引起费用要素增加，资产要素内部两个项目一增一减。“管理费用”增加 1 500 元，应计入借方，“库存现金”增加 500 元，应计入借方，“其他应收款”减少 2 000 元，应计入贷方。则编制会计分录如下。

借：管理费用　　　　　　　　　　　　　　　　　　1 500
　　库存现金　　　　　　　　　　　　　　　　　　　500
　　贷：其他应收款——李明　　　　　　　　　　　　　2 000

【例 4-28】2018 年 12 月 31 日，机电公司以生产工时作为标准分配结转本月发生制造费用。

对于车间发生的制造费用，应当在费用发生时先通过“制造费用”账户归集，月末再按照适当的分配标准分配计入各种产品的成本，从“制造费用”账户转入“生产成本”账户。可采用的分配标准包括产品的生产工时、机器工时和生产工人工资比例等。

制造费用分配率=制造费用总额÷分配标准之和

某产品应负担的制造费用=该产品的分配标准×分配率

机电公司本月制造费用分配表如表 4-2 所示。

表 4-2　制造费用分配表

2018 年 12 月 31 日　　　　　　　　　　　单位：元

分配对象	分配标准/生产工时	分配率	分配金额
A 产品	500	100	50 000
B 产品	300	100	30 000
合计	800		80 000

这项经济业务发生后，引起成本要素内部两个项目一增一减。“生产成本”增加 80 000 元，应计入借方，“制造费用”减少 80 000 元，应计入贷方。则编制会计分录如下。

借：生产成本——A 产品　　　　　　　　　　　　50 000
　　　　　　——B 产品　　　　　　　　　　　　30 000
　　贷：制造费用　　　　　　　　　　　　　　　　80 000

【例 4-29】机电公司 2018 年 12 月 31 日结转本月生产完工验收入库产品的生产成本。其中，A 产品投产 2 000 件，B 产品投产 1 000 件，月末全部生产完工。产品生产成本计算表如表 4-3 所示。

表 4-3　产品生产成本计算表

单位：元

项　目	A 产品(2000 件)		B 产品(1000 件)	
	总成本	单位成本	总成本	单位成本
直接材料	200 000	100	160 000	160
直接人工	68 400	34.2	57 000	57
制造费用	50 000	25	30 000	30
合计	318 400	159.2	247 000	247

这项经济业务发生后，引起资产要素增加，成本要素减少。“库存商品”增加 565 400 元，应计入借方，“生产成本”减少 565 400 元，应计入贷方。则编制会计分录如下。

借：库存商品——A 产品　　318 400
　　　　　　——B 产品　　247 000
　贷：生产成本——A 产品　　318 400
　　　　　　　——B 产品　　247 000

第五节　销售过程业务的核算

【案例导入】

俊华公司为一家主要从事家用电器业务的制造业企业，本月销售电视机取得收入 100 000 元，出租闲余设备取得收入 50 000 元，出售多余原材料取得收入 30 000 元，公司会计小李在计算本月收入时，计入“主营业务收入”180 000 元。

请问：他的这种做法是否正确？

一、销售过程的主要经济业务

销售过程是企业生产经营活动的最后阶段。企业通过产品销售，收回货币资金，以保证企业再生产的顺利进行。

在销售过程中，企业一方面从事对外销售产品或提供劳务等主营业务，按照购销双方约定的价格向购货单位办理价款结算，并确认主营业务收入，同时交付相应的产品或劳务，结转相关产品或劳务的成本；另一方面还可能发生一些其他经济业务，取得其他业务收入和发生其他业务成本；此外，在销售过程中还会发生一些销售费用，如销售产品的运输费、装卸费、广告费等。需要指出的是，企业在取得收入的同时，还应按国家税法规定计提并结转税金及附加，如消费税、资源税、城市维护建设税等。

销售过程业务核算的主要内容如下。

(1) 确认营业收入的实现。

(2) 计算并结转营业成本。

(3) 确认销售费用。

(4) 计算并缴纳税金及附加。

(5) 与购货单位进行款项结算。

二、销售过程主要经济业务的会计核算

(一)账户设置

1. “主营业务收入”账户

“主营业务收入”账户属于收入类账户，用来核算企业在销售产品、提供劳务及让渡资产使用权等日常活动中所发生的收入。该账户贷方登记企业销售产品、提供劳务或

让渡资产使用权所实现的收入，表示增加；借方登记发生的销售退回和期末转入“本年利润”账户的收入，表示减少；期末无余额。该账户可按主营业务的种类设置明细账户，进行明细分类核算，如图 4-21 所示。

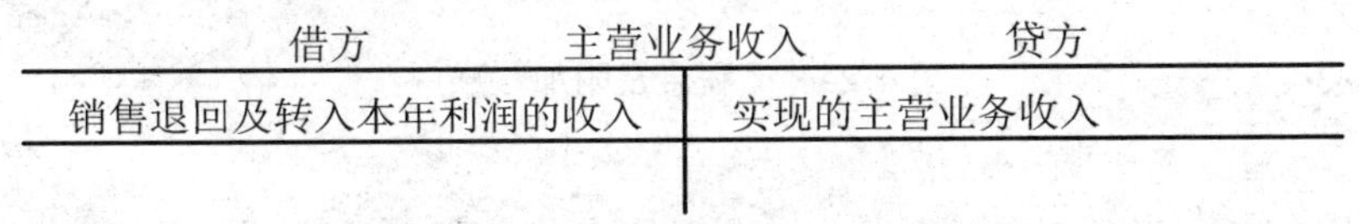

图 4-21　“主营业务收入”账户

2. “主营业务成本”账户

“主营业务成本”账户属于费用类账户，用来核算企业在销售产品、提供劳务及让渡资产使用权等日常活动中所发生的实际成本。该账户借方登记已销售产品、提供劳务等的实际成本，表示增加；贷方登记发生的销售退回和期末转入“本年利润”账户的当期销售成本，表示减少；期末无余额。该账户可按主营业务的种类设置明细账户，进行明细分类核算，如图 4-22 所示。

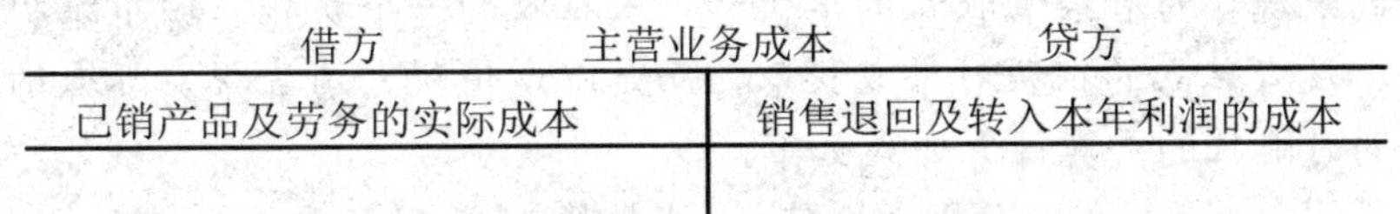

图 4-22　“主营业务成本”账户

3. “销售费用”账户

“销售费用”账户属于费用类账户，用来核算企业在销售产品过程中所发生的费用，如运输费、装卸费、包装费、广告费等，以及为销售本企业产品而专设的销售机构的经营费用。该账户借方登记发生的各种销售费用，表示增加；贷方登记期末转入“本年利润”账户的销售费用，表示减少；期末无余额。该账户可按照费用项目设置明细账户，进行明细分类核算，如图 4-23 所示。

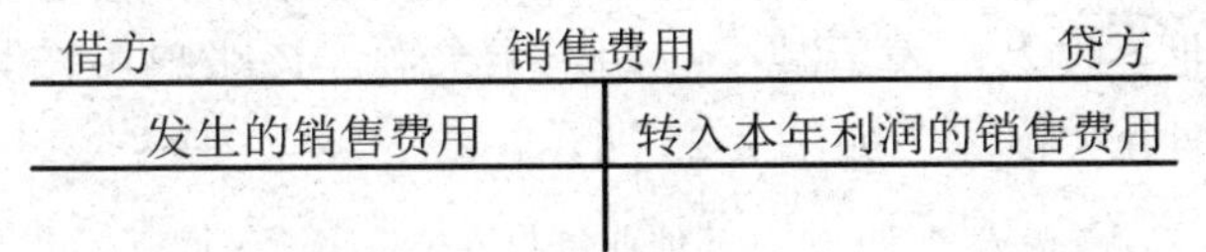

图 4-23　“销售费用”账户

4. “税金及附加”账户

“税金及附加”账户属于费用类账户，用来核算企业日常活动应负担的税金及附加，如消费税、城市维护建设税、资源税、教育费附加、房产税、土地使用税、车船使用税、印花税等。该账户借方登记应由企业负担的税金及附加，表示增加；贷方登记期末转入“本年利润”账户的税金及附加，表示减少；期末无余额。该账户可按照税金种类设置明细账户，进行明细分类核算，如图 4-24 所示。

借方	税金及附加	贷方
应由企业负担的税金及附加		转入本年利润的税金及附加

图4-24 “税金及附加”账户

税金及附加的相关税费

消费税是国家为了调节消费结构，正确引导消费方向，在普遍征收增值税的基础上，选择部分消费品，再征收一道消费税，消费税实行价内征收。

资源税是国家对在我国境内开采矿产品或者生产盐的单位和个人征收的税种。资源税按照应税产品的课税数量和规定的单位税额计算，其计算公式如下。

应纳税额=课税数量×单位税额

城市维护建设税简称城建税，是我国为了加强城市的维护建设，扩大和稳定城市维护建设资金的来源，对有经营收入的单位和个人征收的一个税种。城市维护建设税与其他税种不同，没有独立的征税对象或税基，而是以增值税、消费税实际缴纳的税额之和为计税依据同时附征的。其计算公式如下。

应纳税额=(增值税+消费税)×适用税率

教育费附加是国家为了发展我国的教育事业，提高人民的文化素质而征收的一项费用。其计算方式和城建税相同，只是税率不同。

2016年5月1日之前在“管理费用”科目中列支的“四小税”(房产税、土地使用税、车船税、印花税)，2016年5月1日之后调整到“税金及附加”科目。

5. “其他业务收入”账户

“其他业务收入”账户属于收入类账户，用来核算企业在其他业务中所取得的收入。该账户贷方登记企业在其他业务中所实现的收入，表示增加；借方登记期末转入“本年利润”账户的其他业务收入，表示减少；期末无余额。该账户可按其他业务的种类设置明细账户，进行明细分类核算，如图4-25所示。

借方	其他业务收入	贷方
转入本年利润的其他业务收入		实现的其他业务收入

图4-25 “其他业务收入”账户

6. “其他业务成本”账户

“其他业务成本”账户属于费用类账户，用来核算企业在其他业务中所发生的各项支出，包括为获得其他业务收入而发生的相关成本、费用及税金等。该账户借方登记其他业务所发生的各项支出，表示增加；贷方登记期末转入“本年利润”账户的其他业务成本，表示减少；期末无余额。该账户可按其他业务的种类设置明细账户，进行明细分

类核算，如图 4-26 所示。

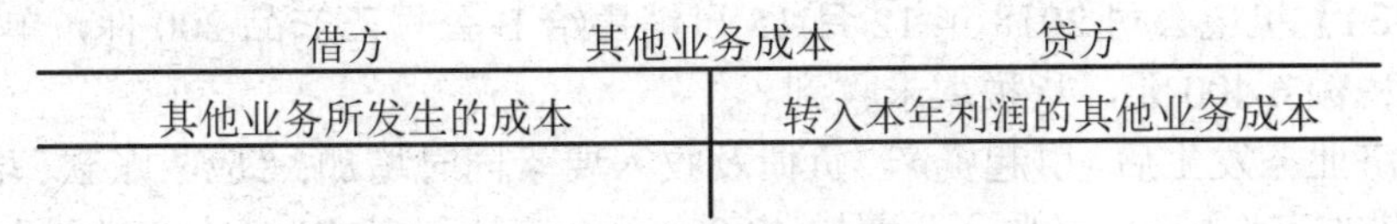

图 4-26　“其他业务成本”账户

7. “应收账款”账户

“应收账款”账户属于资产类账户，用来核算企业因销售产品、提供劳务等，应向购货单位或接受劳务单位收取的款项。该账户借方登记销售过程中发生的应收账款，表示增加；贷方登记已收回的应收账款，表示减少；期末余额在借方，表示尚未收回的应收账款。该账户可按不同购货单位或接受劳务单位设置明细账户，进行明细分类核算，如图 4-27 所示。

借方　　应收账款　　贷方

借方	贷方
销售过程中发生的应收账款	已收回的应收账款
尚未收回的应收账款	

图 4-27　“应收账款”账户

8. “预收账款”账户

“预收账款”账户属于负债类账户，用来核算企业因销售产品、提供劳务等，根据合同应向购货单位或接受劳务单位预收的款项。该账户贷方登记根据合同预收的款项，表示增加；借方登记发货后与购货单位结算的款项，表示减少；期末余额在贷方，表示已经预收但尚未发货进行结算的款项。该账户可按不同购货单位或接受劳务单位设置明细账户，进行明细分类核算，如图 4-28 所示。

借方　　预收账款　　贷方

借方	贷方
已清偿结算的预收款	根据合同预收的款项
	尚未发货结算的预收款

图 4-28　“预收账款”账户

(二)主要经济业务核算

【例 4-30】机电公司 2018 年 12 月 10 日销售给 A 公司甲产品 100 件，单价 100 元，增值税销项税额 1 600 元，货税款已收到并存入银行。

这项经济业务发生后，引起资产、负债及收入要素同时增加。“银行存款”增加 11 600 元，应计入借方，“主营业务收入”增加 10 000 元，应计入贷方，“应交税费”增加 1 600 元，应计入贷方。则编制会计分录如下。

借：银行存款　　11 600

　　贷：主营业务收入——甲产品　　10 000

应交税费——应交增值税(销项税额) 1 600

【例 4-31】机电公司 2018 年 12 月 15 日销售给 B 公司乙产品 200 件，单价 200 元，增值税销项税额 6 400 元，货税款未收到。

这项经济业务发生后，引起资产、负债及收入要素同时增加。“应收账款”增加 46 400 元，应计入借方，“主营业务收入”增加 40 000 元，应计入贷方，“应交税费”增加 6 400 元，应计入贷方。则编制会计分录如下。

借：应收账款——B 公司 46 400
　贷：主营业务收入——乙产品 40 000
　　应交税费——应交增值税(销项税额) 6 400

【例 4-32】机电公司 2018 年 12 月 31 日结转上述已售甲、乙两产品的销售成本，其中甲产品单位成本为 80 元，乙产品单位成本为 150 元。

这项经济业务发生后，引起费用要素增加，资产要素减少。“主营业务成本”增加 38 000 元，应计入借方，“库存商品”减少 38 000 元，应计入贷方。则编制会计分录如下。

借：主营业务成本——甲产品 8 000
　　　　　　——乙产品 30 000
　贷：库存商品——甲产品 8 000
　　　　　——乙产品 30 000

【例 4-33】机电公司 2018 年 12 月 20 日收到 B 公司转账支票一张，金额 46 400 元，存入银行。

这项经济业务发生后，引起资产要素内部两个项目一增一减。“银行存款”增加 46 400 元，应计入借方，“应收账款”减少 46 400 元，应计入贷方。则编制会计分录如下。

借：银行存款 46 400
　贷：应收账款——B 公司 46 400

【例 4-34】机电公司 2018 年 12 月 20 日以银行存款支付广告费 20 000 元。

这项经济业务发生后，引起费用要素增加，资产要素减少。“销售费用”增加 20 000 元，应计入借方，“银行存款”减少 20 000 元，应计入贷方。则编制会计分录如下。

借：销售费用 20 000
　贷：银行存款 20 000

【例 4-35】机电公司 2018 年 12 月 21 日销售材料一批，价值 20 000 元，增值税销项税额 3 200 元，货税款已收到并存入银行。

这项经济业务发生后，引起资产、负债及收入要素同时增加。“银行存款”增加 23 200 元，应计入借方，“其他业务收入”增加 20 000 元，应计入贷方，“应交税费”增加 3 200 元，应计入贷方。则编制会计分录如下。

借：银行存款 23 200
　贷：其他业务收入 20 000
　　应交税费——应交增值税(销项税额) 3 200

【例 4-36】机电公司 2018 年 12 月 31 日结转上述已售材料的销售成本 16 000 元。

这项经济业务发生后，引起费用要素增加，资产要素减少。“其他业务成本”增加16 000元，应计入借方，“原材料”减少16 000元，应计入贷方。则编制会计分录如下。

借：其他业务成本　　16 000
　　贷：原材料　　16 000

【例4-37】机电公司2018年12月31日根据规定税率计算应交城市维护建设税5 000元，应交教育费附加2 000元。

这项经济业务发生后，引起费用要素和负债要素同时增加。“税金及附加”增加7 000元，应计入借方，“应交税费”增加7 000元，应计入贷方。则编制会计分录如下：

借：税金及附加　　7 000
　　贷：应交税费——应交城建税　　5 000
　　　　　　　　——应交教育费附加　　2 000

第六节　财务成果形成与分配的核算

【案例导入】

俊华公司为一家主要从事家用电器业务的制造业企业，注册资本1 000万元，自成立以来历年皆实现盈利，账面累计已提取法定盈余公积金为500万元。2018年当年实现净利润100万元，股东大会做出决议，将当年净利润100万元全部分配给股东。该决议遭到财务经理王某的反对，反对的理由是按照《中华人民共和国公司法》的规定，企业在向股东分配利润之前，应按照净利润的10%提取法定盈余公积金。

请问：王某的说法是否正确？

一、财务成果核算的内容

(一)利润的构成

利润是企业在一定时期内全部经营活动反映在财务上的最终结果，是衡量企业经营管理最重要的综合指标，包括营业利润、利润总额、净利润三个层次。

营业利润=营业收入-营业成本-税金及附加-销售费用-管理费用-财务费用-资产减值损失+公允价值变动净收益+投资净收益

利润总额=营业利润+营业外收入-营业外支出

净利润=利润总额-所得税费用

(二)利润的分配

企业实现的净利润，按照国家有关规定，应按如下顺序进行分配。

(1) 弥补以前年度亏损。

(2) 提取法定盈余公积金。企业应按净利润的10%提取法定盈余公积金，法定盈余公积金累计超过公司注册资本的50%以后，可不再提取。

(3) 提取任意盈余公积金。

(4) 向投资者分配利润。企业本年实现的净利润在扣除上述项目后，再加上年初未分配利润，就形成了可供投资者分配的利润。

二、财务成果形成与分配主要业务的会计核算

(一)账户设置

1. “本年利润”账户

“本年利润”账户属于所有者权益类账户，用来核算企业本期实现的净利润或亏损。该账户贷方登记由有关账户转入的各项收入，表示增加；借方登记由有关账户转入的各项成本、费用，表示减少。期末余额如在贷方，表示本期实现的净利润；期末余额如在借方，表示本期发生的净亏损。该账户需要在年末转入“利润分配”账户，结转后无余额。该账户一般不设明细账户，如图 4-29 所示。

借方　　　本年利润	贷方
转入的各项成本、费用	转入的各项收入
本期发生的净亏损	本期实现的净利润

图 4-29　“本年利润”账户

2. “营业外收入”账户

“营业外收入”账户属于收入类账户，用来核算企业发生的与生产经营无直接关系的各项收入，如固定资产盘盈、处理固定资产净收益、确实无法支付的应付账款、政府补助等。该账户贷方登记取得的各项营业外收入，表示增加；借方登记期末转入“本年利润”账户的营业外收入，表示减少；期末无余额。该账户可按收入项目设置明细账户，进行明细分类核算，如图 4-30 所示。

借方　　　营业外收入	贷方
转入本年利润的营业外收入	取得的各项营业外收入

图 4-30　“营业外收入”账户

3. “营业外支出”账户

“营业外支出”账户属于费用类账户，用来核算企业发生的与生产经营无直接关系的各项支出，如违约金、固定资产盘亏、处理固定资产净损失、非常损失等。该账户借方登记发生的各项营业外支出，表示增加；贷方登记期末转入“本年利润”账户的营业外支出，表示减少；期末无余额。该账户可按支出项目设置明细账户，进行明细分类核算，如图 4-31 所示。

4. “投资收益”账户

“投资收益”账户属于收入类账户，用来核算企业对外投资取得的收益或发生的损

失。该账户贷方登记对外投资取得的投资收益，表示增加；借方登记发生的对外投资损失和期末转入“本年利润”账户的投资收益，表示减少；期末无余额。该账户可按投资收益种类设置明细账户，进行明细分类核算，如图 4-32 所示。

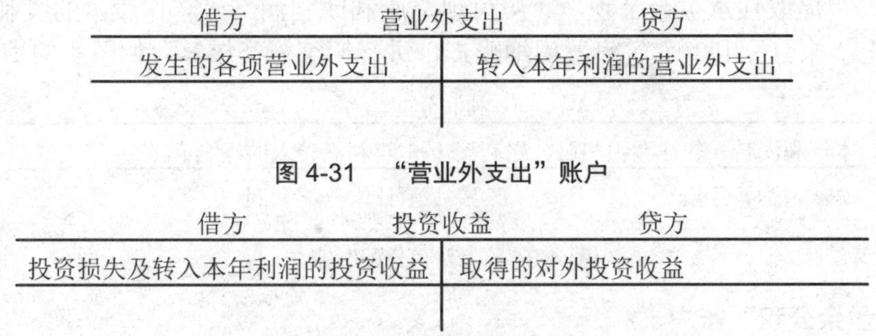

图 4-31　“营业外支出”账户

图 4-32　“投资收益”账户

5. “所得税费用”账户

“所得税费用”账户属于费用类账户，用来核算企业按规定税率计算应缴纳的所得税费用。该账户借方登记应缴纳的所得税费用，表示增加；贷方登记期末转入“本年利润”账户的所得税费用，表示减少；期末无余额。该账户一般不进行明细分类核算，如图 4-33 所示。

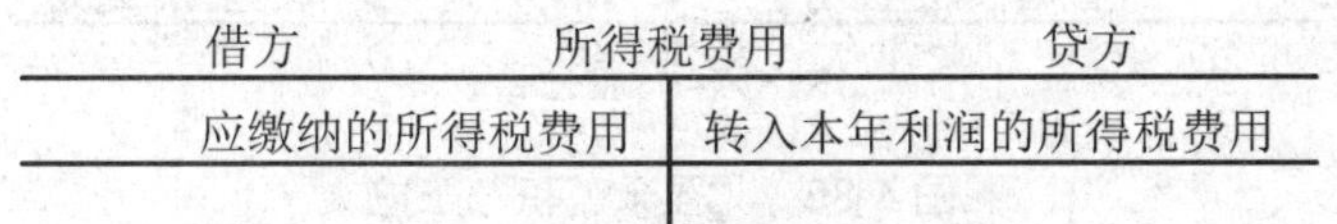

图 4-33　“所得税费用”账户

企业所得税的相关规定

在中华人民共和国境内，企业和其他取得收入的组织为企业所得税的纳税人，依照规定缴纳企业所得税。

企业所得税的税率为 25%、20%、15%。

企业每一纳税年度的收入总额，减去不征税收入、免税收入、各项扣除以及允许弥补的以前年度亏损后的余额为应纳税所得额。

企业的应纳税所得额乘以适用税率，减去依照法律关于税收优惠的规定减免和抵免的税额后的余额为应纳税额。其计算公式如下。

企业应纳所得税额=当期应纳税所得额×适用税率

6. “利润分配”账户

“利润分配”账户属于所有者权益类账户，用来核算企业利润分配和历年分配后的结存余额。该账户贷方登记年末从“本年利润”账户转入的本年度内实现的净利润，表示增加；借方登记年末从“本年利润”账户转入的本年度内发生的净亏损和已分配的利润，如提取盈余公积金、应付投资者的利润等，表示减少。期末余额如在贷方，表示累计未分配的利润；期末余额如在借方，表示累计未弥补的亏损。该账户可按“提取法定盈余公积”“提取任意盈余公积”“应付现金股利或利润”“转作股本的股利”“盈余公积补亏”“未分配利润”等设置明细账户，进行明细分类核算，如图4-34所示。

利润分配

借方	贷方
本年利润转入的净亏损和已分配利润	本年利润转入的净利润
累计未弥补亏损	累计未分配利润

图4-34 “利润分配”账户

7. “盈余公积”账户

“盈余公积”账户属于所有者权益类账户，用来核算企业盈余公积的提取、使用和结余情况。该账户贷方登记从净利润中提取的盈余公积，表示增加；借方登记盈余公积的使用，如弥补亏损、转增资本等，表示减少；期末余额在贷方，表示盈余公积结余数。该账户可按“法定盈余公积”“任意盈余公积”“法定公益金”等设置明细账户，进行明细分类核算，如图4-35所示。

盈余公积

借方	贷方
盈余公积的使用	从净利润中提取的盈余公积
	盈余公积结余数

图4-35 “盈余公积”账户

8. “应付股利”账户

“应付股利”账户属于负债类账户，用来核算企业分配的现金股利或利润。该账户贷方登记企业应付给投资者的利润，表示增加；借方登记实际支付给投资者的利润，表示减少；期末余额在贷方，表示尚未支付给投资者的利润。该账户可按投资者设置明细账户，进行明细分类核算，如图4-36所示。

应付股利

借方	贷方
实际支付给投资者的利润	应付给投资者的利润
	尚未支付给投资者的利润

图4-36 “应付股利”账户

(二)主要经济业务核算

【例4-38】机电公司2018年12月10日收到客户违约罚款6 000元，存入银行。

这项经济业务发生后，引起资产要素和收入要素同时增加。“银行存款”增加6 000元，应计入借方，“营业外收入”增加6 000元，应计入贷方。则编制会计分录如下。

借：银行存款 6 000

贷：营业外收入 6 000

【例 4-39】机电公司 2018 年 12 月 15 日向福利院捐赠 2 000 元，以银行存款支付。

这项经济业务发生后，引起资产要素减少，费用要素增加。“营业外支出”增加 2 000 元，应计入借方，“银行存款”减少 2 000 元，应计入贷方。则编制会计分录如下。

借：营业外支出 2 000

贷：银行存款 2 000

【例 4-40】机电公司 2018 年 12 月 16 日根据投资协议收到投资利润 30 000 元，存入银行。

这项经济业务发生后，引起资产要素和收入要素同时增加。“银行存款”增加 30 000 元，应计入借方，“投资收益”增加 30 000 元，应计入贷方。则编制会计分录如下。

借：银行存款 30 000

贷：投资收益 30 000

【例 4-41】机电公司 2018 年 12 月 31 日结转各损益类账户，如表 4-4 所示。

表 4-4 损益类账户发生额汇总表

单位：元

会计科目	借方发生额	会计科目	贷方发生额
主营业务成本	38 000	主营业务收入	50 000
其他业务成本	16 000	其他业务收入	20 000
管理费用	1 500	营业外收入	6 000
财务费用	500	投资收益	30 000
销售费用	2 000		
税金及附加	7 000		
营业外支出	2 000		

收入类账户转入“本年利润”账户，“本年利润”增加，登记在贷方；费用类账户转入“本年利润”账户，“本年利润”减少，登记在借方。则编制会计分录如下。

(1) 将收入类账户转入“本年利润”。

借：主营业务收入 50 000

其他业务收入 20 000

营业外收入 6 000

投资收益 30 000

贷：本年利润 106 000

(2) 将费用类账户转入“本年利润”。

借：本年利润 67 000

贷：主营业务成本 38 000

其他业务成本 16 000

管理费用 1 500
财务费用 500
销售费用 2 000
税金及附加 7 000
营业外支出 2 000

经过上述收入和费用的结转，“本年利润”账户的贷方发生额为 106 000 元，借方发生额为 67 000 元，期末贷方余额 39 000(106 000−67 000)元，即为本年实现的利润总额。

【例 4-42】机电公司 2018 年 12 月 31 日按照税法规定计算应纳所得税额，税率为 25%，假设企业没有利润调整项目。

企业应纳所得税额=当期应纳税所得额×适用税率=39 000×25%=9 750(元)

这项经济业务发生后，引起费用要素和负债要素同时增加。“所得税费用”增加 9 750 元，应计入借方，“应交税费”增加 9 750 元，应计入贷方。则编制会计分录如下。

借：所得税费用 9 750
  贷：应交税费——应交所得税 9 750

【例 4-43】机电公司 2018 年 12 月 31 日将所得税费用转入“本年利润”账户。

费用类账户转入“本年利润”账户，“本年利润”减少，登记在借方。则编制会计分录如下。

借：本年利润 9 750
  贷：所得税费用 9 750

结转后，本年度净利润=39 000−9 750=29 250(元)

【例 4-44】机电公司 2018 年 12 月 31 日结转本年实现的净利润，将净利润 29 250 元从“本年利润”账户转入“利润分配”账户。

这项经济业务发生后，引起所有者权益要素内部两个项目一增一减。“利润分配”增加 29 250 元，应计入贷方，“本年利润”减少 29 250 元，应计入借方。则编制会计分录如下。

借：本年利润 29 250
  贷：利润分配——未分配利润 29 250

【例 4-45】机电公司 2018 年 12 月 31 日按净利润的 10%提取法定盈余公积金。

应提取的法定盈余公积=29 250×10%=2 925(元)

这项经济业务发生后，引起所有者权益要素内部两个项目一增一减。“盈余公积”增加 2 925 元，应计入贷方，“利润分配”减少 2 925 元，应计入借方。则编制会计分录如下。

借：利润分配——提取法定盈余公积 2 925
  贷：盈余公积——法定盈余公积 2 925

【例 4-46】2018 年 12 月 31 日，机电公司股东大会决定向投资者分配股利 18 000 元。

这项经济业务发生后，引起负债要素增加，所有者权益要素减少。“应付股利”增加 18 000 元，应计入贷方，“利润分配”减少 18 000 元，应计入借方。则编制会计分录

如下。

借：利润分配——应付股利　　18 000

　　贷：应付股利　　18 000

【例 4-47】机电公司 2018 年 12 月 31 日以银行存款向股东支付股利 18 000 元。

这项经济业务发生后，引起资产要素和负债要素同时减少。“应付股利”减少 18 000 元，应计入借方，“银行存款”减少 18 000 元，应计入贷方。则编制会计分录如下。

借：应付股利　　18 000

　　贷：银行存款　　18 000

思考题

1. 制造业企业的主要经济业务有哪些？
2. 企业筹集资金的主要来源及方式有哪些？
3. 供应过程的主要经济业务是什么？
4. 生产过程的主要经济业务是什么？
5. 销售过程的主要经济业务是什么？
6. 净利润的分配顺序是怎样的？

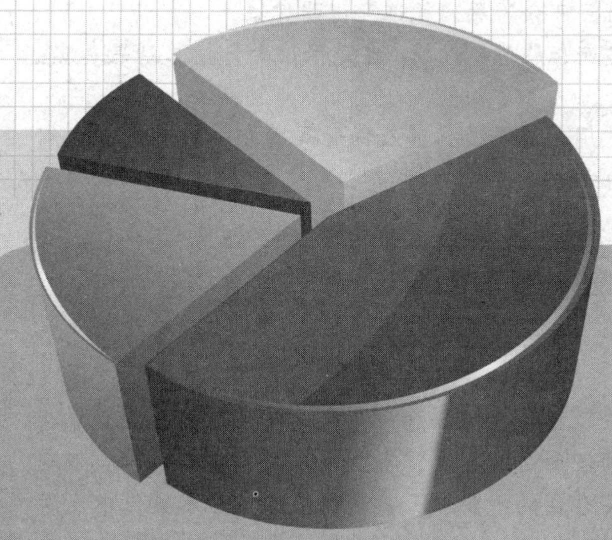

第五章

会计凭证

学习目标

- 了解会计凭证的概念、作用及分类。
- 了解会计凭证传递及保管的相关要求。
- 掌握原始凭证填制及审核的方法和要求。
- 掌握记账凭证填制及审核的方法和要求。

【本章导读】

会计凭证是记录经济业务、明确经济责任，并经审核后作为记账依据的书面证明。以凭证为依据进行会计核算工作，是会计核算的显著特点和基本原则。

由于企业发生的经济业务多种多样，因而会计凭证在其作用、性质、格式、内容及填制程序等方面都有各自的特征。为了正确地使用和填制会计凭证，必须对会计凭证进行分类。会计凭证按编制程序和用途不同，可分为原始凭证和记账凭证。

填制和审核会计凭证是会计工作的起点和最基本环节，也是保证会计核算结果真实、可靠、合法的基础。

本章系统地介绍会计凭证的概念、作用、分类、传递及保管等内容，同时结合实例重点介绍填制和审核会计凭证时应遵循的方法及要求。

第一节　会计凭证概述

【案例导入】

俊华公司采购员小李和小张到外地采购材料，回来途中将购货发票丢失，到公司财务处报账时遭到会计王某的拒绝，王某的理由是没有发票不能入账，小李则强调小张及对方供货企业都可以证明这笔业务是真实存在的，要求王某予以入账。在本案例中，谁的说法是正确的？

一、会计凭证的概念

每个单位在经营过程中都会发生各种各样的经济业务，如购买材料、销售产品等，经济业务一旦发生，必须取得或填制凭证，由执行、完成该项经济业务的有关人员从企业外部取得或自行填制凭证，以书面形式反映或证明经济业务的发生或完成情况。会计凭证应注明经济业务的内容、数量、金额并签名盖章，以明确对该项经济业务的真实性、准确性所负的责任。所有会计凭证都要认真填制，并要经过会计部门有关人员的严格审核，只有审核无误的会计凭证才能作为经济业务发生、完成情况的证明和登记账簿的依据。

会计凭证是记录经济业务，明确经济责任，并经审核后作为记账依据的书面证明。以凭证为依据进行会计核算工作，是会计核算的显著特点和基本原则。填制和审核会计凭证，是会计工作的起点和最基本环节。

会计凭证与法律凭证的区别

一般来说，会计凭证都可以作为法律凭证在法律关系中使用，而法律凭证并不是都可以作为会计凭证使用的。

法律凭证也称法律证据，主要形式包括书证、物证、视听资料、证人证言、当事人的陈述等；而会计凭证的存在形式只有一种，即必须是书面证明。

二、会计凭证的作用

会计凭证一方面是经济业务发生和完成的证据，另一方面也是登记账簿的依据，正确地填制与审核会计凭证对保证会计核算的工作质量、有效地进行会计监督、提供真实可靠的会计信息等具有非常重要的作用。

1. 可以记录企业经济业务的发生完成情况，为记账提供依据

每个单位发生的经济业务都需要按其发生的时间、地点、内容和完成情况，正确、及时地填制会计凭证，记录经济业务的实际情况。只有经过审核无误的会计凭证，才能作为记账的依据，才能保证会计记录的正确性。没有会计凭证就不可能登记账簿，也不可能提供及时、准确、可靠的其他会计资料。因此，正确填制与审核会计凭证，不仅具有核算和监督经济活动的作用，而且对保证整个会计资料的真实可靠、提高会计工作质量有着重要作用。

2. 能够明确经济责任，加强经济管理中的责任制

每个单位发生的经济业务都要填制或取得合法的会计凭证，有关经办部门和人员都要在会计凭证上签章，这样就可以促使经办部门和人员对经济业务的真实性、合法性负责，这样无疑会增强相关部门及人员的责任感，促使他们严格照章办事；同时，各经办部门和人员通过会计凭证的传递，还可以相互监督、相互牵制。如果出现问题，根据凭证即可查明原因，从而明确经济责任，强化岗位责任制。

3. 能够发挥会计监督作用，检查经济业务的真实性、准确性和合法性

每个单位发生的经济业务在会计凭证中都会如实地作出记录，经济业务是否真实、准确、合法，都会在会计凭证中得到反映。因此，通过对会计凭证的审核，既可以检查会计人员、财产保管人员和业务经办人员的工作情况，同时也可以查明每一项经济业务是否符合国家的法律、法规、方针、政策等的规定，是否符合单位的计划和预算，有无铺张浪费、贪污腐败等侵害国家财产的行为，有无违法乱纪、损害公共利益的行为，从而充分地发挥会计的监督作用，同时也可以达到严肃财经纪律、保证经济活动健康运行、提高经济效益的目的。

三、会计凭证的种类

由于企业发生的经济业务多种多样，因而会计凭证在其作用、性质、格式、内容及填制程序等方面都有各自的特征。为了正确地使用和填制会计凭证，必须对会计凭证进行分类。会计凭证按编制程序和用途不同，可分为原始凭证和记账凭证。

(一)原始凭证

原始凭证是指在经济业务发生或完成时取得或填制的，用以记录和证明经济业务的发生或完成情况的原始书面凭据。它是组织会计核算的原始资料和重要依据，是记账的原始依据，是所有会计资料中最具法律效力的一种证明文件。各单位在进行会计核算时，必须取得或填制原始凭证，并及时送交会计部门或专职会计人员，以保证会计核算工作的顺利进行。

企事业单位中应用的书面文件或单据种类很多，在会计核算过程中，凡是能够证明经济业务实际发生或完成情况的书面单据就可以作为原始凭证，如发票、领料单、收据、银行结算凭证等。凡是不能证明经济业务已经发生或完成的各种单据、文件，如购销合同、请购单、银行对账单、费用预算等，都不属于原始凭证，不能作为记账的原始依据。

原始凭证多种多样，按照不同的标准可以进行不同的分类。

1. 按照原始凭证来源的不同，可分为自制原始凭证和外来原始凭证

自制原始凭证是指经济业务发生或完成时，由本单位内部经办人员根据经济业务的内容自行填制的仅供本单位内部使用的原始凭证。例如，领料单、限额领料单、工资费用分配表、制造费用分配表等都属于原始凭证，如表 5-1 和表 5-2 所示。

表 5-1 领 料 单

领料部门：成品车间　　　　凭证编号：001

用途：生产用　　　　2018 年 1 月 10 日　　　　发料仓库：一仓库

材料编号	材料名称及规格	计量单位	数量		价格		
			请 领	实 发	单 价	金 额	第二联记账联
001	1#钢材	吨	10	10	1 000	10 000	
002	2#钢材	吨	5	5	2 000	10 000	
备注：					合计	20 000	

记账：于峰　　审批人：林杰　　领料人：姜明　　发料人：刘强

表 5-2　工资费用分配表

2018 年 1 月 30 日　　　　单位：元

车间及部门	应分配金额
车间生产人员工资	150 000
车间管理人员	40 000
厂部管理人员	30 000
专设销售机构人员	80 000
在建工程人员	50 000
合计	350 000

外来原始凭证是指经济业务发生或完成时，从其他单位或个人直接取得的原始凭证。例如，增值税专用发票、收据、银行收付款结算凭证、火车票等都属于外来凭证，如表 5-3 和表 5-4 所示。

表 5-3　增值税发票

No.000101

开票日期：2018 年 1 月 24 日

购买方	名　　称：机电公司 纳税人识别号：321254789 地 址、电 话：安东市青年大街 1 号 开户行及账号：建设银行振兴支行　321456				密码区	(略)		
货物或应税劳务、服务名称	规格型号	单位	数量	单价	金　额	税率	税　额	
A 产品		台	20	500	10000.00	16%	1600.00	
合　计					¥10000.00		¥1600.00	
价税合计(大写)	×壹万壹仟陆佰元整						(小写)¥11600.00	
销售方	名　　称：仪表公司 纳税人识别号：125435756 地 址、电 话：安东市洋河路 3 号 开户行及账号：建设银行新区支行　456789				备注			

第二联　发票联　购买方记账凭证

收款人：李明　　复核：李东　　开票人：郝南　　销售方：仪表公司章

表 5-4　收款收据

2018 年 1 月 29 日

交款单位或交款人	机电公司	收款方式	现金
事由　会费 金额(人民币大写)：伍佰元整　　¥：500.00			备注：
收款人：刘小东	收款单位(盖章)：机电协会		

2. 按照原始凭证填制手续及内容不同，可分为一次凭证、累计凭证和汇总凭证

一次凭证是指只记录一项经济业务或同时记录若干项同类经济业务，并在经济业务发生或完成时一次填制完成的原始凭证。所有的外来原始凭证都是一次凭证，如发票、车票等。自制原始凭证中的大部分也是一次凭证，如领料单、入库单等。

累计凭证是指在一定时期内连续记录若干项同类业务，需要多次填制完成的原始凭证。使用累计凭证可以简化核算手续，减少凭证数量，是企业进行计划管理的手段之一。例如，自制原始凭证中的限额领料单，如表 5-5 所示。

表 5-5　限额领料单

领料部门：成品车间　　编　号：001

用　途：生产产品　　2018 年 1 月　　发料仓库：一仓库

材料编号	材料名称	规　格	计量单位	全月领用限额	单　价	实际领用数　量	金　额
01	钢板		吨	20	2000	20	40 000
领料日期	请领数量	实发数量	领料人签章	发料人签章	限额结余		
1 月 3 日	8	8	李小明	王明	12		
1 月 11 日	5	5	李小明	王明	7		
1 月 21 日	7	7	李小明	王明	0		
合　计	20	20					

供应部门负责人：王飞　　生产部门负责人：李刚　　仓库负责人：张红

汇总凭证也叫原始凭证汇总表，是指将一定时期内反映相同经济业务内容的若干张原始凭证，按照一定标准综合填制的原始凭证。汇总凭证填制手续是定期根据本期若干

份记录同类经济业务的原始凭证加以汇总。汇总凭证既可以提供经济管理所需的总量指标，又可以简化记账凭证的填制工作，大大简化了核算手续，如“发料凭证汇总表”等，如表 5-6 所示。

表 5-6 发料凭证汇总表

附领料单 30 份　　　　2018 年 1 月 31 日　　　　单位：元

会计科目	领料部门	原 材 料	燃 料	合 计
基本生产成本	A 车间	5 000	13 000	18 000
	B 车间	7 000	12 000	19 000
	小 计	12 000	25 000	37 000
辅助生产成本	动力车间	5 000	2 000	7 000
	机修车间	4 000	3 000	7 000
	小 计	9 000	5 000	14 000
制造费用	A 车间	400	200	600
	B 车间	500	300	800
	小 计	900	500	1 400
管理费用	经理办公室	100		100
合 计		22 000	30 500	52 500

会计主管：陈红　　　　审核：张红　　　　制单：王明

3. 按照原始凭证格式的不同，可分为通用凭证和专用凭证

通用凭证是指在一定范围内具有统一格式和使用方法的凭证。这里的“一定范围”，既可以是全国范围，也可以是某省、某市、某地区或某系统。例如，全国统一使用的“银行承兑汇票”、某一地区统一印制的“收款收据”等。

专用凭证是指一些单位自行印刷，仅在本单位内部使用的原始凭证，如领料单、折旧计算表、工资费用分配表等。

(二)记账凭证

记账凭证是指会计人员根据审核无误的原始凭证填制的，对经济业务的内容加以归类、整理，确定经济业务应借、应贷会计科目及金额，并据以登记账簿的会计凭证。一般来说，记账凭证应该根据审核无误的原始凭证填制，但有些无法取得原始凭证的经济业务，也可以由会计人员根据账簿记录提供的数据编制记账凭证。例如，更正错账，期末结账前有关账项调整结转、转销等。

原始凭证只反映经济业务的执行和完成情况，而且种类繁多，数量庞大，格式和内容不统一，直接根据原始凭证记账容易发生差错，所以在记账前，应认真审核原始凭证，并根据审核无误的原始凭证，按照记账规则，确定应借、应贷会计科目和金额，填制记账凭证，并据以记账。原始凭证则作为记账凭证的附件粘贴在记账凭证之后，这样，不仅可以简化记账工作，减少差错，而且便于对账和查账，提高记账工作的质量。

实际工作中，企业可根据本单位业务的特点选择使用特定格式的记账凭证，记账凭证按照不同的标准可进行不同的分类。

1. 按照记账凭证适用经济业务的不同，可分为专用记账凭证和通用记账凭证

1) 专用记账凭证

专用记账凭证是指按照经济业务的某种特定属性，定向使用的记账凭证。根据登记经济业务的不同，专用记账凭证又可分为三种，即收款凭证、付款凭证和转账凭证。

收款凭证是指专门用于登记现金和银行存款收款业务的记账凭证。收款凭证又可以分为现金收款凭证和银行存款收款凭证，它们分别根据现金和银行存款收款业务的原始凭证填制，是出纳人员收讫款项的依据，也是登记总账、库存现金日记账和银行存款日记账及有关明细账的依据，如表 5-7 所示。

表 5-7　收款凭证

借方科目：　　　　　　　　　　年　月　日　　　　　　　　　收字第　号

摘　要	贷方科目		记账	金　额										
	总账科目	明细科目	符号		千	百	十	万	千	百	十	元	角	分
附单据　张	合　计													

会计主管：　　　　记账：　　　　出纳：　　　　审核：　　　　制单：

付款凭证是指专门用于登记现金和银行存款付款业务的记账凭证。付款凭证又可以分为现金付款凭证和银行存款付款凭证，它们分别根据现金和银行存款付款业务的原始凭证填制，是出纳人员支付款项的依据，也是登记总账、库存现金日记账、银行存款日记账及有关明细账的依据，如表 5-8 所示。

表 5-8　付款凭证

贷方科目：　　　　　　　　　　年　月　日　　　　　　　　　付字第　号

摘要	借方科目		记账	金　额										
	总账科目	明细科目	符号		千	百	十	万	千	百	十	元	角	分
附单据　张	合　计													

会计主管：　　　　记账：　　　　出纳：　　　　审核：　　　　制单：

转账凭证是指专门用于登记现金和银行存款收付款业务以外的转账业务的记账凭证。它根据相关转账业务的原始凭证填制，是登记总账和有关明细账的依据，如表 5-9 所示。

表 5-9　转账凭证

年　　月　　日　　　　　　转字第　　号

摘　要	会计科目		记账	借方金额									贷方金额								
	总账科目	明细科目	符号	百	十	万	千	百	十	元	角	分	百	十	万	千	百	十	元	角	分
附单据　张	合　计																				

会计主管：　　　　记账：　　　　审核：　　　　制单：

2) 通用记账凭证

通用记账凭证是指不分收款、付款和转账业务，各类业务共同使用且具有统一格式的记账凭证。在实际工作中，一般适用于经济业务数量较少的企事业单位，如表 5-10 所示。

表 5-10　通用记账凭证

出纳编号：　　　　年　　月　　日　　　　凭证编号：

摘　要	会计科目		记账	借方金额									贷方金额								
	总账科目	明细科目	符号	百	十	万	千	百	十	元	角	分	百	十	万	千	百	十	元	角	分
附单据　张	合　计																				

会计主管：　　　　记账：　　　　出纳：　　　　审核：　　　　制单：

2. 按照记账凭证编制方式的不同，可分为单式记账凭证和复式记账凭证

单式记账凭证是指按每笔经济业务所涉及的各个会计科目分别填列的记账凭证。填列借方账户的称为借项记账凭证，填列贷方账户的称为贷项记账凭证。一项经济业务涉及几个账户就分别填制几张凭证，并采用一定的编号方法将它们联系起来。其优点是：内容单一，便于记账工作的分工，也便于按科目汇总，并可加速凭证的传递。其缺点是：凭证张数多，内容分散，在一张凭证上不能完整地反映一笔经济业务的全貌，因此需要加强凭证的复核、装订和保管工作。

复式记账凭证是指将某项经济业务所涉及的全部会计科目集中在一起填列的记账凭证。上述专用记账凭证和通用记账凭证都属于复式记账凭证。其优点是：能完整地反映一笔经济业务的全貌，即经济业务所涉及的全部账户及其对应关系，且填写方便，附件集中，便于凭证的分析和审核。其缺点是：不便于分工记账，也不便于科目汇总。

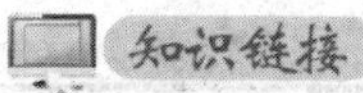

原始凭证与记账凭证的区别

原始凭证和记账凭证的共同之处在于都是登记账簿的依据，其区别主要包括：一是填制人不同。原始凭证一般是在经济业务发生或完成时由经办人员填制的，而记账凭证则是由会计人员填制。二是填制依据不同。原始凭证的填制依据是真实存在的经济业务，而记账凭证的填制依据是审核无误的原始凭证。三是作用不同。原始凭证的作用在于记录、证明经济业务的发生及完成，而记账凭证则要对原始凭证上记录的经济业务进行归类整理，为登记账簿提供直接依据。

第二节　原始凭证的填制与审核

俊华公司会计小刘在审核一张采购材料的发票时，发现这张发票的大小写金额不一致，于是将这张发票退还给了采购员小王，并要求他到供货单位重开发票。小王则强调这家供货单位在外地，路途比较远，重开发票不太方便，他可以写个证明以证明这笔业务的真实性，要求会计小刘予以入账。请问谁的说法是正确的？

一、原始凭证的基本内容

由于原始凭证记录的经济业务内容多种多样，取得的渠道也是多方面的，因此每种原始凭证的名称、格式和具体内容也不完全一样。但是，无论哪一种原始凭证都必须如实地反映经济业务的发生和完成情况，都必须明确有关人员的责任。原始凭证必须具备以下基本内容，即原始凭证的基本要素：①原始凭证的名称；②原始凭证的日期和编号；③接收凭证单位或个人的名称；④经济业务内容摘要；⑤经济业务中实物的名称、数量、单价和金额；⑥填制单位名称或填制人姓名；⑦经办人员签名或盖章。

在实际工作中，根据经营管理和特殊业务的需要，除上述基本内容外，还可以增加一些必要的内容。例如，注明与该笔经济业务有关的合同号码、结算方式、币别、汇率等。对于不同单位经常发生的共同性经济业务，有关部门可以制定统一的凭证格式。例如，银行统一制定的各种结算凭证，税务部门统一制定的发货票、收款收据等。

二、原始凭证的填制

原始凭证是会计核算最基础的原始资料，要保证会计核算工作的质量，就必须保证原始凭证的质量，正确地填制原始凭证，就是要求在填制原始凭证时必须遵循相应的要求和规范。

(一)填制原始凭证的基本要求

(1) 凭证所反映的经济业务要合法。经济业务的内容必须符合国家有关政策、法令、规章、制度的要求，凡不符合以上要求的，不得列入原始凭证。

(2) 凭证记录要真实可靠。填写原始凭证必须符合真实性会计原则的要求，原始凭证上记录的经济业务的日期、内容、数量和金额，必须与实际情况完全相符，不得歪曲经济业务的真相、弄虚作假。对于实物数量、重量和金额的计算，要准确无误，不得匡算或估计。从外单位取得的原始凭证如有遗失，应取得原签发单位盖有财务章的证明，并注明原来凭证的号码、金额和内容等，经单位负责人批准后，可代作原始凭证。对于确实无法取得证明的，应由当事人写出详细情况，由经办单位负责人批准后，可代作原始凭证。

(3) 凭证内容要完整。原始凭证中规定的各项目必须填写齐全，不能遗漏和省略，项目填列不全的原始凭证，不能作为经济业务的合法证明，也不能作为编制记账凭证的附件和依据。需要填一式数联的原始凭证，必须用复写纸套写，各联的内容必须完全相同，联次也不得缺少。业务经办人员必须在原始凭证上签名或盖章，对凭证的真实性和正确性负责。

(4) 凭证编制要及时。当每一项经济业务发生或完成时，经办人员应按照有关制度的规定，及时填制或取得原始凭证，并按规定的程序及时送交会计部门审核、记账。这样既可以保证会计信息的时效性，也可以防止出现差错。

(5) 凭证书写要清楚规范。原始凭证填写要认真，文字和数字要清楚，字迹必须工整、清晰，易于辨认。数量、单价和金额的计算必须正确，大小写金额要相符。一般凭证如果书写错误，应用规定的方法予以更正，并由更正人员在更正处盖章，以示负责。不得随便涂改、刮擦或挖补。有关货币资金收支的原始凭证，如果书写错误，应按规定手续注销、留存，重新填写，并在错误凭证上加盖“作废”戳记，连同存根一同保存，不得撕毁，以免错收、错付，或被不法分子窃取现金。

(二)填制原始凭证的技术要求

(1) 阿拉伯金额数字的书写。

① 阿拉伯数字应当逐个书写，不得连笔，数字排列要整齐，数字之间的间隔要均匀，不宜过大。

② 阿拉伯数字的书写应符合高度的标准，一般要求数字的高度占凭证横格高度的

1/2 为宜。

③ 书写阿拉伯数字时要注意紧靠横格底线，使上方能留出一定的空位，以便需要进行更正时可以再次书写。

④ 阿拉伯金额数字前面应当书写货币币种符号或者货币名称简写和币种符号，且币种符号与阿拉伯金额数字之间不能留有空白，凡阿拉伯金额数字前写有货币币种符号的，数字后面不再写货币单位。

⑤ 所有以元为单位的阿拉伯数字，除表示单价等情况外，一律填写到角、分，无角、分的，角位和分位可写“00”或者“—”，有角无分的，分位应当写“0”，不得用符号“—”代替。

(2) 汉字大写金额数字的书写。

① 汉字大写金额数字，一律采用正楷书写。例如，零、壹、贰、叁、肆、伍、陆、柒、捌、玖、拾、佰、仟、万、亿等，不得用 0、一、二、三、四、五、六、七、八、九、十等代替。

② 大写金额数字到元或者角为止的，在“元”或者“角”之后应当写“整”字，大写金额数字有分的，分字后面不写“整”字。

③ 阿拉伯金额数字中间有“0”时，汉字大写金额要写“零”字，阿拉伯数字金额中间连续有几个“0”时，汉字大写金额中只写一个“零”。

④ 在填写大写金额数字的原始凭证上，如果大写金额数字前未印有货币名称，应当加填货币名称，然后在其后紧接着填写大写金额数字，货币名称与金额数字之间不能留有空白。

【例 5-1】大小写金额数字的转换练习。

¥10 000.00　　人民币壹万元整

¥3 004.50　　人民币叁仟零肆元伍角整

¥5 667.21　　人民币伍仟陆佰陆拾柒元贰角壹分

(三)原始凭证的填制方法

原始凭证是由有关经办人员根据经济业务实际执行和完成情况填制的，下面以实际业务为例分别介绍不同原始凭证的填制方法。

1. 收料单

收料单是在外购材料物资验收入库时，根据供货单位开来的发票账单和购入材料的实际验收情况填制的。收料单通常是一式三联，一联留仓库据以登记明细账或材料卡片；一联随发票交会计部门办理结算；一联交采购人员存查。

【例 5-2】机电公司从江城钢铁厂采购钢材一批，其中，圆钢 3 吨，每吨 20 000 元，方钢 2 吨，每吨 30 000 元，运费 1 000 元。仓库保管员验收入库，填制收料单，如表 5-11 所示。

表 5-11 收料单

供货单位：江城钢铁厂　　　　2018 年 1 月 15 日　　　　凭证编号：0012

发票编号：321456　　　　收料仓库：2 号库

材料编号	材料名称	规格材质	计量单位	应收数量	实收数量	单价	金额										第二联 记账联
							千	百	十	万	千	百	十	元	角	分	
001	圆钢	30m	吨	3	3	20 000				6	0	0	0	0	0	0	
002	方钢	40m	吨	2	2	30 000				6	0	0	0	0	0	0	
				运杂费							1	0	0	0	0	0	
				合计				¥	1	2	1	0	0	0	0	0	
备注																	

仓库保管员：刘小东　　　　记账：郝小南　　　　收料：王明明

2. 制造费用分配表

制造费用分配表是由会计人员在月末计算产品制造成本时，根据“制造费用”账户借方发生额和确定的分配标准，经过分配计算后填制的一次性自制原始凭证。它作为月末分配结转制造费用的记账依据，一般按生产部门或车间分别填制。

【例 5-3】机电公司一车间 2018 年 1 月共发生制造费用 50 000 元，采用生产工时作为标准来分配制造费用，该车间本月共生产 A、B 两种产品，其中 A 产品工时为 200 小时，B 产品工时为 300 小时，通过分配计算，每生产工时应分配制造费用 100 元，A 产品分配制造费用 20 000 元，B 产品分配制造费用 30 000 元，会计人员根据分配情况，填制制造费用分配表，如表 5-12 所示。

表 5-12 制造费用分配表

车间：一车间　　　　2018 年 1 月 31 日　　　　单位：元

分配对象	分配标准/生产工时	分配率	分配金额
A 产品	200	100	20 000
B 产品	300	100	30 000
合　计	500		50 000

主管：李强　　　　审核：李冬　　　　制表：王明

3. 增值税专用发票

增值税专用发票是一般纳税人在销售货物时开具的，其基本联次为三联：发票联、抵扣联和记账联。发票联作为购货单位核算采购成本和增值税进项税额的凭证；抵扣联作为购货单位报送主管税务机关认证和留存备查的凭证；记账联作为销货单位核算销售收入和增值税销项税额的凭证。

【例5-4】机电公司2018年1月20日销售A产品100件，单价200元，销货款20 000元，增值税销项税额3 200元，产品已发出，填制增值税专用发票如表5-13所示。

表5-13 增值税发票

辽宁省增值税专用发票

发票联

No.000103

开票日期：

购买方	名称：东方公司 纳税人识别号：321486523 地址、电话：安东市锦山路1号 开户行及账号：工商银行元宝支行 123789					密码区	(略)	
货物或应税劳务、服务名称	规格型号	单位	数量	单价	金额	税率	税额	
A产品		件	100	200	20000.00	16%	3200.00	
合计					¥20000.00		¥3200.00	
价税合计(大写)	×贰万叁仟贰佰元整					(小写)¥23200.00		
销售方	名称：机电公司 纳税人识别号：321254789 地址、电话：安东市青年大街1号 开户行及账号：建设银行振兴支行 321456					备注	机电公司 0123456789 发票专用章	

收款人：李明　　复核：李东　　开票人：郝南　　销售方：

第二联 发票联 购买方记账凭证

三、原始凭证的审核

为了如实反映经济业务的发生和完成情况，充分发挥会计的监督作用，保证会计信息的真实性、可靠性和正确性，会计机构、会计人员必须对原始凭证进行严格审核。

1. 原始凭证真实性的审核

对原始凭证进行真实性审核，其审核的内容主要包括：①与经济业务相关的当事人单位和当事人是否真实；②经济业务发生的时间、地点和填制凭证的日期是否准确；③经济业务的内容及其数量方面(包括实物数量、计量单位、单价、金额)是否与实际情况相符等。

2. 原始凭证合法性的审核

对原始凭证进行合法性审核，其审核的内容主要包括：①原始凭证所记载的经济业

务是否合理、合法，是否符合国家有关政策、法令、规章和制度的规定，是否符合计划、预算的规定；②有无违法乱纪的行为，有无弄虚作假、营私舞弊、伪造涂改凭证的现象；③各项费用支出是否符合开支范围及开支标准的规定，是否符合增收节支、增产节约、提高经济效益的原则，有无铺张浪费的现象等。

3. 原始凭证准确性的审核

对原始凭证进行准确性审核，其审核的内容主要包括：①原始凭证的摘要是否填写清楚；②日期是否真实；③实物数量、单价及金额是否正确；④小计、合计及数字大写和小写有无错误；⑤有无刮擦、挖补、涂改和伪造原始凭证等情况。

4. 原始凭证完整性的审核

对原始凭证进行完整性审核，其审核的内容主要包括：①原始凭证是否具备合法凭证所必需的基本内容，这些内容填写是否齐全，有无遗漏的项目；②原始凭证的填制手续是否完备，有关部门和经办人员是否签章，是否经过主管人员审核批准；③须经政府有关部门或领导批准的经济业务，其审批手续是否按规定履行等。

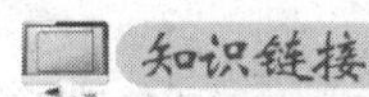

《中华人民共和国会计法》关于原始凭证填制与审核的规定

各单位发生的各项经济业务事项，必须填制或者取得原始凭证并及时送交会计机构。

会计机构、会计人员必须按照国家统一的会计制度的规定对原始凭证进行审核，对不真实、不合法的原始凭证有权不予接受，并向单位负责人报告；对记载不准确、不完整的原始凭证予以退回，并要求按照国家统一的会计制度的规定更正、补充。

原始凭证记载的各项内容均不得涂改；原始凭证有错误的，应当由出具单位重开或者更正，更正处应当加盖出具单位印章；原始凭证金额有错误的，应当由出具单位重开，不得在原始凭证上更正。记账凭证应当根据经过审核的原始凭证及有关资料编制。

第三节　记账凭证的填制与审核

【案例导入】

俊华公司出纳小王接到本公司开户银行的电话通知，该公司的一笔销售款 100 000 元已到账，要求小王到开户行办理手续并领取银行存款入账凭证，小王并没有马上到银行领取相关凭证，而是根据业务内容填制了一张记账凭证，并根据该记账凭证登记了银行存款日记账。两天后，小王到开户行领取了存款入账凭证并将该凭证作为附件附在了记账凭证的后面。请问小王的做法有何不妥之处？

一、记账凭证的基本内容

由于经济业务种类繁多，与其相关的原始凭证的格式和内容各不相同，加之原始凭证一般无法表明经济业务应计入的账户及借贷方向，直接根据原始凭证登记账簿效率低且容易出错。因此，在记账前将审核无误的原始凭证加以归类整理，填制具有统一格式的记账凭证，并将相关的原始凭证附在后面，既有利于原始凭证的归类保管，又简化了记账工作，从而提高了会计工作的质量。

记账凭证作为登记账簿的依据，因其所反映经济业务的内容不同，各单位规模大小及其对会计核算的要求不同，其格式也有所不同。但为了满足会计记账的基本要求，记账凭证应具备以下基本内容，即记账凭证的基本要素：①记账凭证的名称；②填制记账凭证的日期；③记账凭证的编号；④经济业务事项的内容摘要；⑤经济业务事项涉及的会计科目及其记账方向；⑥经济业务事项的金额；⑦记账符号；⑧所附原始凭证张数；⑨会计主管、记账、审核、出纳、制单等有关人员签章。

二、记账凭证的填制

记账凭证是根据审核无误的原始凭证填制的，是登记账簿的直接依据，记账凭证填制正确与否，直接关系到账簿数据的准确性。

(一)记账凭证的填制要求

(1) 必须根据审核无误的原始凭证填制记账凭证。会计人员填制记账凭证时，必须依据审核无误的原始凭证所记录的经济业务，经过分析、归类及整理后填制。除了填制更正错账和结账分录的记账凭证外，其余所有记账凭证都必须附有原始凭证或原始凭证汇总表。

(2) 会计分录填写要准确、规范。会计分录要依照会计制度的规定规范编制，以保证核算口径一致，便于综合汇总。对总账科目、二级科目或明细科目要填写齐全，账户的对应关系要填写正确，金额的登记方向和数字必须正确且符合书写规范，角、分位不留空白，合计金额最高位数字前要填写记账货币的符号。

(3) 凭证摘要应简明扼要。用最简练的语言准确概括经济业务的中心意思，既要防止简而不明，又要防止过于烦琐。

(4) 凭证日期填写应准确。一般的记账凭证应填写填制凭证当日的日期，但报销差旅费的记账凭证应填写报销当日的日期；现金收付款业务的记账凭证应填写现金收付当日的日期；银行存款收款业务的记账凭证应填写收到银行进账单或银行回执戳记的日期，当实际收到银行进账单的日期与银行戳记日期相隔较远，或次月收到上月银行进账单时，可按会计人员实际办理转账业务的日期填写；银行付款业务的记账凭证，一般以会计人员开出银行付款凭证的日期或承兑的日期填写；会计人员自制的计提和分摊费用等转账业务的记账凭证，应当填写当月最后一天的日期。

(5) 正确编制记账凭证编号。记账凭证在一个月内应当连续编号，目的是分清记账凭证的先后顺序，便于登记账簿，便于日后对账和查核，并防止散失。可以将全部记账凭证作为一类统一编号，每月从第一号记账凭证起，按经济业务发生的顺序，依次编号；也可以分别按现金收入、银行存款收入、现金付出、银行存款付出、转账业务分类编号。例如，现收字第 1 号，现付字第 1 号，银收字第 1 号，银付字第 1 号，转字第 1 号等。

需要说明的是，如果一笔经济业务需要编制多张记账凭证时，可采用“分数编号法”，即每一项经济业务编一总号，再按凭证张数编几个分号。例如，一笔经济业务需要编制四张转账凭证，该笔经济业务的顺序号是 10，则第一张的编号为“转字第 $10\frac{1}{4}$ 号”，第二张的编号为“转字第 $10\frac{2}{4}$ 号”，第三张的编号为“转字第 $10\frac{3}{4}$ 号”，第四张的编号为“转字第 $10\frac{4}{4}$ 号”，同时将原始凭证附在某一张记账凭证后，在未附原始凭证的记账凭证上注明“单据附在第×号记账凭证上”。

(6) 附件张数必须注明，以便查核。如果原始凭证需另行保管时，则应在附件栏内加以注明。

(7) 一张记账凭证只能反映同一类经济业务。会计科目的对应关系应清晰明确，借方科目在上，贷方科目在下。

(8) 记账凭证应按行次逐项填写，不得跳行。需要说明的是，如果在合计数与最后一笔数字之间有空行，则应在金额栏画线注销。

(9) 记账凭证填写完毕，应进行复核和检查，有关人员要签名盖章。出纳人员根据收款凭证收款，或根据付款凭证付款时，要在凭证上加盖“收讫”或“付讫”的戳记，以免重收重付，防止差错。

(10) 记账凭证的使用格式应相对稳定。特别是在同一个会计年度内，不宜随意更换，以免引起编号、装订和保管方面的不便与混乱。

(11) 填制记账凭证时若发生错误应当重新填制。

(二)记账凭证的填制方法

1. 收款凭证

收款凭证分为现金收款凭证和银行存款收款凭证，它们分别根据现金和银行存款收款业务的原始凭证填制。其填制方法为：①“借方科目”栏，应按收款的性质填写“库存现金”或“银行存款”科目；②“贷方科目”栏，填写的是“库存现金”或“银行存款”科目相对应的总账科目及其所属明细科目；③“日期”栏，现金收款业务的记账凭证应填写现金收款当日的日期；银行存款收款业务的记账凭证应填写收到银行进账单或银行回执戳记的日期，当实际收到银行进账单的日期与银行戳记日期相隔较远，或次月收到上月银行进账单时，可按会计人员实际办理转账业务的日期填写；④“凭证号”栏，可按“收字××号”统一顺序编号，也可按收款性质的不同分别编号，即现金收入业务以“现收字××号”顺序编号，银行存款收入业务以“银收字××号”顺序编号；⑤“摘要”栏，以简明扼要的文字概括经济业务的中心意思；⑥“金额”栏，填写实际收到的库存现金或银行存款的金额，各总账科目及其所属明细科目的应贷金额，应分别填入与该总账科目或明细科目同一行的金额栏内，需要说明的是，金额栏合计数只合计“总账科目”金额，表示借方科目“库存现金”或“银行存款”的记账金额；⑦“记账符号”栏，记账人员在根据收款凭证登记完相关账簿后，在本栏内打“√”，表示已经记账，防止经济业务的重记或漏记；⑧“附单据　张”栏，根据收款凭证所附原始凭证的张数填写。此外，凭证在填制和审核后，相关人员应在凭证签章处签名或盖章，以明确经济责任。

【例 5-5】机电公司 2018 年 1 月 18 日收到东方公司还来的以前所欠的货款 150 000 元，存入银行。

本题反映的业务是机电公司收到银行存款，因此使用收款凭证，且借方科目为“银行存款”。根据本业务编制会计分录，借“银行存款”科目，贷“应收账款——东方公司”科目，如表 5-14 所示。

表 5-14　收款凭证

借方科目：银行存款　　　　2018 年 1 月 18 日　　　　银收字第 01 号

摘　要	贷方科目		记账符号	金　额										
	总账科目	明细科目			千	百	十	万	千	百	十	元	角	分
收前欠货款	应收账款	东方公司	√				1	5	0	0	0	0	0	0
附单据　2　张	合　计					¥	1	5	0	0	0	0	0	0

会计主管：刘小东　记账：张风　　出纳：王志东　　审核：王灵　　制单：姜红

2. 付款凭证

付款凭证分为现金付款凭证和银行存款付款凭证，它们分别根据现金和银行存款付款业务的原始凭证填制。其填制方法如下：①“贷方科目”栏，应按付款的性质填写“库存现金”或“银行存款”科目；②“借方科目”栏，填写的是“库存现金”或“银行存款”科目相对应的总账科目及其所属明细科目；③其余各栏目的填制方法与收款凭证基本相同。

【例 5-6】机电公司 2018 年 1 月 25 日以银行存款购买机器一台，价值 350 000 元，该机器不需安装，已直接投入使用。

本题反映的业务是机电公司以银行存款支付购机器款，因此使用付款凭证，且贷方科目为“银行存款”。根据本业务编制会计分录，借“固定资产”科目，贷“银行存款”科目，如表 5-15 所示。

表 5-15　付款凭证

贷方科目：银行存款　　2018 年 1 月 25 日　　银付字第 01 号

摘　要	借方科目		记账	金　额										
	总账科目	明细科目	符号		千	百	十	万	干	百	十	元	角	分
购机器	固定资产		√				3	5	0	0	0	0	0	0
附单据　2　张	合　计					¥	3	5	0	0	0	0	0	0

会计主管：刘小东　记账：张风　　出纳：王志东　　审核：王灵　　制单：姜红

3. 转账凭证

转账凭证是根据审核无误的库存现金和银行存款收付款业务以外的转账业务的原始凭证编制的。其填制方法为：①“会计科目”栏，按照先借后贷的顺序分别填写应借、应贷的总账科目及其所属明细科目；②“金额”栏，借方总账科目及其所属明细科目的应记金额，应在与该科目同一行的“借方金额”栏内相应栏次填写，贷方总账科目及其所属明细科目的应记金额，应在与该科目同一行的“贷方金额”栏内相应栏次填写，需要说明的是，“合计”行只合计借方总账科目金额和贷方总账科目金额，且借方总账科目金额合计数与贷方总账科目金额合计数应相等；③“凭证号”栏，应按“转字××号”顺序编号；④其余各栏目的填制方法与收款凭证及付款凭证基本相同。

【例 5-7】2018 年 1 月 30 日，机电公司当月投产的 A 产品全部完工，验收入库，A 产品的生产成本为 160 000 元。

本题反映的业务是产品生产完工，验收入库，借贷双方均不涉及库存现金或银行存款的收付，因此使用转账凭证。根据本业务编制会计分录，借“库存商品——A 产品”科目，贷“生产成本——A 产品”科目，如表 5-16 所示。

表 5-16　转账凭证

2018 年 1 月 30 日　　转字第 01 号

摘 要	会计科目		记账	借方金额									贷方金额								
	总账科目	明细科目	符号	百	十	万	千	百	十	元	角	分	百	十	万	千	百	十	元	角	分
产品完工	库存商品	A 产品	√		1	6	0	0	0	0	0	0									
	生产成本	A 产品	√											1	6	0	0	0	0	0	0

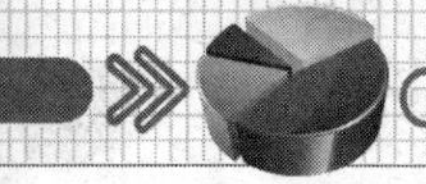

续表

摘 要	会计科目		记账	借方金额									贷方金额								
	总账科目	明细科目	符号	百	十	万	千	百	十	元	角	分	百	十	万	千	百	十	元	角	分
附单据 1 张	合 计			¥	1	6	0	0	0	0	0	0	¥	1	6	0	0	0	0	0	0

会计主管：刘小东　　　　记账：张风　　　　审核：王灵　　　　制单：刘刚

4. 通用记账凭证

通用记账凭证是一种适合各种经济业务的记账凭证，采用该凭证的单位，不再根据经济业务内容的不同分别填制收款凭证、付款凭证和转账凭证，而是各类业务共同使用具有统一格式的记账凭证。其填制方法与转账凭证基本相同。

【例 5-8】机电公司 2018 年 1 月 20 日与工商银行达成借款协议，借款 200 000 元，期限 3 个月，该借款已于当天收到并存入银行。

本题反映的业务为取得 3 个月期限贷款，且已收到并存入银行。根据本业务编制会计分录，借“银行存款”科目，贷“短期借款——工商银行”科目，如表 5-17 所示。

表 5-17　通用记账凭证

出纳编号：06　　　　2018 年 1 月 20 日　　　　凭证编号：11

摘 要	会计科目		记账	借 方 金 额									贷 方 金 额								
	总账科目	明细科目	符号	百	十	万	千	百	十	元	角	分	百	十	万	千	百	十	元	角	分
银行贷款	银行存款		√		2	0	0	0	0	0	0	0									
	短期借款	工行	√											2	0	0	0	0	0	0	0
附单据 2 张	合 计			¥	2	0	0	0	0	0	0	0	¥	2	0	0	0	0	0	0	0

会计主管：刘小东　　记账：张风　　出纳：王志东　　审核：王灵　　制单：刘刚

三、记账凭证的审核

记账凭证是登记账簿的直接依据，为了保证账簿记录的准确性，记账前必须对已编制的记账凭证进行认真、严格的审核。

1. 记账凭证所附原始凭证真实性的审核

对记账凭证所附原始凭证进行审核，其审核内容包括：记账凭证是否附有原始凭证

或原始凭证汇总表，以及所附的原始凭证是否齐全，是否正确无误；所附的原始凭证反映的经济业务内容与记账凭证填列的内容是否一致。

2. 记账凭证正确性的审核

对记账凭证的正确性进行审核，其审核内容包括：记账凭证核算内容是否符合会计制度的规定，会计科目使用是否准确，账户对应关系是否清晰，应借、应贷金额是否一致，相关金额计算是否正确。

3. 记账凭证完整性的审核

对记账凭证的完整性进行审核，其审核内容包括：记账凭证所需填写项目是否已按规定填写完整，相关人员是否都已签名盖章等。

在审核过程中，如果发现记账凭证有记录不全或错误，应查明原因，重新填制或按规定办理更改手续。只有经过审核无误的记账凭证，才能据以登记账簿。

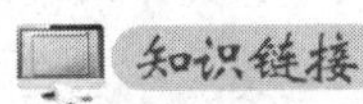

记账后发现记账凭证错误的更改方法

已登记入账的记账凭证在当年发现填写错误的，可以用红字填写一张与原错误凭证内容相同的记账凭证，在摘要栏注明“注销某月某日某号凭证”字样，同时再用蓝字填制一张正确的记账凭证，在摘要栏注明“订正某月某日某号凭证”字样。如果记账凭证的会计科目没有错误，只是金额错误，也可根据正确金额与错误金额之间的差额，另外编制一张调整的记账凭证，调增金额用蓝字，调减金额用红字。此外，如果发现以前年度记账凭证有错误的，应当根据实际错误情况用蓝字填制一张更正的记账凭证进行更改。

第四节　会计凭证的传递与保管

【案例导入】

俊华公司新办公楼刚刚竣工，各个部门都在清理办公室，做搬家的准备工作。财务处会计小王在清理档案室时，发现了公司十年前的一些会计凭证，小王的想法是这些凭证已经这么久了，应该没什么用了，准备请示一下领导就把这些凭证扔掉，结果小王在请示领导时，却遭到了领导的批评。请问领导为什么要批评小王？

一、会计凭证的传递

会计凭证的传递是指各种会计凭证从填制、取得到归档保管为止的全部过程，即在单位内部有关人员和部门之间传送、交接的过程。

各种会计凭证所记录的经济业务的内容不同，所涉及的部门和人员不同，因此需要办理的业务手续和所需要的时间也不尽相同。为了使会计凭证有序传递，并符合内部牵制的原则，应当为每一种凭证规定合理的传递程序和在各个环节停留及传递的时间。会计凭证的传递是企业会计制度的一个重要组成部分，应当在企业会计制度中作出明确的规定。

1. 凭证的传递程序

各单位应根据经济业务特点、内部机构设置和人员分工等，恰当地规定各种会计凭证的联数及所流动的环节，做到既要使各有关部门和人员能利用凭证了解经济业务情况，并按照规定手续进行处理和审核，又要避免凭证传递通过不必要的环节，影响传递速度。

2. 凭证的传递时间

在确定会计凭证的传递时间时，应充分考虑各环节的工作内容和工作量，以及在正常情况下完成工作所需要的时间。会计凭证的传递和处理，应在规定时间内完成，以防止拖延处理和积压凭证，保证会计核算的及时性。

3. 凭证传递的交接制度

凭证传递过程中的交接应建立签收制度，在各个环节都应办理交接手续，以明确责任，确保会计凭证的安全和完整。

二、会计凭证的保管

会计凭证的保管是指会计凭证记账后的整理、装订、归档和存查工作。

会计凭证是记录经济业务，明确经济责任的书面证明文件，又是登记账簿的依据，是重要的经济档案和历史资料，因此任何单位在完成经济业务手续和记账之后，必须将会计凭证按规定的立卷归档制度形成会计档案资料，妥善保管，防止丢失，不得任意销毁，以便日后随时查阅。

1. 会计凭证的装订

会计凭证应定期装订成册，防止散失。会计部门在依据会计凭证记账以后，应定期(每天、每旬或每月)对各种会计凭证进行分类整理，将各种记账凭证按照编号顺序，连其所附的原始凭证一起加具封面、封底，装订成册，并在装订线上加贴封签，由装订人员在装订线封签处签名或盖章。会计凭证封面应注明单位名称、凭证种类、凭证张数、起止号数、年度、月份、会计主管人员、装订人员等有关事项，会计主管人员和保管人员应在封面上签章。

原始凭证较多时，可单独装订，但应在凭证封面注明所属记账凭证的日期、编号和种类，同时在所属的记账凭证上应注明“附件另订”及原始凭证的名称和编号，以便查阅。对各种重要的原始凭证如押金收据、提货单等，以及各种需要随时查阅和退回的单据，应另编目录单独保管，并在有关的记账凭证和原始凭证上分别注明日期和编号。

2. 会计凭证的归档保管

会计凭证应加贴封条，防止抽换凭证。原始凭证原则上不得外借，其他单位如有特殊原因确实需要使用时，经本单位负责人批准，可以复制。向外单位提供的原始凭证复制件，应在专设的登记簿上登记，并由提供人员和收取人员共同签名、盖章。

每年装订成册的会计凭证，在年度终了时可暂由单位会计机构保管一年，期满后应当移交本单位档案机构统一保管。未设立档案保管机构的，应当在会计机构内部指定专人保管，出纳人员不得兼管会计档案。会计凭证的保管期限一般为30年，应严格遵守会计凭证的保管期限要求，期满前不得任意销毁。

思考题

1. 什么是会计凭证?
2. 会计凭证的作用有哪些?
3. 什么是记账凭证?
4. 原始凭证填制的基本要求是什么?
5. 原始凭证的审核内容是什么?
6. 记账凭证的填制要求是什么?
7. 记账凭证的审核内容是什么?
8. 会计凭证归档保管的要求是什么?

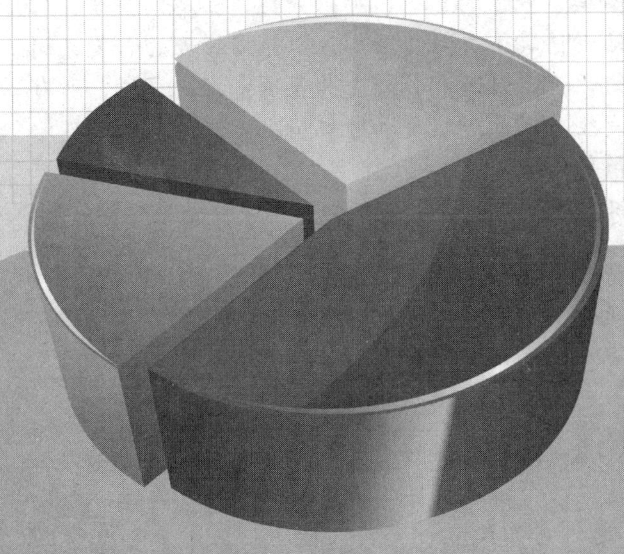

第六章

会计账簿

学习目标

- 理解会计账簿的概念和意义。
- 掌握会计账簿的启用方法。
- 掌握会计账簿的记账规则。
- 掌握正确的错账更正方法。
- 能够正确区分各类会计账簿，掌握其分类方法。
- 能够熟练、准确地登记总分类账、日记账及明细分类账。
- 能够正确地运用错账的更正方法。

【本章导读】

在日常会计核算工作中，每一项经济业务都必须取得和填制原始凭证，并根据原始凭证填制记账凭证，以便及时反映和监督企业每一笔经济业务的发生和完成情况。但每一张凭证只能就某一笔经济业务进行详细的记录和反映，不能全面、连续、系统、综合地反映企业在某一时期所发生的全部经济业务活动情况。

账簿可以把会计凭证提供的大量、零星、分散的资料，加以分类、汇总、整理，从而全面、连续、系统地反映企业的经济活动情况。并且，账簿可以根据管理的需要，同时提供总括和明细的核算资料。通过账簿，可以计算和判断企业各项资产、负债、所有者权益的增减变动情况，收入、费用的发生，利润的实现和分配情况。账簿记录还可以作为考核成本、费用和利润计划的执行和完成情况的依据。

本章内容从介绍会计账簿的基本知识入手，帮助学生认识账簿并学会登记账簿。

第一节　会计账簿概述

【案例导入】

会计人员有时也被称为记账的或算账的，虽然这样的称呼并不准确，但确实反映了会计人员工作过程中的某些片段。也就是说，会计人员在工作中要经常与账为伍，那么究竟什么是账簿呢？它有哪些种类呢？通过它的设置和登记又能给企业带来哪些帮助呢？通过下面的学习，或许你可以从中找到答案。

一、会计账簿的概念

账簿也称账册，是按照会计科目设置，依据会计凭证登记的，由具有一定格式的账页所组成的，用来序时、分类地记录和反映各项经济业务的簿籍，是编制会计报表的重要依据。

账簿记录能够连续、系统、全面地反映经济活动的发生情况，为企业管理部门提供总括和详尽的会计信息，以便于会计检查和会计分析。具体讲，登记账簿有以下三个方面的作用。

(1) 为编制会计报表提供资料。账簿是编制会计报表的重要依据，会计报表中的绝大部分数据资料来源于会计账簿。账簿记录的及时性和真实性，直接关系到会计报表质量的高低。因此，正确设置、登记账簿，为及时准确地编制会计报表提供了重要依据和保障。

(2) 有利于经济监督和会计分析。账簿既提供总括的核算资料，还提供明细的核算资料。企业所有的收入、成本、费用都在账簿中得到体现。因此说，利用账簿提供的资料，可以有效地开展经济监督和会计分析，保护企业财产的安全和完整。

(3) 可以为企业管理部门提供连续、系统、全面的会计信息。通过设置登记账簿，可以把会计凭证上大量零星的资料加以分类汇总，正确计算企业在各个时期的成本、费用和收入情况，从而为管理部门提供财务状况和经营成果的信息，提高企业的经营管理水平。

二、会计账簿的种类

账簿在会计核算中应用很多，不同账簿的用途、形式、内容和登记方法都不相同。为更好地归集、汇总会计信息，我们对账簿按用途、外表形式、账页格式进行了分类，账簿分类如图 6-1 所示。

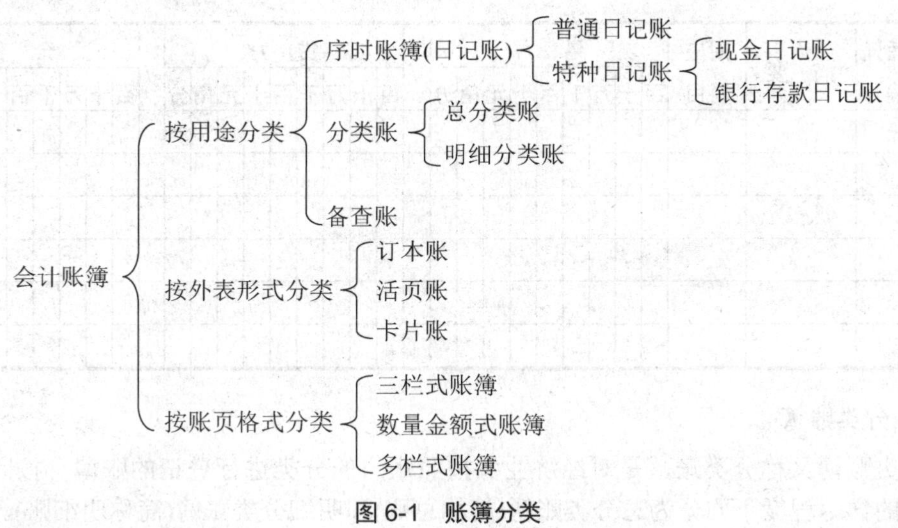

图 6-1　账簿分类

(一)按用途分类

账簿按照用途分为序时账簿、分类账簿与备查账簿三种。

1. 序时账簿

序时账簿也称日记账，是按照经济业务发生的时间先后顺序，逐日逐笔登记经济业务的簿籍。序时账簿按其记录经济内容的不同又分为普通日记账和特种日记账。

普通日记账也称分录日记账，是登记企业所发生的全部经济业务的日记账。普通日记账按照每日所发生的经济业务的时间先后顺序，逐笔编制会计分录。在实际工作中，由于经济业务十分复杂，企业全部经济业务登记在一本账簿中工作量较大，难以清晰地反映各类经济业务的情况，也不便于分工记账，因而在实际工作中应用很少。普通日记账如表 6-1 所示。

表 6-1　普通日记账

2018 年		摘　要	账户名称	借方金额	贷方金额	记账符号
月	日					
1	1	生产领用材料	生产成本	50 000		√
			原材料		50 000	√
	2	提取现金	库存现金	2 000		√
			银行存款		2 000	√

特种日记账是专门用来记录某一特定类型经济业务发生情况的日记账。将某类经济

业务按其发生的时间先后顺序逐日逐笔进行登记。在实际工作当中，由于现金收付业务、银行存款收付业务、购货业务和销货业务发生比较频繁，且对企业经营管理非常重要，因此一般企业必须设置两种特种日记账，即现金日记账和银行存款日记账。现金日记账如表 6-2 所示。

表 6-2　现金日记账

年		凭证	摘　要	对应	借　方									√	贷　方									√	余　额								
月	日	编号		科目	百	十	万	千	百	十	元	角	分		百	十	万	千	百	十	元	角	分		百	十	万	千	百	十	元	角	分

2. 分类账簿

分类账簿又称分类账，是对经济业务按照账户的分类进行登记的账簿。按照反映经济业务的详尽程度不同分为总分类账簿(简称总账)和明细分类账簿(简称明细账)。总分类账簿根据总分类科目设置，对全部经济业务进行分类登记，提供总括资料；明细分类账簿根据明细分类科目设置，对某一经济业务进行分类登记，提供详细核算资料。分类账如表 6-3 和表 6-4 所示。

表 6-3　总分类账

账户名称

年		凭证		摘　要	借　方									贷　方									借或	余　额								
月	日	字	号		百	十	万	千	百	十	元	角	分	百	十	万	千	百	十	元	角	分	贷	百	十	万	千	百	十	元	角	分

表 6-4　生产成本明细分类账

产品名称：　　　　　　　　　　　　　　　　　　　　　　　　　　　　产量　　件

年		凭证		摘要	成本项目																																			
					直接材料									直接人工									制造费用									合计								
月	日	字	号		百	十	万	千	百	十	元	角	分	百	十	万	千	百	十	元	角	分	百	十	万	千	百	十	元	角	分	百	十	万	千	百	十	元	角	分

3. 备查账簿

备查账簿也称备查账、辅助登记账簿，是对序时账簿和分类账簿等主要账簿不能记载或记载不全面，而日常经营管理上需要掌握的事项进行补充登记的账簿，对序时账簿和分类账簿起补充作用，可以对某些经济业务的内容提供必要的参考资料，如“应收票据登记簿”“租入固定资产登记簿”“受托加工材料登记簿”等。备查账簿与其他账簿之间没有勾稽关系，并非必须设置的账簿，企业可根据自身的实际情况和需要设置。备查账簿如表 6-5 和表 6-6 所示。

表 6-5　应收票据登记簿

种类	号数	出票日期	票面金额	到期日期	利率	付款人	承兑人	背书人	贴现			收回		注销	备注
									日期	贴现率	贴现额	日期	金额		

表 6-6　租入固定资产登记簿

资产名称	规格	合同号	租出单位	租入日期	租期	租金	使用地点	备注

(二)按外表形式分类

账簿按其外表形式的不同分为订本式账簿、活页式账簿和卡片式账簿三种。

(1) 订本式账簿，是指在启用前就将连续编号的若干账页装订成册的账簿。其优点是能够避免账页散失和人为抽换账页，保障账簿资料的安全；缺点是账页需要事先合理预计张数，预留账页数固定，不能根据需要增减变动，且不便于分工记账。因此，在实际工作中，比较重要的、账户数量变化不大的账簿使用订本式，如总账、现金日记账和银行存款日记账等。

(2) 活页式账簿，是指在启用时账页不固定装订成册，而是放于活页账夹内，随时可以取放，年末将本年所登记的账页装订成册并连续编号的账簿。其优点是便于分工记账，账页可随时增减，方便灵活，节省账页；缺点是账页容易散失和被人为抽换。一般适用于明细分类账。

(3) 卡片式账簿又称卡片账，是由许多分散的、存放在卡片箱中、具有一定账户格式的卡片所组成的账簿。卡片账是一种特殊的活页式账簿，适用于某些可以跨年度使用，无须经常更换的明细账，如固定资产明细账、低值易耗品明细账等。

(三)按账页格式分类

账簿按账页格式的不同分为三栏式账簿、多栏式账簿和数量金额式账簿。

(1) 三栏式账簿，是指在账页上设有“借方”“贷方”和“余额”三个金额栏目的账簿。这种格式适用于只提供金额核算信息，不需要提供数量核算信息的账簿，如总账、现金日记账、银行存款日记账、债权债务结算账户的明细账等。

(2) 多栏式账簿，是指在“借方”和“贷方”的某一方或两方下面分设若干栏目，详细核算借、贷方金额的组成情况的账簿。这种格式适用于核算项目比较多，管理上要求提供各核算详细信息的账簿，如生产成本、管理费用等明细账。

(3) 数量金额式账簿，是在“借方(收入)”“贷方(发出)”和“余额(结存)”栏下设置三个栏目，用以登记财产物资的数量、单价和金额的账簿。这种格式适用于既需要提供金额信息，又需要提供数量信息的账簿，如原材料明细账和库存商品明细账等，如表6-7所示。

表6-7 原材料明细账

明细科目：

材料类别：　　存储地点：　　材料规格：　　计量单位：　　储备定额：

年		凭证号	摘要	收入			发出			结存		
月	日			数量	单价	金额	数量	单价	金额	数量	单价	金额

第二节　会计账簿的设置与登记

【案例导入】

江城公司是新成立的一家小公司，由于业务较少，开业虽然有一段时间了，但一直没有建账，在一次税务局的检查中该公司由于没有设置相应的账簿被罚了款。痛定思痛，该公司决定马上设置账簿并进行规范的记账工作。那么这家公司究竟需要设置哪些账簿呢？你能给出一些建议吗？

一、日记账的设置与登记

日记账是按照经济业务发生的时间先后顺序，逐日逐笔登记经济业务的簿籍。可以连续记录某一类经济业务的完成情况，也可以记录全部经济业务的完成情况。实际工作中，各单位一般需设置特种日记账，即现金日记账和银行存款日记账，来分别登记库存现金和银行存款的收支及结存情况。如果企业有其他要求，还可以采用普通日记账登记全部经济业务的发生和完成情况。

(一)普通日记账的设置与登记

如果单位设置普通日记账，一般不再使用记账凭证，而在经济业务发生后，根据原始凭证或汇总原始凭证，直接登记普通日记账。其具体要求如下。

(1) “日期”栏：登记经济业务发生的时间。

(2) “摘要”栏：填写经济业务的内容。

(3) “账户名称”栏：填写应借应贷会计科目，先写借方科目，再写贷方科目。

(4) “金额”栏：将借方金额记入“借方金额”栏内，将贷方金额记入“贷方金额”栏内。

普通日记账登记如表 6-8 所示。

表 6-8　普通日记账

2018 年		摘要	账户名称	借方金额	贷方金额	记账符号
月	日					
4	3	从银行取得短期借款	银行存款	10 000		√
			短期借款		10 000	√
	6	收到某公司投资	银行存款	200 000		√
			实收资本		200 000	√
	23	领用材料	生产成本	12 000		√
			制造费用	4 000		√
			管理费用	1 000		√

续表

2018 年		摘要	账户名称	借方金额	贷方金额	记账符号
月	日					
			销售费用	500		√
			原材料		17 500	√
		合　计		227 500	227 500	

(二)特种日记账的设置与登记

特种日记账是用来序时记录和反映某一类经济业务的发生和完成情况的账簿。在实际工作中应用比较广泛的特种日记账是现金日记账和银行存款日记账。设置这两种日记账便于及时反映现金和银行存款的收支和结存情况，便于加强对货币资金的管理和监督。

现金日记账是由出纳人员根据审核无误的现金收款凭证和付款凭证以及从银行提取现金业务的银行存款付款凭证逐日逐笔登记，并于每日业务终了时结出本日发生额和余额的会计账簿。每日终了，库存现金日记账余额要与库存现金实有数相核对；每月终了，库存现金日记账的月末余额要与现金总账余额相核对，应做到“日清月结”。现金日记账一般采用“三栏式账簿”。

现金日记账的具体登记要求如下。

(1) “日期”栏：登记发生经济业务的日期，年度记入日期栏的上端，月、日分在两小栏中登记。

(2) “凭证号数”栏：登记该项经济业务所填制的记账凭证的种类和编号，表明登记会计账簿的依据。

(3) “摘要”栏：简明扼要地描述经济业务的内容。

(4) “对方账户”栏：根据记账凭证上会计分录中库存现金的对应科目填列，表明该项业务的来龙去脉。

(5) “借方”栏：根据现金收款凭证及提取现金业务的银行存款付款凭证上应借账户金额登记。

(6) “贷方”栏：根据现金付款凭证上应贷账户金额登记。

(7) “余额”栏：根据“上日余额+本日收入-本日支出=本日余额”计算公式，计算出“本日余额”进行登记。

【例 6-1】俊华公司 2018 年 3 月 1 日现金账余额为 500 元，当日发生如下经济业务。

(1) 欠款单位以现金的方式归还前欠货款 2 000 元。会计部门填制了收款收据，并编制了现金收款凭证(现收 1 号)。

(2) 为行政管理部门购买办公用品一批，用现金支付 600 元。会计部门根据购货发票编制了付款凭证(现付 1 号)。

(3) 从银行提取现金 15 000 元，备发工资。会计部门填制了现金支票(2345 号)交存银行，并根据现金支票存根编制了银行付款凭证(银付 1 号)。

(4) 以现金发放工资 15 000 元。会计部门根据工资结算单编制了现金付款凭证(现付 2 号)。

(5) 以银行存款支付广告费 5 000 元，转账支票(3427 号)，根据发票及转账支票存根编制了银行存款付款凭证(银付 2 号)。

(6) 收到转账支票(5431 号)100 000 元，系股东追加投资款。会计部门填制了收款收据，并编制了银行存款收款凭证(银收 1 号)。

现金日记账登记如表 6-9 所示。

表 6-9 现金日记账

2018年		凭证编号	摘要	对应科目	借方									√	贷方									√	余额								
月	日				百	十	万	千	百	十	元	角	分		百	十	万	千	百	十	元	角	分		百	十	万	千	百	十	元	角	分
3	1		期初余额																										5	0	0	0	0
	1	现收 1	收回欠款	应收账款				2	0	0	0	0	0																				
	1	现付 1	办公费	管理费用															6	0	0	0	0										
	1	银付 1	提取现金	银行存款			1	5	0	0	0	0	0																				
	1	现付 2	发工资	应付职工薪酬													1	5	0	0	0	0	0										
			本日合计				1	7	0	0	0	0	0				1	5	6	0	0	0	0					1	9	0	0	0	0

银行存款日记账是由出纳人员根据审核无误的银行存款收款凭证和付款凭证以及将现金存入银行业务的现金付款凭证逐日逐笔登记，并于每日业务终了时结出本日发生额和余额的会计账簿。银行存款日记账要定期与银行对账单进行核对，每月终了，还要与银行存款总账余额相核对。银行存款日记账一般采用“三栏式账簿”，登记方法与库存现金日记账基本相同，其“结算凭证”栏内应登记结算凭证的种类和号数。

【例 6-2】俊华公司 2018 年 3 月 1 日银行存款账期初余额为 115 000 元，当日发生业务见例 6-1。银行存款日记账登记如表 6-10 所示。

表 6-10 银行存款日记账

2018年		凭证编号	摘要	结算凭证		对应科目	借方									贷方									余额								
月	日			种类	号数		百	十	万	千	百	十	元	角	分	百	十	万	千	百	十	元	角	分	百	十	万	千	百	十	元	角	分
3	1		期初余额																							1	1	5	0	0	0	0	0
	1	银付 1	提取现金	现支	2345	库存现金												1	5	0	0	0	0	0									
	1	银付 2	付广告费	转支	3427	销售费用													5	0	0	0	0	0									

续表

18 年		凭证	摘　要	结算凭证		对应	借　方									贷　方									余　额								
月	日	编号		种类	号数	科目	百	十	万	千	百	十	元	角	分	百	十	万	千	百	十	元	角	分	百	十	万	千	百	十	元	角	分
	1	银收 1	收投资款	转支	5431	实收资本		1	0	0	0	0	0	0	0																		
			本日合计					1	0	0	0	0	0	0	0			2	0	0	0	0	0	0		1	9	5	0	0	0	0	0

二、分类账的设置与登记

分类账是分类登记经济业务的账簿，根据提供资料的详细程度不同，可分为总分类账和明细分类账。

(一)总分类账的设置与登记

总分类账简称总账，它是按照总分类账户分类登记全部经济业务的账簿，能够全面、连续、总括地记录和反映全部经济业务，提供相应的会计信息，并为编制会计报表提供资料。在实际工作中，每个单位都必须设置总分类账。

总分类账簿一般采用借方、贷方和余额三栏式的订本账。在总分类账中按照会计科目的编码顺序设置账户，事先为每个账户预留若干账页；总分类账可以根据记账凭证逐笔登记，也可以根据汇总记账凭证或科目汇总表进行登记。经济业务较少的单位，可以采用多栏式总分类账，也称为日记总账，它是把序时账簿和总分类账结合起来的一种联合账簿。

总分类账由单位负责总账的会计进行登记，其登记的方法和依据取决于单位所采用的账务处理程序。具体登记要求如下。

(1) “日期”栏：在记账凭证逐笔登记的情况下，填写经济业务发生的具体日期；在汇总登记的情况下，填写汇总凭证的日期。

(2) “凭证”栏：填写登记总账依据的凭证字号。若是根据记账凭证逐笔登记，登记记账凭证的字和号；若是根据科目汇总表登记，填写“科汇”的字和号；若是根据汇总记账凭证登记，填写“银(现)汇收”字和号、“银(现)汇付”字和号、“汇转”字和号。

(3) “摘要”栏：简明扼要地填写凭证依据。若是根据记账凭证逐笔登记，填写记账凭证中的摘要内容；若是根据科目汇总表登记，填写“某日至某日经济业务”；若是根据汇总记账凭证登记，填写“根据第某号至第某号记账凭证编制”。

(4) “金额”栏：登记总账的借方发生额、贷方发生额及余额。

(5) “借或贷”栏：填写总账余额的方向。如果余额在借方，就写“借”；如果余额在贷方，就写“贷”；如果期末余额为零，就写“平”，并在“余额”栏的中间划“——”。

【例 6-3】俊华公司 2018 年 5 月，应付账款期初余额为 50 000 元(贷)，其中应付账

款——蓝天公司 30 000 元(贷)，应付账款——迅达公司 20 000 元(贷)。当月发生业务如下。

(1) 5 月 3 日，向蓝天公司购买甲材料 10 吨，每吨 1000 元，增值税 1 600 元，货税款暂欠，材料已入 1 号仓库，凭证号为转 1。

(2) 5 月 10 日，以银行存款支付前欠蓝天公司货税款 21 600 元，凭证号为银付 1。

(3) 5 月 15 日，为生产 A 产品领用甲材料 5 吨，每吨 1000 元，凭证号为转 2。

(4) 5 月 25 日，分配本月应付工资 20 000 元，其中生产 A 产品工人工资 10 000 元，B 产品工人工资 6 000 元，车间管理人员工资 4 000 元。凭证号为转 3。

(5) 5 月 31 日，将当月制造费用 6 000 元分配计入产品成本，其中 A 产品 4 000 元，B 产品 2 000 元，凭证号为转 4。

应付账款总分类账登记如表 6-11 所示。

表 6-11 总分类账

账户名称：应付账款

2018年		凭证		摘要	借方									贷方									借或贷	余额								
月	日	字	号		百	十	万	千	百	十	元	角	分	百	十	万	千	百	十	元	角	分		百	十	万	千	百	十	元	角	分
5	1			期初余额																			贷			5	0	0	0	0	0	0
	3	转	1	购材料												1	1	6	0	0	0	0	贷			6	1	6	0	0	0	0
	10	银付	1	还欠款			2	1	6	0	0	0	0										贷			4	0	0	0	0	0	0
				本月合计			2	1	6	0	0	0	0			1	1	6	0	0	0	0										

(二)明细分类账的设置与登记

明细分类账简称明细账，是用来详细记录某一类经济业务的账簿。各单位在设置总分类账的基础上，可根据实际需要按二级科目或明细科目开设账户，作为总分类账的必要补充。明细账所提供的详细资料也是编制会计报表的主要依据之一。

明细分类账根据其反映的经济业务类型不同，可以采用三栏式、数量金额式和多栏式三种。

1. 三栏式明细账

三栏式明细账只设置借方、贷方和余额三个金额栏，不设数量栏。三栏式明细账适用于只需要进行金额核算而不要求进行数量核算的相关账户，如“应收账款”“应付账款”“短期借款”等明细账。根据例 6-3，登记应付账款—蓝天公司明细账如表 6-12 所示。

表 6-12　应付账款明细分类账

账户名称：蓝天公司

2018年		凭证		摘　要	借　方									贷　方									借或贷	余　额								
月	日	字	号		百	十	万	千	百	十	元	角	分	百	十	万	千	百	十	元	角	分		百	十	万	千	百	十	元	角	分
5	1			期初余额																			贷			3	0	0	0	0	0	0
	3	转	1	购材料												1	1	6	0	0	0	0	贷			4	1	6	0	0	0	0
	10	银付	1	还欠款			2	1	6	0	0	0	0										贷			2	0	0	0	0	0	0
				本月合计			2	1	6	0	0	0	0			1	1	6	0	0	0	0										

2. 数量金额式明细分类账

数量金额式明细分类账是在“借方(收入)”“贷方(发出)”“余额(结存)”三栏的每一栏下分别设置“数量”“单价”“金额”栏，用来登记实物资产收发存的数量和金额。数量金额式明细账适用于既要核算金额，又要核算数量的各种财产物资的明细核算，如原材料、库存商品等。

【例 6-4】俊华公司 2018 年 5 月，原材料——甲材料期初余额 6 000 元(借)，数量 6 吨，单价 1000 元。当月发生业务见例 6-3，登记原材料——甲材料明细分类账如表 6-13 所示。

表 6-13　原材料明细账

明细科目：甲材料

材料类别：　　　存储地点：1 号仓库　　材料规格：　　　　　计量单位：吨　　　储备定额：

2018年		凭证号	摘要	收　入											发　出											结　存										
				数量	单价	金额									数量	单价	金额									数量	单价	金额								
月	日					百	十	万	千	百	十	元	角	分			百	十	万	千	百	十	元	角	分			百	十	万	千	百	十	元	角	分
5	1		期初余额																							6	1000				6	0	0	0	0	0
	3	转 1	购材料	10	1000			1	0	0	0	0	0	0												16	1000			1	6	0	0	0	0	0
	15	转 2	领材料												5	1000				5	0	0	0	0	0	11	1000			1	1	0	0	0	0	0
			本月合计	10	1000			1	0	0	0	0	0	0	5	1000				5	0	0	0	0	0											

3. 多栏式明细分类账

多栏式明细分类账不按照明细科目开设账页，是根据经济业务的特点和经营管理上的需要，在账页的“借方”或“贷方”按明细科目或明细项目设置若干专栏。例如，生产成本、制造费用、管理费用、财务费用等科目所属的明细分类科目，一般采取借方多栏式明细账；主营业务收入和营业外收入等科目所属明细分类科目，一般采取贷方多栏

式明细账；本年利润、利润分配和应交税费等科目所属的明细科目一般采用借、贷方都设多栏的明细账。

【例 6-5】俊华公司 2018 年 5 月，“生产成本——A 产品”期初余额为 20 000 元(借)，具体包括：直接材料 12 000 元，直接人工 6 000 元，制造费用 2 000 元。当月发生业务见例 6-3，共生产 A 产品 10 件，登记“生产成本——A 产品”明细分类账如表 6-14 所示。

表 6-14　生产成本明细分类账

产品名称：A 产品　　　　　　　　　　　　　　　　　　　　　　　产量 10 件

2018年		凭证		摘　要	成本项目																																			
					直接材料									直接人工									制造费用									合　计								
月	日	字	号		百	十	万	千	百	十	元	角	分	百	十	万	千	百	十	元	角	分	百	十	万	千	百	十	元	角	分	百	十	万	千	百	十	元	角	分
5	1			期初余额			1	2	0	0	0	0	0				6	0	0	0	0	0				2	0	0	0	0	0			2	0	0	0	0	0	0
	15	转	2	领材料				5	0	0	0	0	0																						5	0	0	0	0	0
	25	转	3	分配工资												1	0	0	0	0	0	0												1	0	0	0	0	0	0
	31	转	4	制造费用																						4	0	0	0	0	0				4	0	0	0	0	0
				本月合计			1	7	0	0	0	0	0			1	6	0	0	0	0	0				6	0	0	0	0	0			3	9	0	0	0	0	0

小贴士

各种总分类账簿和明细分类账簿的登记方法，是各单位根据自身业务量的大小和经济管理的需要而制定的。总分类账的登记取决于单位所采用的会计核算组织程序，明细分类账通常根据原始凭证或者有明细科目的记账凭证进行登记，可以逐笔登记，也可以定期(三天或五天)汇总登记，但债权、债务类明细账和财产物资明细账应每天进行登记，以便随时与对方单位结算，或与实存数进行核对，以确定记录的正确性。费用明细账一般按照借方设置多栏式明细分类账，如果需要冲减有关费用时，可以在明细账中以红字在借方登记，期末将借方发生额从贷方结转到“本年利润”账户。

第三节　会计账簿的使用规则

【案例导入】

会计小刘在登记账簿时不小心写错了一个数字，他找出一个刀片将错误数字刮掉，又重新写上了正确数字，他的这一行为恰好被科长看到了，在科里的一次内部会议上，小刘受到了科长的严肃批评。请问科长为什么要批评小刘？我们在登记账簿时还要遵守哪些规则？

一、会计账簿启用规则

账簿是重要的会计档案，登记账簿必须要专人负责。为了确保账簿记录的合法性、合规性和完整性，明确经济责任，在账簿启用前应填制“账簿启用和经管人员一览表”，内容包括：单位名称、账簿名称、账簿编号、账簿页数、启用日期、责任者、主管会计、经管人员等，如表 6-15 所示。账簿启用应加盖名章和单位公章。账簿经管人员发生变化时，必须与接管人员办理交接手续，在交接栏内填写交接日期、交接人员和监交人员姓名，交接双方签字、盖章。

表 6-15　账簿启用和经管人员一览表

<table>
<tr><td>单位名称</td><td colspan="3"></td><td colspan="2" rowspan="5">印鉴</td></tr>
<tr><td>账簿名称</td><td colspan="3"></td></tr>
<tr><td>账簿编号</td><td colspan="3"></td></tr>
<tr><td>账簿页数</td><td colspan="3">本账簿共计　　页</td></tr>
<tr><td>启用日期</td><td colspan="3">年　月　日</td></tr>
<tr><td rowspan="2">责任者</td><td rowspan="2"></td><td>主管</td><td>会计</td><td>记账</td><td>审核</td></tr>
<tr><td></td><td></td><td></td><td></td></tr>
<tr><td rowspan="8">经管人姓名及交接日期</td><td rowspan="2"></td><td colspan="2">经管　　年　月　日</td><td rowspan="2"></td><td rowspan="2"></td></tr>
<tr><td colspan="2">交出　　年　月　日</td></tr>
<tr><td rowspan="2"></td><td colspan="2">经管　　年　月　日</td><td rowspan="2"></td><td rowspan="2"></td></tr>
<tr><td colspan="2">交出　　年　月　日</td></tr>
<tr><td rowspan="2"></td><td colspan="2">经管　　年　月　日</td><td rowspan="2"></td><td rowspan="2"></td></tr>
<tr><td colspan="2">交出　　年　月　日</td></tr>
<tr><td rowspan="2"></td><td colspan="2">经管　　年　月　日</td><td rowspan="2"></td><td rowspan="2"></td></tr>
<tr><td colspan="2">交出　　年　月　日</td></tr>
<tr><td>备　注</td><td colspan="5"></td></tr>
</table>

启用订本式账簿时，应从第一页到最后一页顺序编定页数，不得跳页、缺号。启用活页式账簿时，应按账户顺序编号，并要定期装订成册，装订后再按照实际账页顺序编定页数，另加“目录索引”，标明每个账户的名称和页次。科目索引如表 6-16 所示。

表 6-16　科目索引

页　数	科　目	页　数	科　目	页　数	科　目	页　数	科　目

二、记账规则

账簿是重要的会计档案资料，储存了大量的会计信息数据，账簿必须根据审核无误的会计凭证，按照规定的方法及时地进行登记。具体要求如下。

(1) 登记账簿时，应当将会计凭证的日期、编号、内容摘要、金额和其他有关资料逐项登记在账簿中，要做到登记及时、数字准确、字迹工整。登记完毕后，记账人员要在记账凭证上签名或盖章，并在记账凭证中的“记账符号”栏注明已登记入账的标记(如“√”)，以避免重记或漏记。

(2) 登记账簿必须用蓝黑色墨水或碳素墨水书写，不得使用铅笔或圆珠笔(银行的复写账簿除外)记账。记账除结账、改错、冲销记录外，不能用红色墨水。因为在会计工作中，红色数字表示对蓝色数字的冲销或表示负数。

以下为可以用红色墨水记账的四种情况：①按照红字冲账的记账凭证，冲销错误记录。②在不设借、贷等栏的多栏式账页中，登记减少数。③在三栏式账户的余额栏前，如未印明余额的方向，在余额栏内登记负数金额。④根据国家会计法规的有关规定可以用红字登记的其他记录。

(3) 各种账簿应按账户页次顺序连续登记，不得跳行、隔页。如果发生跳行、隔页，应在空行、空页处用红色墨水划线注销，注明“此页空白”或“此行空白”字样，并由记账人员签名盖章。

(4) 账簿中的文字或数字不能顶格书写，应靠格下线，大小一般应占格高的1/2左右，以便留有改错的空间。

(5) 各账户每一账页登记完毕结转下页时，应当结出本页发生额及余额，在本页最后一行和下页第一行有关栏内登记，在本页最后一行的“摘要”栏内注明“过次页”，在下一页第一行的“摘要”栏内注明“承前页”。对“过次页”的本页合计数如何计算，一般有以下三种情况：①需要结算出本月发生额的账户，计算“过次页”的本页合计数应当为自本月初起至本页末止的发生额合计数。②需要结算本年累计发生额的账户，计算“过次页”的本页合计数应当为自年初起至本页末止的累计数。③既不需要结算本月发生额也不需要结算本年累计发生额的账户，可以只将每页末的余额结转下页。

(6) 对于登错的记录，不得刮、擦、挖、补或用药水消除字迹，更不允许重抄，应采用正确的错账更正方法进行更正。

(7) 登记账簿时，不得滥造简化字、错别字。记录金额时，如果没有角、分，应在角、分栏内登记0，不得省略或用“—”代替。

三、更正错账规则

在实际工作中，出现记账差错是在所难免的，我们应该根据常见的错误情况，总结出错账的根源，以便及时、准确地更正。

(一)常见的错账情况

(1) 影响借贷平衡的错误：①数字颠倒，如32错记为23；②位数错误，如20 000错记为2 000；③登记反向，是指应记在借方(贷方)的记到了贷方(借方)，导致一方多记，另一方少记；④漏记一方。以上错误一般可通过试算平衡发现。

(2) 不影响借贷平衡的错误：①重记，重复登记某一笔经济业务；②漏记，没有登记某一笔经济业务；③串户，把应记入A账户的金额登记到了B账户；④错误交织，存在几种错误，但差数抵消。以上错误在试算平衡中无法发现。

(二)错账的查找方法

1. 顺查法

顺查法是按账务处理的顺序，从原始凭证开始，逐笔检查到试算平衡表的方法。首先，检查记账凭证和所附原始凭证的内容是否相符、计算结果有无错误等。其次，将记账凭证和所附原始凭证同有关总分类账、日记账、明细分类账逐项核对。最后，检查试算平衡表上的数字是否抄错。这种检查方法可以发现重记、漏记、错记科目金额等。优点是检查范围广，不易遗漏；缺点是工作量比较大。在实际工作中，这种方法适用于其他方法查找不到差错的情况。

2. 逆查法

逆查法是按与账务处理相反的顺序，从试算平衡表追溯到原始凭证进行核对的方法。首先，检查试算平衡表中的数字计算是否正确，是否抄错。其次，逐笔复核账簿记录是否与记账凭证相符。最后，检查记账凭证与原始凭证的记录是否相符。在实际工作中，经常采用这种方法。

3. 抽查法

抽查法是抽取账簿记录中的某部分进行局部检查的方法。当发现账簿记录有错误时，可以根据差错的具体情况抽取重点查找，不必一一检查。这种方法的优点是范围小，节省时间，工作量小；缺点是容易遗漏。

4. 差额法

差额法是根据错账的金额查找漏记、重记差错的一种方法。例如，由于工作疏忽可能漏记(重记)某个数字，导致账账不符，其差额可能是漏记(重记)金额。

5. 除二法

除二法是将差额数字除以2，如果能够除尽，根据商数查找错误的一种方法。例如，总账借方合计数比贷方合计数多2 000元，用2 000元除以2，等于1000元，则在总账中查找是否有一笔记录金额为1 000元的业务错将贷方金额登记在了借方。这种方法的优点是有一定目标地在账目中查找差错，而不必逐笔查找。在实际工作中，除二法是查找方

向记反错误的有效方法。

6. 除九法

除九法是将差额数字除以 9，如果能够除尽，根据商数查找错误的一种方法。例如，登记账簿时会把数字记错，把 250 记成 25，或数字颠倒，把 25 记成 52，这两种错误差额均可以被 9 整除。这种方法适用于查找数字错位和数字颠倒的错误。

(三)错账的更正方法

通过以上方法查找出错账后，必须根据错误的具体情况采用相应的更正方法进行更正。更正错账的方法主要有划线更正法、红字更正法和补充登记法三种。

1. 划线更正法

划线更正法又称红线更正法，这种方法主要适用于：账簿记录中的文字或数字有错误，而其所依据的记账凭证没有错误，纯属记账笔误或计算错误，则采用划线更正法进行更正。

操作步骤：①将错误的文字或数字用一条红色横线予以注销(必须使原有文字或数字清晰可认以备查阅)；②在划线文字或数字的上方用蓝字或黑字填写正确的文字或数字，并在更正处签章。

采用划线更正法更正错账时应注意：对于文字差错，只划去错误的文字，而不必将全部文字划去；对于数字差错，应将错误的数字全部划去，而不能只划去错误数额中的个别位数。

【例 6-6】对账时发现一笔经济业务的金额 7 800 元误记为 8 700 元。

更正方法是：　　7 800(盖印章)

　　　　　　　　~~8 700~~ (划红线)

2. 红字更正法

红字更正法又称红字冲销法，是用红字冲销原有错误记录，以更正或者调整记账错误的方法，一般适用于以下两种情况。

(1) 记账以后发现记账凭证中的应借、应贷会计科目或记账方向有误。

操作步骤：①用红字金额填制一张与原错误记账凭证内容完全一致的记账凭证，在该凭证“摘要”栏内填写“冲销×年×月×日×号凭证”，并据以用红字登记入账，冲销错误记录；②再用蓝字填制一张正确的记账凭证，在该凭证“摘要”栏内填写“更正×年×月×日×号凭证”，并据以用蓝字登记入账。

【例 6-7】生产车间生产产品领用材料 5 000 元，编制记账凭证时，误作下列会计分录，并据以记账。

借：制造费用　　　　　　　　　　5000

　　贷：原材料　　　　　　　　　　　　5000

更正如下。

红字金额凭证，

借：制造费用　　　　　　　　　　　　　　　　5000

　　贷：原材料　　　　　　　　　　　　　　　　5000

蓝字金额凭证，

借：生产成本　　　　　　　　　　　　　　　　5000

　　贷：原材料　　　　　　　　　　　　　　　　5000

根据以上记账凭证登记账簿，就可将账簿错误记录予以更正，以 T 形账为例，如图 6-2 所示。

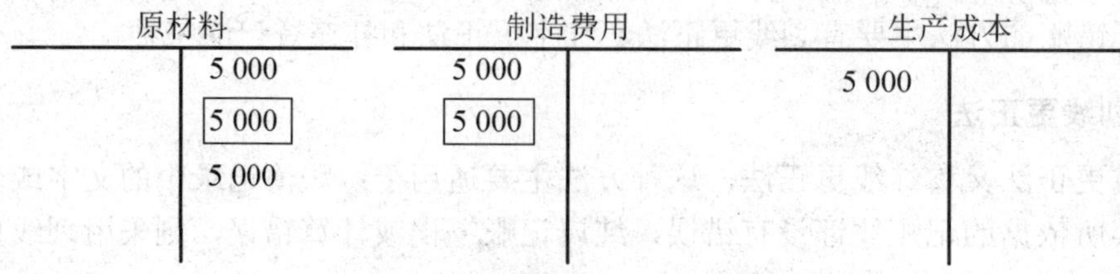

图 6-2　账簿错误记录更正(1)

(2) 记账以后发现记账凭证中应借、应贷会计科目和记账方向正确，但所记金额大于应记金额，并已登记账簿。

更正方法：将多记的金额用红字填制一张与原错误记账凭证的会计科目、记账方向相同的记账凭证，在该凭证的“摘要”栏填写“冲销×年×月×日×号凭证多记金额”并据以用红字登记入账。

【例 6-8】公司职工王某预借差旅费 500 元，以现金付讫。编制记账凭证时，将金额误记为 5 000 元，并已登记入账。

借：其他应收款　　　　　　　　　　　　　　　5000

　　贷：库存现金　　　　　　　　　　　　　　　5000

更正如下，红字金额凭证，

借：其他应收款　　　　　　　　　　　　　　　4500

　　贷：库存现金　　　　　　　　　　　　　　　4500

根据以上记账凭证登记账簿，就可将账簿错误记录予以更正，如图 6-3 所示。

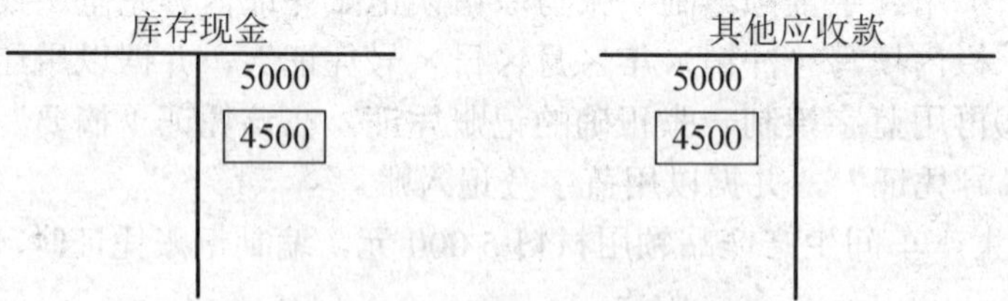

图 6-3　账簿错误记录更正(2)

3. 补充登记法

补充登记法是编制一张补记差额的记账凭证，据以登记入账的更正方法。它主要适

用于记账以后，发现记账凭证中应借、应贷会计科目和记账方向正确，只是所记金额小于应记金额的情况。

更正方法：将少记金额用蓝字填制一张与原错误记账凭证科目名称和方向一致的记账凭证，在该凭证的“摘要”栏填写“补充×年×月×日×号凭证少记金额”并用蓝字据以登记入账。

【例 6-9】公司职工王某预借差旅费 1 000 元，以现金付讫。编制记账凭证时，将金额误记为 100 元，并已登记入账。

借：其他应收款　　　　　　　　　　　100
　　贷：库存现金　　　　　　　　　　　　100

更正如下。

借：其他应收款　　　　　　　　　　　900
　　贷：库存现金　　　　　　　　　　　　900

根据以上记账凭证登记账簿，就可将账簿错误记录予以更正，如图 6-4 所示。

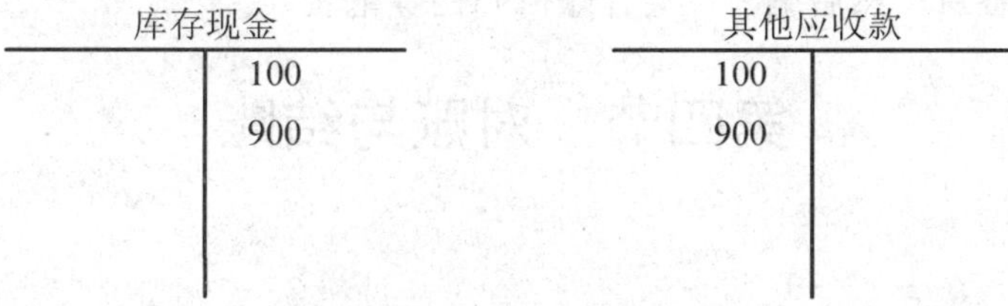

图 6-4　账簿错误记录更正(3)

小贴士

更正账簿多记金额时，应注意不得用蓝字金额编制与原错误凭证记账方向相反的记账凭证去冲销原错误记录。因为蓝字记账凭证反映某类经济业务，而不能反映更正错账的内容，因此必须采用红字更正法予以更正。

四、账簿的更换与保管规则

(一)账簿的更换

账簿的更换是指在年度结账完毕后，以新账簿代替旧账簿。

总分类账、日记账和大部分明细分类账，需要每年更换一次；某些财产物资明细账和债权、债务明细账，由于品种规格和往来单位较多，为避免工作量过大，可以跨年度使用；有的数额变动较小，内容格式特殊的明细账(如固定资产明细账)可以连续使用多年，不必每年更换。各种备查账可以连续使用。

(二)账簿的保管

账簿是各单位重要的会计档案资料，必须健全账簿管理制度，不能随意销毁和丢失，必须妥善保管各种账簿。

1. 账簿的日常管理

会计账簿的日常管理包括如下几个方面。

(1) 各种账簿要分工明确，并指定专人管理，一般是谁负责登记，谁负责管理。

(2) 未经本单位领导或会计部门负责人允许，不得翻阅查看会计账簿。

(3) 会计账簿除需要与外单位核对账目外，一律不准携带外出。对需要携带外出的账簿，必须经本单位领导和会计部门负责人批准，并指定专人负责，不准交付任何其他人员管理，以保证账簿安全和防止任意涂改账簿等现象的发生。

2. 账簿的归档保管

年度结账后，对需要更换新账的账簿，将旧账按规定程序整理并装订成册。装订完毕后，交由会计档案保管人员造册归档。造册归档时，应在各种账簿的封面上注明单位名称、账簿种类、会计年度、账簿册数、共几册、第几册及账簿总页数，并由会计主管人员和经办人员签章，然后编写“会计账簿归档登记表”。

第四节　对账与结账

一、对账

对账是为了保证账簿记录的正确性而进行的账目核对工作。

1. 账证核对

账证核对是指账簿记录与记账凭证及其所附原始凭证的核对。主要是账簿记录与原始凭证、记账凭证的时间、凭证字号、记账内容、记账金额及记账方向等的核对。

2. 账账核对

账账核对是指不同账簿记录之间的核对。它一般包括：所有总账账户借方发生额合计与贷方发生额合计是否相符；所有总账借方余额合计与贷方余额合计是否相符；有关总账账户余额与其所属明细账余额合计是否相符；现金日记账和银行存款日记账的余额与其总账余额是否相符；财产物资明细账余额与财产物资保管、使用部门的有关明细账余额是否相符等。

3. 账实核对

账实核对是指各项财产物资账面余额与实有数额之间的核对。其主要内容包括：现金日记账账面余额与库存现金实有数额是否相符；银行存款日记账账面余额与银行对账单的余额是否相符；财产物资明细账余额与财产物资的实有数额是否相符；有关债权、债务明细账账面余额与对方单位的账面记录是否相符等。

二、结账

结账是指期末在把本期发生的经济业务全部入账的基础上，计算各账户本期发生额和余额，结束本期账簿记录的账务工作。

1. 结账的程序

(1) 根据权责发生制调整有关账项，合理确定本期应计的收入和应计的费用。

(2) 将有关收入(收益)、费用(损失)转入“本年利润”账户，结平所有损益类账户。

(3) 结算出资产、负债和所有者权益账户的本期发生额和余额并结转下期。

2. 结账的方法

对不需要按月结账的账户(如各项应收应付款明细账)，每次记账以后，都要随时结出余额，每月最后一笔余额即为月末余额。月末结账时，只需在最后一笔经济业务记录之下通栏划单红线即可。

现金、银行存款日记账和需按月计算发生额的收入、费用等明细账，每月结账时，要在最后一笔经济业务记录下面通栏划单红线，结出本月发生额和余额，在摘要栏内注明“本月合计”字样，在下面通栏划单红线。

需要结计本年累计发生额的某些明细账户，每月结账时，应在“本月合计”行下结出自年初起至本月末止的累计发生额，登记在月份发生额下面，在摘要栏内注明“本年累计”字样，并在下面再通栏划单红线。12 月末的“本年累计”就是全年累计发生额，全年累计发生额下通栏划双红线。

总账账户平时只需要结出月末余额。年终结账时，要将所有总账账户结出全年发生额和年末余额，在摘要栏内注明“本年合计”字样，并在合计数下通栏划双红线。

年度终了结账时，有余额的账户，要将其余额结转下年。即将有余额的账户余额直接计入新账余额栏内，不需要编制记账凭证，也无须将余额再记入本年账户的借方或贷方。

思考题

1. 会计账簿的概念。
2. 会计账簿的种类。
3. 现金日记账的登记要求。
4. 登记账簿的规则有哪些？
5. 划线更正法的操作步骤。
6. 结账的方法有哪些？

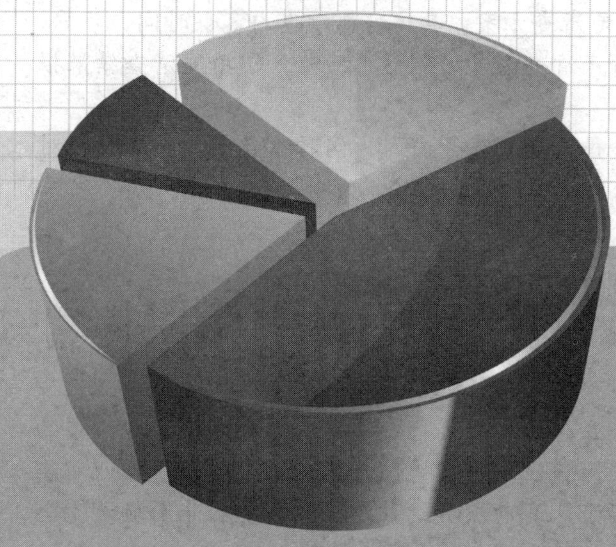

第七章

财 产 清 查

学习目标

- ◆ 了解财产清查的意义、种类和程序。
- ◆ 掌握库存现金、银行存款的清查方法和清查结果的账务处理。
- ◆ 掌握往来款项的清查方法和清查结果的账务处理。
- ◆ 掌握实物资产的清查及调整记录。

【本章导读】

财产清查是指通过对库存现金、银行存款、实物资产和往来款项的盘点或核对，确定其实存数，查明账存数与实存数是否相符的一种专门方法。

财产清查的程序主要包括七个步骤：①建立财产清查组织；②组织清查人员学习有关政策规定，掌握有关法律、法规和相关业务知识，以提高财产清查工作的质量；③确定清查对象、范围，明确清查任务；④制定清查方案，具体安排清查内容、时间、步骤、方法，以及必要的清查前准备；⑤实施财产清查；⑥填制盘存清单；⑦填写清查结果报告表。

本章将介绍财产清查的概念、意义、种类和程序等内容，同时结合实例重点介绍对企业库存现金、银行存款、实物资产和往来款项的清查方法及账务处理。

第一节　财产清查概述

【案例导入】

俊华公司为从事货物加工的制造业企业，该公司实行每年年底定期进行资产清查的制度，成品仓库管理员小张在将全年的入库凭证及出库凭证都登记入账后，根据他所经管的成品明细账对仓库成品实有数量进行了认真盘点，结果是实际数量和账面数量完全相符，据此小张向领导做了汇报。你认为小张的做法正确吗？

一、财产清查的意义和种类

(一)财产清查的概念

财产清查是指通过对库存现金、银行存款、实物资产和往来款项的盘点或核对，确定其实存数，查明账存数与实存数是否相符的一种专门方法。

企业的会计核算应该使账簿上所反映的有关财产和债务的结存数额同其实有数额一致，即账实相符。这就要求在编制会计报表之前应进行财产清查来核实会计核算资料的可靠性和真实性，保证账实相符，以保护企业财产，加强财产管理。但是，在实际工作中，账簿记录的资料与各项财产物资等的实有数往往不一致，究其原因是多方面的，有的是主观原因造成的，如有关人员工作的差错或有意捏造假证、假账；有的是客观不可避免的原因造成的，如意外的火灾、水灾等。概括起来，账实不相符的主要原因一般有以下几个方面。

(1) 各项财产物资在收发过程中，由于计量、检验等不准确而造成品种、数量或质量上的差错，从而使账簿发生错记、漏记和重记等情况。

(2) 各项财产物资在保管过程中，由于其物理、化学性质等方面的原因，在数量上发

生了自然增减变化。

(3) 各项财产物资在增减变动中，没有办理有关凭证手续，因而也没有登记入账；或者虽然办理了有关凭证手续，但却没有入账；或者在填制凭证、登记账簿时发生了错误或笔误。

(4) 由于管理不善或工作人员失职，造成的财产损失、变质或短缺等。

(5) 由于不法分子营私舞弊、贪污盗窃等造成财产损失。

(6) 由于自然灾害等造成的非常损失。

(7) 未达账项引起的账账、账实不符等。

上述种种原因都会影响账实的一致性，为了保证会计资料的客观真实性，企业无论对哪一种原因造成的账实不符，都要通过财产清查发现问题，找到差异原因，并及时处理，确保账实相符。

(二)财产清查的意义

财产清查的意义概括为以下四个方面。

(1) 保护企业财产的安全和完整。通过财产清查，可以查明企业单位的财产、商品、物资是否完整，有无缺损、霉变现象，以便堵塞漏洞，改进工作，建立和健全各种责任制，切实保证财产的安全和完整。

(2) 保证会计核算资料的真实性。通过财产清查，可以查明各项财产物资的实有数，确定实有数额和账面额的差异，以便分析原因，采取措施，改进工作，进一步加强财产物资的管理，确保会计核算资料的真实可靠。

(3) 挖掘财产物资潜力，提高物资使用效率。通过财产清查，可以查明各项财产物资的储备和利用情况，以便分类排队，采取不同措施，积极利用和处理，提高物资使用效率。对储备不足的，应予以补充，确保生产需要，对超储、积压、呆滞的财产物资，应及时处理，防止盲目采购和不合理地积压，充分挖掘物资潜力，加速资金周转，提高资金使用效率，提高经济效益。

(4) 保证财经纪律和结算制度的执行。通过对财产物资、货币资金及往来款项的清查，可以查明单位有关业务人员是否遵守财经纪律和结算制度，有无贪污盗窃、挪用公款的情况；查明各项资金使用是否合理，是否符合党和国家的方针政策和法规，从而使工作人员更加自觉地遵纪守法，自觉维护和遵守财经纪律。

(三)财产清查的种类

财产清查的种类很多，可以按不同的标准进行分类。

1. 按清查的范围分为全面清查和局部清查两种

(1) 全面清查。全面清查是指对本单位的全部资产进行的盘点和核对。全面清查由于内容多，范围广，工作量大，一般适用于以下三种情况：①年终决算之前，为了确保年终决算会计资料真实、正确，要进行一次全面清查。②单位撤销、合并、资产重组或改变隶属关系，要进行一次全面清查，以明确经济责任。③开展资产评估、清产核资等活动，需要进行全面清查，以摸清家底，便于按需要组织资金的供应。

(2) 局部清查。局部清查是指根据需要对一部分资产所进行的盘点和核对，局部清查范围小，内容少，涉及的人员也较少，但专业性较强，一般适用于以下几种情况。①现金应由出纳员在每日业务终了时点清，做到日清月结。②对于银行存款和银行借款，应由出纳员每月同银行核对一次。③对材料、在产品和库存商品除年度清查外，应有计划地每月轮番清点抽查，对贵重的财产物资，应每月清查盘点一次。④对于债权债务，每年至少要与对方单位或个人核对一至二次，有问题应及时核对，及时解决。⑤对于各种贵重物资，如黄金、钻石等，要经常进行清查盘点。

2. 按清查的时间分为定期清查和不定期清查

(1) 定期清查。定期清查是指按预先规定的时间对各项资产所进行的清查。其清查的目的在于保证会计核算资料的真实正确，一般是在年末、月末结账前进行。例如，每日结账时，要对库存现金进行账实核对；每月结账时，要对银行存款日记账进行对账；年度决算之前，应进行全面的财产清查。根据实际需要，定期清查的对象范围，可以是全面清查，也可以是局部清查。

(2) 不定期清查。不定期清查是指事先没规定清查时间，而是根据实际需要而进行的临时性清查。主要包括以下三种情况。①在单位更换现金出纳和财产物资保管人员时，应对相关的出纳人员和实物保管人员进行清查以分清经济责任。②当单位发生意外损失和非常灾害时，就应该对单位所受损失的相关财产物资进行清查，以查明损失情况。③当单位撤销、合并或改变隶属关系时，应对相关单位的各项财产物资、货币资金、债权、债务进行及时清查，以摸清家底。不定期清查，可以是局部清查，也可以是全面清查。

二、财产清查的程序

财产清查是一项复杂细致的工作，涉及面广，工作量大。因此，必须有计划、有组织地按照一定的程序进行。不同目的的财产清查，应按不同的程序进行，但就其一般程序来说，主要包括以下七个步骤。

(1) 建立财产清查组织。清查组织应由单位领导和财务会计、业务、仓库等有关部门的人员组成，一般应由管理层研究制订财产清查计划，确定工作进度和方式方法。

(2) 组织清查人员学习有关政策规定，掌握有关法律、法规和相关业务知识，以提高财产清查工作的质量。

(3) 确定清查对象、范围，明确清查任务。

(4) 制定清查方案，具体安排清查内容、时间、步骤、方法，以及必要的清查前准备。

为了做好财产清查工作，各业务部门特别是财会部门和财产物资管理部门应主动配合，积极做好各方面的准备工作。具体包括以下四个方面。①财会部门应在财产清查之前将所有的经济业务登记入账，并将有关账簿登记齐全，结出余额。总分类账中反映货币资金、财产物资和债权债务的有关账户应与所属明细分类账、日记账核对清楚，先做到账账相符，账证相符，才能为财产清查提供可靠依据。②财产物资保管和使用等部

门应登记好所经管的各种财产物资明细账，结出余额，并与财会部门的有关总账、明细账核对相符。同时，财产物资保管人员应将其所保管的各种财产物资堆放整齐，挂上标签，标明品种、规格和结存数量，以便进行实物盘点。③取得银行对账单。财会部门应与开户银行取得联系，索取对账单，为进行银行存款的清查做好准备。④准备好各种计量器具和有关清查登记用的表册。在清查地点，要准备好各种必要的符合国家标准的度量衡器具和各种表册文具等，并对度量衡器具仔细检查、校对，以保证计量的准确、可靠。

(5) 实施财产清查。按照清查计划和方案具体组织实施财产清查时，应本着先清查数量、核对有关账簿记录等，后认定质量的原则进行。采用计数、量方、称重、对账、询证等手段查明被查财产物资的实有数量和款项及债权债务的实有额。在盘点财产物资时，必须让财产物资的保管人员在场；在盘点库存现金时，必须让出纳员在场，以明确责任。

(6) 填制盘存清单。清查人员要做好盘点记录，填制盘存清单，列明所查财产物资的实存数量和款项及债权债务的实有数额。

(7) 填写清查结果报告表。清查人员根据财产物资和款项及债权债务的盘存清单，与财产物资的账面结存数和款项及债权债务的账面余额进行核对，填制实物、往来款项清查结果报告表，并由清查人员、财产物资的保管人员及有关责任人签名盖章，作为清查结果处理的依据。

第二节　财产清查的方法

【案例导入】

俊华公司出纳小王月末编制了当月“银行存款余额调节表”，经查，公司银行存款账余额和银行对账单的余额存在的差异完全是由未达账项造成的，即有两笔业务银行已记账，但公司由于没收到相关凭证而没有记账，基于此，小王根据“银行存款余额调节表”调整了公司银行存款账，调整后的银行存款账余额与银行完全一致。请问小王的这种做法正确吗？

一、库存现金的清查方法

库存现金应采用实地盘点法进行清查，即通过盘点确定库存现金的实存数，并与库存现金日记账账面余额核对，以查明账实是否相符并确定是否存在盘盈盘亏情况。

现金收支业务频繁，容易出错，出纳人员每天都需要进行清查。另外，单位还应定期或不定期组织专门清查。每日业务终了，出纳人员应将库存现金日记账的账面余额与现金的实存数进行核对，做到账实相符。在清查小组清查前，出纳人员应将全部有关现金的收付款凭证登记入账，结出库存现金余额并填列在“库存现金盘点报告表”的“账存金额”栏内。在清查小组盘点时，出纳人员必须在场，现金应逐张查点。清查人员还应认真审核收付款凭证，注意有无违反现金管理制度(如白条抵库、挪用现金等)的情况。盘点完成后，应编制“库存现金盘点报告表”，并由盘点人员和出纳人员共同签章。库存现金盘点报告表兼有盘存单和实存账存对比表的作用，是证明现金实有数额的重要原始凭证，也是查明账实不符的原因和据以调整账簿记录的重要依据。“库存现金盘点报告表”如表 7-1 所示。

表 7-1　库存现金盘点报告表

单位名称：　　　　　　　　　　　　　年　　月　　日　　　　　　　　　　　　单位：元

实存金额	账存金额	对比结果		备　注
		盘盈	盘亏	

盘点人(签章)：　　　　　　　　　　　　　　　　　　　　　出纳人员(签章)：

盘点以后，对发现的差错应查明原因，等待处理。对白条抵库、坐支现金和库存现金超限额等情况，应在备注栏中说明。

二、银行存款的清查方法

银行存款的清查是采用与开户银行核对账目的方法进行的。就是将本单位的银行存款日记账与开户银行转来的对账单逐笔进行核对，以确定双方银行存款收入、付出及其余额的账簿记录是否正确的一种方法。虽然银行对账单和本单位银行存款日记账所记录的内容相同，但是，银行对账单上的存款余额与本单位银行存款日记账上的存款余额仍会出现不一致的情况。这除了本单位与银行之间的一方或双方同时记账有错误外，另一个原因就是双方往往会出现未达账项。所谓未达账项，是指单位或银行一方已经记账，而另一方因尚未接到有关凭证而尚未记账的账项。未达账项有以下四种情况。

(1) 单位已记银行存款增加，而开户银行尚未记账。例如，单位销售产品收到支票，送存银行后即可根据银行盖章的“进账单”回单联，登记银行存款的增加，而银行则不能马上登记增加，要等款项收妥后再记增加。如果此时对账，就会存在单位已记存款增加，而开户银行尚未记账的未达账项。

(2) 单位已记银行存款减少，而开户银行尚未记账。例如，单位开出一张支票支付购料款，单位可根据支票存根联、发货票等凭证，登记银行存款的减少。而持票人尚未将支票送往银行，银行由于尚未接到支付款项的凭证尚未记减少，如果此时对账，就会存在单位已记存款减少，而开户银行尚未记账的未达账项。

(3) 开户银行已记单位存款增加，而单位尚未记账。例如，单位向外地销售商品，购货方通过银行汇来货款，银行收到汇款单后，已记单位的存款增加，而单位由于尚未收到汇款凭证尚未记银行存款增加。如果此时对账，就会存在开户银行已记单位的存款增加，而单位尚未记账的未达账项。

(4) 开户银行已记单位存款减少，而单位尚未记账。例如，银行代单位支付款(如水、电费等)，银行取得支付款项的凭证，已记单位银行存款减少，单位尚未接到凭证，尚未登记银行存款减少。如果此时对账，就会存在开户银行已记单位的存款减少，而单位尚未记账的未达账项。

存在上述任何一种情况的未达账项，都会使单位银行存款日记账余额与银行对账单

的余额不一致。在存在(1)、(4)两种未达账项的情况下，单位银行存款日记账的账面余额会大于银行对账单的余额；在存在(2)、(3)两种未达账项的情况下，单位银行存款日记账的账面余额会小于银行对账单的余额。为了检查单位与银行双方记账有无差错和查明单位银行存款的实际余额，需要排除未达账项的影响。因此，单位在与银行对账时，应将单位银行存款日记账与银行对账单逐笔进行核对，找出未达账项，并据以编制“银行存款余额调节表”。

“银行存款余额调节表”的编制方法，一般是在单位银行存款日记账账面余额和银行对账单余额的基础上，分别补记对方已记账而本方尚未记账的未达账项金额，然后验证经调节后双方的余额是否相等。如果相等，表明双方记账都是正确的，双方的余额不符，完全是由于存在未达账项造成的；如果调节后双方的余额仍不相等，就表明还存在记账错误，应进一步查明原因，予以更正。

【例 7-1】某企业 2018 年 11 月份银行存款日记账的余额为 280 000 元，银行对账单余额为 370 000 元，经过逐笔核对，查无错账，但有如下几笔未达账项。

(1) 企业收到一张 10 000 元的销货款支票，已记银行存款增加，银行尚未记增加。

(2) 企业开出一张 90 000 元支付购料款支票，已记银行存款减少，而持票人尚未将支票送达银行，银行尚未入账记减少。

(3) 银行收到外地某单位汇来的本企业销货款 50 000 元，银行已登记增加，企业尚未接到收款通知，未入账。

(4) 银行代付电费 40 000 元，银行已登记减少，而企业尚未收到付款通知，未入账。

根据以上资料编制“银行存款余额调节表”，如表 7-2 所示。

表 7-2　银行存款余额调节表

2018 年 11 月 30 日　　　　单位：元

项　目	金　额	项　目	金　额
企业账面存款余额	280 000	银行对账单存款余额	370 000
加：银行已记增加，企业尚未入账的账项	50 000	加：企业已记增加，银行尚未入账的账项	10 000
减：银行已记减少，企业尚未记账的账项	40 000	减：企业已记减少，银行尚未记账的账项	90 000
调节后的存款余额	290 000	调节后的存款余额	290 000

表 7-2 所列双方经调节后的余额是相等的，这表明双方的账簿记录没有差错。需要注意的是，“银行存款余额调节表”只能起到对账作用。编制“银行存款余额调节表”，也只是为了检查账簿记录的正确性，并不是要更改账簿记录。对于银行已经入账而单位尚未入账的业务和本单位已经入账而银行尚未入账的业务，均不能作账务处理。待以后有关业务的凭证实际到达后，再作账务处理。另外，应该引起重视的是，对于一些长期悬置的未达账项，应及时查阅有关凭证、账簿及相关资料，查明原因，及时和开户银行取得联系并予以解决。

三、往来款项的清查方法

往来款项主要包括各种应收款、应付款、预收款及预付款等。往来款项的清查是指本单位与其他单位、本单位内部各部门之间以及单位与职工个人之间发生的债权债务的清查。

往来款项的清查一般采用发询证函的方法进行核对，即采取与对方(债务人或债权人)核对账目的方法。其具体做法是：首先应检查本单位各项往来账项的账簿记录是否正确和完整，账证、账账是否相符；确定无误后，再编制对账单。对账单应按明细账将账目逐笔抄清，一式两份，一份留存，一份寄送对方单位进行核对；对方单位经过详细核对后，在上面注明相符或不相符的情况并盖章之后退回清查单位，由清查单位作为清查结果或进一步核对的依据。对于单位与债权人或债务人之间的未达账项，也可以采用余额调节表的形式进行核对。如经双方核对，确系记录上的错误，应按规定办法予以改正；如属于有争执的账项和不可能收回的账项，应报请有关部门批准后另行处理。

对于单位内部各部门之间往来账项的清查，可以根据有关账簿记录直接进行核对；对于单位与内部职工个人之间往来账项的清查，可以采取定期张榜公布或直接与本人核对的方法进行核对。

四、实物资产的清查方法

实物资产的清查主要是对各种存货及固定资产等财产物资的清查。对这些物资的清查，不仅要从数量上核对账面数与实物数是否相符，而且要查明是否有损坏、变质等情况。由于实物的形态、体积、重量、堆放方式等不尽相同，因而所采用的清查方法也不尽相同。

(1) 对于成件堆放、包装完整的财产物资，可按大件清点，必要时可以抽查。

(2) 对于散装物资，可以采取移位盘点、过秤盘点或分处盘点，防止漏盘或重盘。

(3) 对于大量成堆、难以清点的物资，可以采取量方、计尺等技术推算盘点的方法。

(4) 对于房屋及机器设备，不仅要盘点其数量和附属部件，而且要查明其使用情况，以发现其使用和保管上存在的问题。

对实物资产的数量进行清查的同时，还要对实物的质量进行鉴定，可根据不同的实物采用不同的检查方法，如物理法、化学法、直接观察法等。

为了明确经济责任，进行实物资产盘点时，有关财产物资的保管人员必须在场，并参加盘点工作。对各项实物资产的盘点结果，应逐一如实地登记在“盘存清单”上，并由参加盘点的人员和实物保管人员同时签章生效。“盘存清单”是记录各项财产物资实存数量盘点的书面证明，也是财产清查工作的原始凭证之一。“盘存清单”的一般格式如表 7-3 所示。

表 7-3　盘存清单

单位名称：　　　　　　　　　　　　　　盘点时间：　　　　　　　　　　　　　　编号：
财产类别：　　　　　　　　　　　　　　存放地点：　　　　　　　　　　　　　　单位：

编　号	名　称	规　格	计量单位	数　量	单　价	金　额	备　注

盘点人签章：　　　　　　　　　　　　　　　　　　　　　　　　实物保管人签章：

盘点完毕，财务部门应根据“盘存清单”和有关实物资产的明细账记录，编制“实物清查结果报告表”，确定各种实物资产实存数和账存数的差异及差异原因，作为调整有关账簿记录的原始凭证。“实物清查结果报告表”的一般格式如表 7-4 所示。

表 7-4　实物清查结果报告表

财产类别：　　　　　　　　　　　　　　年　　　月　　　日

<table>
<tr><th rowspan="3">编　号</th><th rowspan="3">名称
规格</th><th rowspan="3">计量
单位</th><th rowspan="3">单　价</th><th colspan="2">账　存</th><th colspan="2">实　存</th><th colspan="4">对比结果</th><th rowspan="3">备　注</th></tr>
<tr><th rowspan="2">数量</th><th rowspan="2">金额</th><th rowspan="2">数量</th><th rowspan="2">金额</th><th colspan="2">盘盈</th><th colspan="2">盘亏</th></tr>
<tr><th>数量</th><th>金额</th><th>数量</th><th>金额</th></tr>
<tr><td></td><td></td><td></td><td></td><td></td><td></td><td></td><td></td><td></td><td></td><td></td><td></td><td></td></tr>
<tr><td></td><td></td><td></td><td></td><td></td><td></td><td></td><td></td><td></td><td></td><td></td><td></td><td></td></tr>
</table>

小贴士

财产清查的方法——实地盘点法和技术推算法

不同种类的财产物资，由于其实物形态、体积、重量、堆放方式不同，采用的清查方法也不同，一般采用的有实地盘点法和技术推算法两种。

(1) 实地盘点法是指在财产物资存放现场进行逐一清点数量或计量仪器确定实存数的一种方法。这种方法适用范围广，要求严格，数字准确可靠，清查质量高，但工作量大。大多数实物财产的清查都可以采用这种方法。

(2) 技术推算法又称技术匡算法、技术估计法，是指利用技术方法推算财产物资实存数的方法。这种方法适用于大量成堆，价值低廉，难以逐一清点或计量的实物资产，如大堆的煤炭、沙石等。

第三节　财产清查结果的处理

【案例导入】

俊华公司在进行财产清查时，发现现金短缺 500 元，会计小王根据清查小组的盘点结果直接进行了账务调整，增加当月“管理费用”500 元。请问小王的这种做法正确吗？

一、财产清查结果的处理程序

财产清查的结果不外乎三种情况：一是账存数与实存数相符；二是账存数大于实存数，财产物资发生盘亏；三是账存数小于实存数，财产物资发生盘盈。

对财产清查中发现的盘盈、盘亏，应查明原因，并根据国家统一会计制度的规定，按照一定的程序，严肃认真地予以处理。财产清查结果的处理程序包括以下四个方面。

1. 分析账实不符的原因和性质，提出处理建议

对于财产清查中发现的各种盘盈、盘亏以及质量问题，应核准数字，调查分析发生盘盈、盘亏的原因及性质，明确经济责任，依据有关法律、制度规定，提出处理意见和建议。

2. 积极处理多余积压财产，认真清理往来款项

对于财产清查中发现的积压、多余财产物资，应查明原因，并根据不同情况进行处理：对属于盲目采购、盲目建造或生产任务变更等原因造成的积压，除设法内部利用、改制、代用外，还应积极组织推销，以减少物资积压，加速资金周转；对于因品种不配套而造成的半成品积压，应当调整生产计划，组织均衡生产；对于利用率不高或闲置不用的固定资产，也应查明原因积极处理，做到物尽其用。

3. 总结经验教训，建立健全各项管理制度

对于财产清查中发现的各种问题，应在查明问题性质和原因的基础上，认真总结经验教训，制定改进措施，建立健全财产物资管理制度，进一步落实财产管理责任制，保护单位财产的安全与完整，不断提高管理水平。

4. 及时调整账簿记录，保证账实相符

对于查明的各种盘盈、盘亏，应及时调整有关财产物资的账簿记录，并作为待处理财产损溢；在查明原因经批准处理后，再按批准的意见转账，进行相应的账务处理。对于各种往来款项，如在清查中发现差错，也应及时调整账目；对于查明的确实无法收回的应收款项，应按规定手续经批准后予以核销。

二、财产清查结果的账务处理

对于财产清查中所发现的各种盘盈、盘亏和毁损，财会部门应当及时地进行账务处理，以保证账实相符。

1. 审批之前的处理

财产清查结束后，清查人员应向有关方面报告清查结果，对盘盈和盘亏的财产提出处理建议，由股东大会或董事会、经理(厂长)会议或类似机构根据管理权限批准后执行。在处理建议得到批准之前，会计人员和财产管理人员应根据“实存账存对比表”“库存

现金盘点报告表”等资料，编制记账凭证，调整有关财产的账面价值，使账簿记录与实际盘存数相符。

2. 审批之后的处理

财产物资的盘盈、盘亏和毁损经审查批准后，应根据审批意见和发生差异的性质及原因进行差异处理，调整账项。

3. 账户设置及会计核算

为了按照财产清查结果的处理步骤正确反映和监督财产物资的盘盈、盘亏及处理情况，在会计上应设置和运用“待处理财产损溢”等账户。

“待处理财产损溢”账户属于资产类账户，核算单位在清查财产过程中查明的各种财产盘盈、盘亏和毁损的价值。查明的财产物资的盘亏、毁损数和转销已批准处理的财产物资的盘盈数记入该账户借方；查明的财产物资的盘盈数和转销已批准处理的财产物资盘亏和毁损数记入该账户贷方；处理前若为借方余额，表示单位尚未经批准处理的财产物资的净损失，若为贷方余额，则表示单位尚未经批准处理的财产物资的净溢余。企业的财产损益，应查明原因，在期末结账前处理完毕，处理后本账户应无余额。需要说明的是，固定资产盘盈，不通过本账户核算，而应作为前期差错记入“以前年度损益调整”账户。

1) 库存现金清查业务

库存现金清查中出现的短款或长款先计入“待处理财产损溢”账户，查明原因后区别不同情况处理：无法查明原因的长款计入“营业外收入”；无法查明原因的短款计入“管理费用”；由工作人员失职造成的短款应由责任人赔偿，计入“其他应收款”。

【例 7-2】某企业在财产清查中，查明库存现金短缺 35 元。

报经审批前，应根据“库存现金盘点报告表”编制记账凭证，并据以登记入账，调整账面记录，使之账实相符。编制会计分录如下。

借：待处理财产损溢　　35

　　贷：库存现金　　35

上述现金短款属于无法查明的其他原因，根据管理权限报经审批后，列作管理费用。根据批复意见编制会计分录如下。

借：管理费用——现金短缺　　35

　　贷：待处理财产损溢　　35

2) 应收及应付款项清查业务

财产清查中，查明确实无法收回的应收款项，应作为坏账损失处理，计入“坏账准备”；查明确实无法支付的应付款项，应计入“营业外收入”。

【例 7-3】某企业一项长期无法收回的应收账款 5 000 元，按规定程序报经批准后，作为坏账转销。编制会计分录如下。

借：坏账准备　　5 000

　　贷：应收账款　　5 000

【例 7-4】某企业在往来款项的清查过程中，发现一笔无法支付的应付账款 5 500 元，经查实对方单位已经解散，经批准作销账处理。编制会计分录如下。

借：应付账款　　5 500
　　贷：营业外收入　　5 500

3) 存货清查业务

存货清查中出现的盘盈及盘亏，按其成本先计入“待处理财产损溢”账户，查明原因后区别不同情况处理：由收发计量或核算上的误差造成的盘盈，应冲减“管理费用”；由自然原因造成的定额内损耗，应计入“管理费用”；由计量收发和管理不善等原因造成的超定额损耗，责任人赔偿部分应计入“其他应收款”，其余部分计入“管理费用”；由自然灾害或意外事故造成的存货毁损，保险公司赔偿部分计入“其他应收款”，其余部分计入“营业外支出”。

【例 7-5】某企业在财产清查中，查明 B 材料盘亏 10 千克，其实际成本为 1 600 元。

借：待处理财产损溢　　1 600
　　贷：原材料——B 材料　　1 600

【例 7-6】接上例，盘亏材料 1 600 元，经查明，其中 7.5 千克计 1 200 元属于定额内合理损耗，应列作管理费用；另外 2.5 千克计 400 元属于责任事故，应向责任人收取赔偿款。报经审批后，根据批复意见，编制记账凭证，并据以登记入账。

借：管理费用　　1 200
　　其他应收款　　400
　　贷：待处理财产损溢　　1 600

【例 7-7】某企业在财产清查中，查明 A 材料盘盈 10 千克，根据其单位成本确定其实际成本为 2 000 元。

借：原材料——A 材料　　2 000
　　贷：待处理财产损溢　　2 000

【例 7-8】接上例，按规定管理权限报经批准，盘盈材料 2 000 元冲减管理费用。

借：待处理财产损溢　　2 000
　　贷：管理费用　　2 000

4) 固定资产清查业务

盘盈的固定资产，必须考虑固定资产的原值及折旧，作为前期差错处理，批准处理前应计入“以前年度损益调整”账户；盘亏及毁损的固定资产，应先计入“待处理财产损溢”账户，责任人及保险公司赔偿部分计入“其他应收款”，其余部分计入“营业外支出”。

【例 7-9】某企业在财产清查中，查明盘盈设备一台，同类设备的市场价格 6 000 元，根据其新旧程度估计已损耗价值 1 500 元。

企业发生固定资产盘盈时，在按管理权限报经批准处理前，应根据“实物清查结果报告表”编制记账凭证，先通过“以前年度损益调整”账户核算，调整账面记录，使固定资产账实相符。编制会计分录如下。

借：固定资产　　4 500
　　贷：以前年度损益调整　　4 500

【例 7-10】某企业在财产清查中，发现盘亏固定资产一项，账面原价为 30 000 元，已提折旧 5 000 元。

企业发生固定资产盘亏时，首先按盘亏固定资产的净值，借记“待处理财产损溢”账户，按已提折旧，借记“累计折旧”账户，按固定资产的原价贷记“固定资产”账户。盘亏的固定资产报经批准后，应转入“营业外支出”账户。

批准前，根据“实物清查结果报告表”，编制如下会计分录。

借：待处理财产损溢　　25 000
　　累计折旧　　5 000
　　贷：固定资产　　30 000

经查明，盘亏原因是意外事故造成的，保险公司同意赔款 8 000 元，其余损失经批准列入营业外支出，编制如下会计分录。

借：营业外支出　　17 000
　　其他应收款　　8 000
　　贷：待处理财产损溢　　25 000

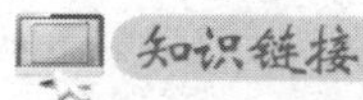

财产物资的盘存制度——永续盘存制和实地盘存制的比较

财产物资的盘存制度有永续盘存制和实地盘存制两种。

永续盘存制也称账面盘存制，是指平时对各项财产物资的增加数和减少数都须根据有关凭证连续记入有关账簿，并随时结出账面结存数额。其计算公式如下。

账面期末余额 = 账面期初余额 + 本期增加额 − 本期减少额

采用永续盘存制，尽管能在账簿中及时反映各项财产物资的结存数额，但是也可能发生账实不符的情况。因此，采用永续盘存制的企业，也需要对各项财产、物资进行清查盘点，以查明账实是否相符以及账实不符的原因。

永续盘存制的优点是核算手续严密，能及时反映各项财产物资的收、发、结存情况，有利于加强对各项财产物资的管理，保护财产物资的安全与完整；其缺点是核算工作量大。这种盘存制度为各企业单位广泛采用。

实地盘存制平时只根据凭证在账簿中登记财产物资的增加数，而不登记减少数，到月末结账时，根据实地盘点的实存数来倒挤出本月的减少数，再据以登记有关账簿。其计算公式如下。

本期减少数 = 账面期初余额+本期增加数-期末实际结存数

在实地盘存制下，对各项财产物资进行盘点的结果，只是作为登记财产物资账减少的依据，而不能用来核对账实是否相符。

实地盘存制的优点是核算工作比较简单，工作量较小。其缺点是，手续不够严密，不能通过账簿随时反映和监督各项财产物资的收、发、结存情况，反映的数字不精确，仓库管理中尚有多发少发、物资毁损、盗窃、丢失等情况，在账面上均无反映，而全部隐藏在本期的发出数内，这样不利于检查监督。因此，实地盘存制是一种不完善的物资管理办法，只有小型企业、经营鲜活商品的零售企业等不能办理出库手续、商品质量不稳定的个别企业采用。

思考题

1. 什么是财产清查？
2. 财产清查的作用有哪些？
3. 在什么情况下要进行全面财产清查？
4. 财产清查的程序有哪些？
5. 未达账项主要包括哪些情况？
6. 财产清查结果的处理程序有哪些？

第八章

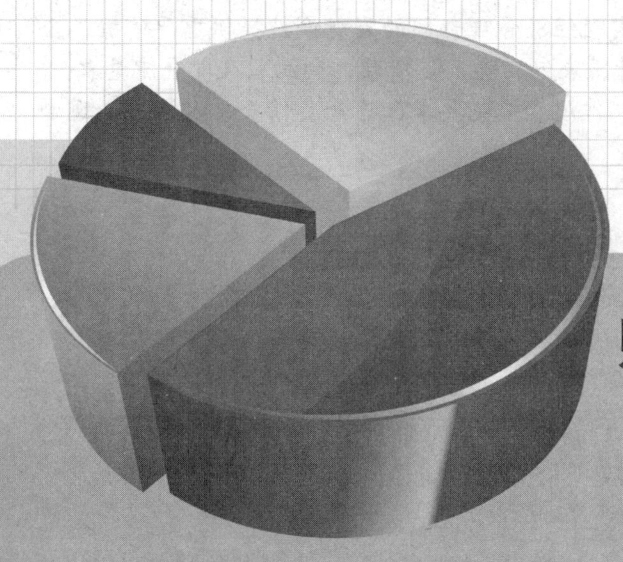

财务会计报告

学习目标

- ◆ 了解会计的产生与发展。
- ◆ 了解财务会计报告的概念、作用、种类及编制要求。
- ◆ 掌握资产负债表的概念、内容、结构及编制方法。
- ◆ 掌握利润表的概念、内容、格式及编制方法。
- ◆ 掌握现金流量表的概念、内容及结构。

【本章导读】

财务会计报告是会计核算的最终结果，是会计信息表达和披露的主要形式。财务会计报告反映企业某一特定日期的财务状况和某一会计期间的经营成果及现金流量等会计信息。

财务会计报告所提供的会计信息具有重要作用，可以为投资者、债权人的投资决策，企业内部管理者的企业经营管理，国家宏观经济管理部门的宏观调控提供重要依据。企业需要定期编制并且对外报送的主要会计报表包括资产负债表、利润表及现金流量表。

本章重点阐述财务会计报告的概念、作用和编制要求，资产负债表、利润表、现金流量表的概念、内容、结构和编制方法。

第一节　财务会计报告概述

【案例导入】

华兴公司为了满足业务发展的需要，向其股东提出了加大投资的要求，同时正在向其开户银行申请长期贷款，股东和其开户行在和华兴公司洽谈过程中提出了相同的要求，即要求华兴公司提供近几年的财务会计报告。请问，股东和银行为什么提出这样的要求？他们能从财务会计报告中得到什么样的信息？

一、财务会计报告的含义

财务会计报告是指企业对外提供的反映企业某一特定日期的财务状况和某一会计期间的经营成果、现金流量等会计信息的文件。

编制财务会计报告，既是会计核算的最后环节，又是会计核算工作的总结，任何一个单位都要在会计期末编制财务会计报告并按照有关规定报送。财务会计报告所提供的会计信息具有重要作用，主要体现在以下三个方面。

(1) 现有的或潜在的投资者、债权者可以通过财务会计报告及时掌握相关信息，以便作出正确的决策。

投资者可以通过阅读和分析财务会计报告来了解投资风险，判断未来的投资收益，正确进行投资决策；债权人可以通过财务会计报告了解该单位的偿债能力，评价贷款的风险和收益，以便作出合理的信贷决策。

(2) 内部的经营管理者可以通过财务会计报告了解经营业绩，加强内部管理。

企业管理者可以利用财务会计报告，全面了解自身一定时期的财务状况和经营成果，了解资产、负债、所有者权益的结构及其合理性，了解资金、成本、利润各项主要经济指标计划的完成情况，了解企业的财务风险大小和资金的运用能力等，以便及时发现问题，改善管理，正确地进行预测和决策，进一步提高经济效益。

(3) 政府有关部门可以通过财务会计报告加强对企业的监督，并实行宏观调控。

财务会计报告为政府有关部门提供对企业实施管理和监督的信息资料。税务部门利用财务会计报告可以检查监督企业是否及时、足额地完成各项应缴的税费，以保证国家财政收入的及时入库；审计机关的审计工作是从财务会计报告审计开始的，财务会计报告可以为审计工作提供详尽、全面的数据资料，并为凭证、账簿的进一步审计指明方向；企业的上级主管部门，可以通过财务会计报告了解企业的经营业绩，找出其先进与落后的差距，指导企业参与市场竞争。

对国家宏观管理部门而言，通过财务会计报告的逐级汇总上报，可以了解不同地区、不同部门、不同行业的经济发展情况，检查各项指标的完成情况，并依此制定经济政策，加强宏观调控，促进整个国民经济的稳定、持续发展。

二、财务会计报告的分类

财务会计报告的组成内容以及详细程度主要取决于国家的法定要求、企业的管理需要以及外部报告使用者的需要。例如，商业企业和金融企业的财务报告中所含项目会有所不同，企业集团的财务报告相对于单一企业组织的财务报告内容会更为复杂，上市公司相对于非上市公司来说，财务会计报告往往会更为规范。

我国财政部于 2006 年 2 月 15 日发布的《企业会计准则——基本准则》规范了财务会计报告的内容：财务会计报告由会计报表、会计报表附注和其他财务会计报告组成。会计报表包括资产负债表、利润表、现金流量表和所有者权益变动表及相关附表，是财务会计报告的主要组成部分。会计报表附注，是为便于会计报表使用者理解会计报表的内容而对会计报表的编制基础、编制依据、编制原则和方法以及未能在报表中列示项目所作的解释说明，它是对会计报表的必要补充，其披露的相关信息应当与会计报表中列示的项目相互参照。其他财务会计报告是指除了会计报表和附注以外应当在财务会计报告中披露的其他形式和内容的相关信息和资料，如管理者报告、财务情况说明书、审计报告等。

由于不同的企业单位会计核算的具体内容和经济管理的要求不同，因而作为财务会计报告主体的会计报表的种类也不尽相同，可以对会计报表按不同的标准进行分类。当前，主要的分类方法有以下四种。

1. 按编制与报送的时间分类

(1) 中期报表。中期报表分为月度报表、季度报表和半年度报表。月报和季报，是企业每月末、季末编制的报表，其提供的会计信息资料，要求简明扼要，以便于及时反映企业主要情况，如资产负债表、利润表。半年度报表是企业每个会计年度的前 6 个月结束后编制的会计报表，主要包括资产负债表、利润表，有的还要编制现金流量表，在会计报表附注中至少应披露所有的重大交易或事项。

(2) 年度报表。年度报表是企业年度终了时编制的财务会计报表，其提供的信息比较完备，能够全面地总结全年的经济活动情况，包括资产负债表、利润表、现金流量表和所有者权益变动表以及会计报表附注。

2. 按报送对象的不同分类

(1) 对外报表。它是向单位外部的利益关系集团公开报送的财务会计报表，主要包括资产负债表、利润表、现金流量表和所有者权益变动表。其具体格式编制说明由企业会计准则统一规定。

(2) 对内报表。它是企业为内部管理需要而编制的、只向单位内部的经营管理者报送的财务会计报表，如成本报表、销售报表。对内报表一般属于保密性资料，不对外公开。其内容和格式没有统一的规定，通常由企业根据经营管理的需要自行规定。

3. 按编制主体的不同分类

(1) 个别会计报表。它是指在以母公司和子公司组成的具有控股关系的企业集团中，由母公司和子公司各自为主体分别单独编制的财务会计报表，分别用来反映母公司和子公司各自的财务状况和经营成果。

(2) 合并会计报表。它是以母公司和子公司组成的企业集团为会计主体，由母公司编制的，综合反映企业集团整体财务状况、经营成果和现金流量等方面情况的财务会计报表。

4. 按会计报表的时间特征分类

(1) 静态会计报表。静态会计报表也称为时点报表，它是反映企业在一定时点的各类资源及其权益情况的存量表，如资产负债表。

(2) 动态会计报表。动态会计报表也称为时期报表，它是反映企业在一定时期内经济指标变动情况的报表，如利润表、现金流量表和所有者权益变动表。

三、财务会计报告的编报要求

企业对外报送的财务会计报告是一种具有法律责任的报告文件。为了保证财务报告的质量，满足各方面对会计信息的需要，在编制财务会计报告时，必须严格遵循以下基本要求。

(1) 数据真实。会计报告中各项指标数字必须真实可靠，如实反映企业财务状况和经济活动情况，严禁弄虚作假或用估计数字代替实际数字。只有保证数据指标的真实性，才能为使用者提供正确的信息，从而作出正确的决策。

(2) 内容完整。财务报告必须按照规定的种类、格式和内容来编制，不得漏编、漏报财务报表，也不可漏填报表项目，对于报表中需要进一步解释和说明的项目，应在报表的附注中加以说明，以便报表使用者理解和利用。需要经注册会计师审计的，应将注册会计师出具的审计报告随同财务会计报告一并提供。此外，财务会计报告应由单位负责人和主管会计工作的负责人、会计机构负责人签名并盖章；设置总会计师的单位还应由总会计师签名盖章，并对财务报告的真实性、合法性负责。

(3) 计算准确。报表中的数字，主要来源于日常的账簿记录，但是这并不是从账簿到报表数字的简单转化，报表中的有些项目金额需要将有关账户的发生额或余额进行分析、

计算整理后才能填列。因此，在编制报表前，应做好账账核对、账实核对、清理账目、调整账项。在编制报表时，各项目的计算必须准确，报表间有勾稽关系的数字应相互一致，本期报表与上期报表之间的数字应相互衔接。

(4) 编报及时。财务会计报告所提供的资料具有很强的时效性，必须按照规定的时间和程序及时编制报送，不得拖延，以便于会计信息的及时利用。因此，财会部门应当科学地组织好日常核算工作，密切配合，加强协作，使对账、财产清查、结账等工作有序开展，既保证报告质量，又保证及时编报。

上市公司财务会计报告的编制程序和编报时间如下。

① 将本报告期发生的一切经济业务全部登记入账，保证账簿记录的完整性。

② 核对账簿记录，做到账证相符，账账相符。

③ 进行财产清查，做到账实相符。

④ 按权责发生制要求对期末账项进行调整。

⑤ 在账项调整和结转的基础上进行结账，结出发生额和余额。

⑥ 根据已结账的账簿记录编制财务报表。

根据我国现行会计制度规定，季报应当于季度终了后 1 个月内对外报出，半年报应当于半年度终了后 2 个月内对外报出，年报应当于年度终了后 4 个月内对外报出。

第二节　资产负债表

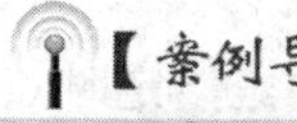

华兴公司“固定资产”总账的期末余额为 500 000 元(借)，“累计折旧”总账的期末余额为 20 000 元(贷)。会计小王在编制当月资产负债表时将“固定资产”项目的期末数登记为 500 000 元。请问小王的填写是否正确？

一、资产负债表的概念

资产负债表是反映企业在某一特定日期(月末、季末、半年末、年末)的财务状况的会计报表。它是根据资产、负债和所有者权益之间的关系编报的一张静态报表，按月编制，对外报送，是企业财务会计报告中的核心报表之一。

财务状况是指企业的资产、负债、所有者权益及其相互关系。因此，资产负债表是根据“资产=负债+所有者权益”这一会计等式，按照一定的分类标准和顺序，将企业在一定日期的全部资产、负债和所有者权益项目进行分类、汇总、排列后编制而成的。

通过资产负债表可以了解企业在某一特定日期的资产、负债和所有者权益的总额及其结构，从而进一步了解企业的规模和发展潜力。通过资产负债表，还可以掌握企业的资金状况，了解企业的资产分布情况，短期偿债能力和财务风险，将前后各期资产负债表进行比较，可以推断企业的未来财务发展趋势，有助于会计报表使用者作出经济决策。

二、资产负债表的内容和结构

1. 资产负债表的内容

资产负债表主要反映资产、负债和所有者权益三个方面的内容，应当列示资产总计项目、负债和所有者权益总计项目。其具体内容如下。

(1) 资产。资产类各项目是按照资产的流动性大小排列的，流动性强的排列在前。资产类应当单独列示反映下列项目。①流动资产。它是指预计在一年或超过一年的一个正常营业周期内变现或耗用的资产，主要包括货币资金、交易性金融资产、应收票据、应收账款、预付账款、其他应收款、应收利息、应收股利、存货等项目。②非流动资产。它是指流动资产以外的资产，主要包括长期应收款、长期股权投资、固定资产、在建工程、工程物资、固定资产清理、无形资产、长期待摊费用等项目。

(2) 负债。负债类各项目按照偿还期长短列示，偿还期短的排列在前。负债类至少应当单独列示反映下列项目。①流动负债。它是指预计在一年或超过一年的一个正常营业周期内应偿还的负债，主要包括短期借款、应付票据、应付账款、预收账款、应付职工薪酬、应交税费、应付利息、应付股利、其他应付款等项目。②非流动负债。它是指流动负债以外的负债，包括长期借款、应付债券、长期应付款和其他非流动负债。

(3) 所有者权益。所有者权益类各项目按照权益的永久性排列，拥有期限长的权益排列在前。其顺序为实收资本(或股本)、资本公积、盈余公积和未分配利润。

2. 资产负债表的结构

资产负债表一般由表首、正表和补充资料三部分内容构成。

表首部分包括报表名称、编制单位、编制日期和货币单位；正表列示的是一定时点上企业的资产、负债和所有者权益各项目数额，该部分是资产负债表的主要部分；补充资料主要用于进一步详细说明报表中的某些主要项目和编制基础。

根据资产负债表主体部分排列方式的不同，资产负债表分为账户式和报告式两种，我国的资产负债表采用账户式。

账户式资产负债表直接根据等式“资产=负债+所有者权益”，将表分为左右两部分，左侧列示资产项目，右侧列示负债和所有者权益项目，不管哪一种结构，资产负债表的资产总计总是等于负债和所有者权益的总计。在资产负债表中，资产按照其流动性大小分类分项列示，流动性大的排在前面，流动性小的排在后面，它包括流动资产和非流动资产。负债按照其偿还期限分类分项列示，包括流动负债和非流动负债等；所有者权益按照实收资本(或股本)、资本公积、盈余公积和未分配利润等项目分列。我国账户式资产负债表的格式如表 8-1 所示。

表 8-1　资产负债表

编制单位：　　　　　　　　　　　　年　月　日　　　　　　　　　　金额单位：元

资　产	期末数	年初数	负债和所有者权益	期末数	年初数
流动资产：			流动负债：		
货币资金			短期借款		
交易性金融资产			交易性金融负债		
应收票据			应付票据		
应收账款			应付账款		
预付款项			预收款项		
应收利息			应付职工薪酬		
应收股利			应交税费		
其他应收款			应付利息		
存　货			应付股利		
一年内到期的非流动资产			其他应付款		
其他流动资产			一年内到期的非流动负债		
流动资产合计			其他流动负债		
非流动资产：			流动负债合计		
可供出售金融资产			非流动负债：		
持有至到期投资			长期借款		
长期应收款			应付债券		
长期股权投资			长期应付款		
投资性房地产			专项应付款		
固定资产			预计负债		
工程物资			递延所得税负债		
在建工程			其他非流动负债		
固定资产清理			非流动负债合计		
生产性生物资产			负债合计		
油气资产			所有者权益(股东权益)：		
无形资产			实收资本(股本)		
开发支出			资本公积		
商　誉			减：库存股		
长期待摊费用			盈余公积		
递延所得税资产			未分配利润		
其他非流动资产			所有者(股东)权益合计		
非流动资产合计					
资产总计			负债和所有者权益总计		

三、资产负债表的编制方法

资产负债表主体部分的各项都列有“期末数”和“年初数”两个栏目，是一种比较资产负债表。其中“年初数”栏内的各项数字，应根据上年末资产负债表的“期末数”栏所列数字填列。“期末数”栏内的各项数字，应根据会计期末各总分类账及所属明细分类账的余额填列。其具体填列方法归纳起来主要有以下几种。

1. 根据总账账户的期末余额直接填列

报表指标名称与总账账户的名称相同时，可根据总账余额直接填列，如交易性金融资产、应收票据、应收股利、应收利息、工程物资、固定资产清理、短期借款、应付票据、其他应付款、应付职工薪酬、应交税费、应付股利、预计负债、实收资本、资本公积、盈余公积等项目。

2. 根据若干个总账账户期末余额分析计算后填列

资产负债表某些项目需要根据若干个总账账户的期末余额计算填列，举例如下。

(1) “货币资金”项目=“库存现金”+“银行存款”+“其他货币资金”。

(2) “存货”项目=“材料采购(在途物资)”+“原材料”+“库存商品”+“生产成本”+“周转材料”+“商品进销差价”+“委托代销商品”−“存货跌价准备”等。

3. 根据有关明细账账户的期末余额分析计算后填列

“应收账款”“预收账款”“应付账款”“预付账款”等项目应根据明细账余额资料按以下方法计算填列。

(1) “应收账款”项目=“应收账款”明细账(借余)+“预收账款”明细账(借余)−“坏账准备”科目中有关应收账款计提的坏账准备余额。

(2) “预收账款”项目=“应收账款”明细账(贷余)+“预收账款”明细账(贷余)。

(3) “应付账款”项目=“应付账款”明细账(贷余)+“预付账款”明细账(贷余)。

(4) “预付账款”项目=“应付账款”明细账(借余)+“预付账款”明细账(借余)−“坏账准备”科目中有关预付款项计提的坏账准备余额。

【例 8-1】某企业期末结账后有关明细账账户余额如下。

“应收账款”明细账：170 000 元(借余)、47 000 元(贷余)

“预付账款”明细账：230 000 元(借余)、21 000 元(贷余)

“应付账款”明细账：172 000 元(借余)、353 000 元(贷余)

“预收账款”明细账：120 000 元(借余)、700 000 元(贷余)

根据以上资料，资产负债表中相关项目的金额计算如下。

“应收账款”项目=170 000+120 000=290 000(元)

“预付账款”项目=230 000+172 000=402 000(元)

“应付账款”项目=353 000+21 000=374 000(元)

“预收账款”项目=47 000+700 000=747 000(元)

4. 根据总账科目和明细账科目余额分析计算后填列

“长期借款”项目，需要根据“长期借款”总账科目余额扣除“长期借款”科目所属的明细科目中将在一年内到期的长期借款后的金额计算填列。

5. 根据有关科目余额减去其备抵账户后的净额填列

资产负债表中的“应收票据”“应收账款”“长期股权投资”“在建工程”等项目，应当根据“应收票据”“应收账款”“长期股权投资”“在建工程”等科目余额减去其备抵账户后的净额填列。

“固定资产”项目，应当根据“固定资产”科目的期末余额减去“累计折旧”和“固定资产减值准备”备抵科目余额后的净额填列；“无形资产”项目，应当根据“无形资产”科目的期末余额，减去“累计摊销”和“无形资产减值准备”备抵科目余额后的净额填列。

6. 报表中合计与总计的填列

报表中的合计与总计应根据报表项目之间的关系计算填列，举例如下。

(1) “流动资产合计”+“非流动资产合计”=“资产总计”。

(2) “流动负债合计”+“非流动负债合计”=“负债总计”。

(3) “所有者权益合计”+“负债合计”=“负债和所有者权益总计”。

【例 8-2】华兴公司 2018 年 12 月 31 日各总账余额如表 8-2 所示。

表 8-2　总分类账户期末余额表

2018 年 12 月 31 日　　　　单位：元

会计科目	借方余额	贷方余额
库存现金	1 500	
银行存款	3 000 000	
应收账款	500 000	
坏账准备		1 500
原材料	1 000 000	
库存商品	1 000 000	
生产成本	600 000	
存货跌价准备		35 000
固定资产	45 000 000	
累计折旧		22 400 000
应付账款		1 000 000
短期借款		4 000 000
应付职工薪酬		100 000
应交税费		165 000

续表

会计科目	借方余额	贷方余额
应付股利		2 000 000
长期借款		600 000
实收资本		20 000 000
资本公积		800 000
合　计	51 101 500	51 101 500

明细账户情况如下：

应收账款——A 公司 600 000 元(借)；应收账款——B 公司 100 000 元(贷)

应付账款——C 公司 1 200 000(贷)；应付账款——D 公司 200 000(借)

长期借款——工商银行 100 000 元(贷)，将于一年内到期

根据以上资料，编制华兴公司 2018 年资产负债表，如表 8-3 所示。

表 8-3　资产负债表

编制单位：华兴公司　　2018 年 12 月 31 日　　单位：元

资　产	期末数	年初数	负债和所有者权益	期末数	年初数
流动资产：			流动负债：		
货币资金	3 001 500		短期借款	4 000 000	
交易性金融资产			交易性金融负债		
应收票据			应付票据		
应收账款	598 500		应付账款	1 200 000	
预付款项	200 000		预收款项	100 000	
应收利息			应付职工薪酬	100 000	
应收股利			应交税费	165 000	
其他应收款			应付利息		
存　货	2 565 000		应付股利	2 000 000	
一年内到期的非流动资产			其他应付款		
其他流动资产			一年内到期的非流动负债	100 000	
流动资产合计	6 365 000		其他流动负债		
非流动资产：			流动负债合计	7 665 000	
可供出售金融资产			非流动负债：		
持有至到期投资			长期借款	500 000	
长期应收款			应付债券		
长期股权投资			长期应付款		
投资性房地产			专项应付款		
固定资产	22 600 000		预计负债		

续表

资　产	期末数	年初数	负债和所有者权益	期末数	年初数
工程物资			递延所得税负债		
在建工程			其他非流动负债		
固定资产清理			非流动负债合计	500 000	
生产性生物资产			负债合计	8 165 000	
油气资产			所有者权益(股东权益)：		
无形资产			实收资本(股本)	20 000 000	
开发支出			资本公积	800 000	
商　誉			减：库存股		
长期待摊费用			盈余公积		
递延所得税资产			未分配利润		
其他非流动资产			所有者(股东)权益合计	20 800 000	
非流动资产合计	22 600 000				
资产总计	28 965 000		负债和所有者权益总计	28 965 000	

第三节　利　润　表

【案例导入】

新乐公司会计小李在编制当月利润表时，以“收入-费用=利润”等式为依据，将所有收入加在一起，再将所有费用加在一起，最后用收入合计减去费用合计得到当期利润总额。新乐公司是中国的一家上市公司，请问小李编制报表的方法是否正确？

一、利润表的概念

利润表是反映企业在一定会计期间内经营成果的动态报表，它是以“利润=收入-费用”这一会计等式为依据编制而成的。通过利润表，报表的使用者可以获悉企业在一定会计期间内的收入、费用、利润情况，了解企业生产经营成果及形成原因；将利润表提供的不同时期的数字(本期数、上期数)进行比较，可以评价企业当期的盈利水平，分析企业的获利能力，预测企业在未来一定时期内的利润发展趋势。企业的管理部门将利润表的各构成要素进行比较和分析，可以知悉成本费用同收入之间的比例关系，发现经营管理中存在的问题，以便作出正确的经营决策，提高经济效益。

二、利润表的内容和格式

利润表一般有表首和正表两部分。表首包括表名、编制单位、编制期间和货币单位等内容。正表是利润表的主体，反映形成经营成果的各个项目和计算过程。正表有单步式和多步式两种格式。单步式利润表是将当期所有收入列在一起，再将所有的费用列在一起，将两者相减即可得出当期净损益。多步式利润表是对收入、费用及损失项加以归类，分步计算出当期净损益。目前，我国一般采用多步式利润表。多步式利润表的格式及计算过程如表 8-4 所示。

表 8-4　利润表

编制单位：　　　　　　　　　　　　年　月　日　　　　　　　　　　　　单位：元

项　目	本月数	本年累计数
一、营业收入		
减：营业成本		
税金及附加		
销售费用		
财务费用		
管理费用		
资产减值损失		
加：公允价值变动收益(损失以“-”号填列)		
投资收益(损失以“-”号填列)		
其中：对联营企业和合营企业的投资收益		
二、营业利润(亏损以“-”号填列)		
加：营业外收入		
减：营业外支出		
其中：非流动资产处置损失		
三、利润总额(亏损总额以“-”号填列)		
减：所得税费用		
四、净利润(净亏损以“-”号填列)		
五、每股收益		
(一)基本每股收益		
(二)稀释每股收益		

三、利润表的编制方法

利润表中有“本月数”和“本年累计数”两栏。“本月数”反映各项目的本月发生数，“本年累计数”反映各项目自年初起至报告期末止的累计发生数。

(一)本月数

“本月数”栏内各项数字，应根据各损益类科目的发生额分析填列。具体填列方法如下。

1. 根据损益类账户的本期发生净额直接填列

利润表中大部分项目的名称与损益类账户的名称是一致的，这些项目可以根据损益类账户的本期发生净额直接填列，如税金及附加、销售费用、管理费用、财务费用、资产减值损失、公允价值变动损益、投资收益、营业外收入、营业外支出和所得税费用项目。

2. 根据损益类账户的本期发生额合并填列

按此方法填列的有“营业收入”和“营业成本”两个项目。其中，“营业收入”项目是将“主营业务收入”和“其他业务收入”两个账户的发生额相加后填列，“营业成本”项目是将“主营业务成本”和“其他业务成本”两个账户的发生额相加后填列。

3. 根据表内项目计算填列

利润表中的“营业利润”“利润总额”和“净利润”项目是根据表内项目进行加减计算填列的。其计算步骤如下。

(1) 计算营业利润。

营业利润=营业收入-营业成本-税金及附加-销售费用-管理费用-财务费用-资产减值损失+公允价值变动收益+投资收益

(2) 计算利润总额。

利润总额=营业利润+营业外收入-营业外支出

(3) 计算净利润。

净利润=利润总额-所得税费用

需要注意的是，在编制中期和年度会计报告时，应将利润表中的“本月数”改成“上期金额”，以反映上年同期累计实际发生数。“上期金额”栏内各项数字，根据上期利润表的“本年累计数”栏内数字直接填列。如果上年度利润表中的项目名称和内容与本年度利润表不一致，应对上年度报表项目的名称和数字按本年度的规定进行调整，调整后的数字填入本年度利润表的“上期金额”栏。

(二)本年累计数

“本年累计数”栏内的各项目的编制有以下两种方法。

(1) 根据上月利润表“本年累计数”栏内各项目的数额，加上本月利润表中“本月数”栏内各项目的数额填列。

(2) 将损益类各账户的“本年累计发生额”结出，根据损益类各账户的“本年累计发生额”分析计算填列。

【例 8-3】华兴公司 2018 年 8 月各损益类账户的发生额及 1—7 月各损益类账户的累计发生额如表 8-5 和表 8-6 所示。

表 8-5 2018 年 8 月损益类账户发生额

单位：元

科目名称	借方发生额	贷方发生额
主营业务收入		100 000
主营业务成本	60 000	
税金及附加	3 000	
其他业务收入		5 000
其他业务成本	4 000	
销售费用	2 000	
管理费用	10 000	
财务费用	1 000	
投资收益		10 000
营业外收入		3 000
营业外支出	1 000	
所得税费用	9 250	

表 8-6 2018 年 1—7 月损益类账户累计发生额

单位：元

科目名称	借方发生额	贷方发生额
主营业务收入		600 000
主营业务成本	300 000	
税金及附加	10 000	
其他业务收入		15 000
其他业务成本	14 000	
销售费用	18 000	
管理费用	80 000	
财务费用	3 000	
投资收益		20 000
营业外收入		12 000
营业外支出	4 000	
所得税费用	54 500	

根据以上资料编制华兴公司 2018 年 8 月利润表，如表 8-7 所示。

表 8-7　利润表

编制单位：华兴公司　　2018 年 8 月 31 日　　单位：元

项　目	本月数	本年累计数
一、营业收入	105 000	720 000
减：营业成本	64 000	378 000
税金及附加	3 000	13 000
销售费用	2 000	20 000
财务费用	1 000	4 000
管理费用	10 000	90 000
资产减值损失		
加：公允价值变动收益(损失以“-”号填列)		
投资收益(损失以“-”号填列)	10 000	30 000
其中：对联营企业和合营企业的投资收益		
二、营业利润(亏损以“-”号填列)	35 000	245 000
加：营业外收入	3 000	15 000
减：营业外支出	1 000	5 000
其中：非流动资产处置损失		
三、利润总额(亏损总额以“-”号填列)	37 000	255 000
减：所得税费用	9 250	63 750
四、净利润(净亏损以“-”号填列)	27 750	191 250
五、每股收益		
(一)基本每股收益		
(二)稀释每股收益		

第四节　现金流量表

【案例导入】

长城公司会计小王在编制当年现金流量表时，将公司的库存现金、银行存款以及持有期限在 1 年以内的短期投资均作为现金及现金等价物体现在报表之中。请问小王的做法是否正确？

一、现金流量表的概念

现金流量表是反映企业在一定会计期间内现金和现金等价物流入和流出的报表，是反映企业财务状况变动情况的动态报表。财务会计报告使用者可以通过现金流量表了解到企业的经营状况是否良好，资金是否紧缺以及企业的偿付能力大小等情况。

现金是指企业库存现金以及可以随时用于支付的存款。

现金等价物是指企业持有的期限短、流动性强、易于转换为已知金额现金、价值变动风险很小的投资。期限短一般是指从购买日起 3 个月内到期。例如，可在证券市场上流通的 3 个月内到期的短期债券投资。

二、现金流量表的内容和结构

现金流量表分为主表和补充资料两大部分。

主表是以"现金流入-现金流出=现金流量净额"为基础，采取多步式编制而成的。内容包括经营活动产生的现金流量、投资活动产生的现金流量、筹资活动产生的现金流量、汇率变动对现金及现金等价物的影响、现金及现金等价物净增加额和期末现金及现金等价物余额六个部分。

补充资料包括以下三个方面的内容：将净利润调整为经营活动现金流量、不涉及现金收支的投资和筹资活动、现金及现金等价物净增加额。

现金流量表的结构如表 8-8 所示。

表 8-8　现金流量表

编制单位：　　　　　　　　　　年　　月　　日　　　　　　　　　单位：元

项　目	本期金额	上期金额
一、经营活动产生的现金流量：		
销售商品、提供劳务收到的现金		
收到的税费返还		
收到其他与经营活动有关的现金		
经营活动现金流入小计		
购买商品、接受劳务支付的现金		
支付给职工以及为职工支付的现金		
支付的各项税费		
支付其他与经营活动有关的现金		
经营活动现金流出小计		
经营活动产生的现金流量净额		
二、投资活动产生的现金流量：		
收回投资收到的现金		
取得投资收益收到的现金		
处置固定资产、无形资产和其他长期资产收回的现金净额		
处置子公司及其他营业单位收到的现金净额		
收到其他与投资活动有关的现金		

续表

项 目	本期金额	上期金额
投资活动现金流入小计		
购建固定资产、无形资产和其他长期资产支付的现金		
投资支付的现金		
取得子公司及其他营业单位支付的现金净额		
支付其他与投资活动有关的现金		
投资活动现金流出小计		
投资活动产生的现金流量净额		
三、筹资活动产生的现金流量：		
吸收投资收到的现金		
取得借款收到的现金		
收到其他与筹资活动有关的现金		
筹资活动现金流入小计		
偿还债务支付的现金		
分配股利、利润或偿付利息支付的现金		
支付其他与筹资活动有关的现金		
筹资活动现金流出小计		
筹资活动产生的现金流量净额		
四、汇率变动对现金及现金等价物的影响		
五、现金及现金等价物净增加额		
加：期初现金及现金等价物余额		
六、期末现金及现金等价物余额		
补充资料：		
……		

三、现金流量表的编制方法

现金流量表的编制基础是收付实现制。其编制方法有直接法和间接法两种。

直接法是通过现金收入和支出的主要类别反映各类现金流量。间接法是以本期净利润为起算点，调整不涉及现金的收入、费用、营业外收支以及有关项目的增减变动，据此计算出经营活动的现金流量。

按照我国《企业会计准则》的要求，现金流量表的正表部分应按直接法编制，补充资料部分应按间接法将净利润调整为经营活动现金流量的信息。

会计报表附注

会计报表采用表格形式提供会计信息，尽管形式简洁明了，但是所提供的信息类型及数量受到较大限制。为了提供更详尽的会计信息，往往需要在会计报表的附注中对会计报表的某些项目作进一步的补充说明。作为企业财务人员，在编制会计报表时必须能够完成附注的编写，报表的使用者也应能够通过报表附注对企业作进一步的了解和分析。

会计报表附注的主要内容如下。

① 企业的基本情况。企业的注册地、组织形式；企业的业务性质和主要经营活动；公司名称；财务报告的批准者和批准报出日期。

② 会计报表的编制基础。

③ 遵循《企业会计准则》的声明。企业应声明编制的会计报表符合《企业会计准则》的要求，真实、完整地反映企业的财务状况、经营成果和现金流量等有关信息。

④ 重要会计政策和会计估计。企业应当披露重要会计政策的确定依据和会计报表项目的计量基础，以及会计估计中所采用的关键假设和不确定因素。

⑤ 会计政策和会计估计变更及差错更正的说明。

⑥ 报表重要项目的说明。企业应按资产负债表、利润表、现金流量表、所有者权益变动表及其项目列示的顺序，采用文字和数字描述相结合的方式进行披露，报表重要项目的明细金额合计，应当与报表项目金额相衔接。

思考题

1. 财务会计报告所提供信息的作用有哪些？
2. 财务会计报告的编制要求有哪些？
3. 什么是资产负债表？
4. 什么是利润表？
5. 现金流量表的编制方法有哪些？

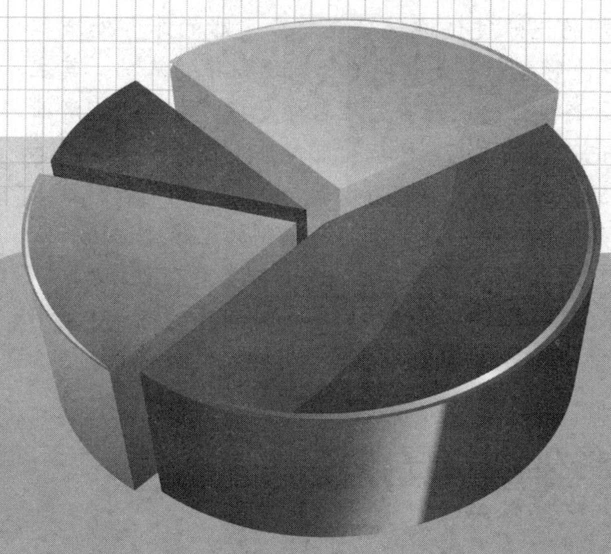

第九章

账务处理程序

学习目标

- 了解不同账务处理程序的特点。
- 了解不同账务处理程序的适用范围。
- 掌握主要账务处理程序的核算步骤及应用。

【本章导读】

账务处理程序也称会计核算组织形式或会计核算程序，是指会计核算中，会计凭证、会计账簿、会计报表和记账方法、记账程序相互结合的方式。不同的账务处理程序规定了填制会计凭证、登记账簿、编制会计报表的不同步骤和方法，但是总的来说，账务处理程序主要涉及凭证组织、账簿组织和记账程序三个方面。

记账凭证账务处理程序是根据所编制的记账凭证逐笔登记总分类账的账务处理程序。它是会计核算组织形式中最基本的一种形式，也是其他账务处理程序的基础。其主要特点是直接根据记账凭证逐笔登记总账。科目汇总表账务处理程序是指对发生的经济业务，在以原始凭证或原始凭证汇总表编制记账凭证之后，根据记账凭证定期编制科目汇总表，然后再根据科目汇总表登记总分类账的一种账务处理程序。其特点是定期编制科目汇总表，并据以登记总账。汇总记账凭证账务处理程序则是定期将所编制的记账凭证进行汇总，编制成汇总记账凭证，再根据汇总记账凭证登记总分类账的一种账务处理程序。

本章以制造业企业主要经济业务为例，系统介绍几种主要账务处理程序的特点、适用范围、核算步骤等内容，同时结合实例重点介绍记账凭证账务处理程序的具体应用。

第一节　账务处理程序概述

【案例导入】

江城公司是一家刚成立的小规模工业企业，主要业务是生产汽车配件，成立以来的业务量一直不是很多。在公司财务部的一次内部会议上，财务人员就应该采用哪种账务处理程序展开了一场讨论。会计王某认为公司规模不大，业务量不多，适宜选择记账凭证账务处理程序。刘某则认为采用记账凭证账务处理程序平时的工作量较大，不利于提高部门工作效率，最好还是采用科目汇总表账务处理程序。通过本章的学习，你是否能够帮助江城公司找到正确答案?

会计凭证、会计账簿和会计报表是组织会计核算的工具，而会计凭证、会计账簿和会计报表又不是彼此孤立的，它们以一定的形式结合，构成一个完整的工作体系，这就构成了各种账务处理程序。

一、账务处理程序的概念和意义

账务处理程序也称会计核算形式或会计核算程序，是指会计核算中，会计凭证、会计账簿、会计报表和记账方法、记账程序相互结合的方式。不同的账务处理程序规定了填制会计凭证、登记账簿、编制会计报表的不同步骤和方法，但是总的来说，账务处理程序主要涉及凭证组织、账簿组织和记账程序三个方面。

一个单位由于业务性质、规模大小和经济业务的繁简程度各异，决定了其适用的账

务处理程序也不同。为此，科学地组织账务处理程序，对提高会计核算质量和会计工作效率，充分发挥会计的核算和监督职能具有重要意义。

(1) 账务处理程序有利于会计工作程序的规范化，确定合理的凭证、账簿与报表之间的联系方式，保证会计信息加工过程的严密性，提高会计信息的质量。

(2) 账务处理程序有利于保证会计记录的完整性、正确性，通过凭证、账簿与报表之间的牵制作用，可以增强会计信息的可靠性。

(3) 账务处理程序有利于减少不必要的会计核算环节，通过组织严密的账务处理程序，提高工作效率，保证会计信息的及时性。

二、账务处理程序的要求

选择科学、合理的会计账务处理程序是组织会计工作，进行会计核算的前提。虽然在实际工作中有不同的会计账务处理程序，但是它们都应符合以下三个要求。

(1) 要适合本单位所属行业的特点，即在设计会计账务处理程序时，要考虑自身企业单位组织规模的大小，经济业务的性质和简繁程度，同时，还要有利于会计工作的分工协作和内部控制。

(2) 要能够正确、及时和完整地提供本单位各方面的会计信息，在保证会计信息质量的前提下，满足本单位各部门、人员和社会各相关行业的信息需要。

(3) 适当的会计账务处理程序还应当力求简化，减少不必要的环节，节约人力、物力和财力，不断提高会计工作的效率。

三、账务处理程序的分类

按照设计账务处理程序的要求，结合会计工作的实际情况，常见的账务处理程序主要包括以下五种。

(1) 记账凭证账务处理程序。

(2) 科目汇总表账务处理程序。

(3) 汇总记账凭证账务处理程序。

(4) 多栏式日记账账务处理程序。

(5) 日记总账账务处理程序。

这五种账务处理程序有许多相似之处，但之所以分为不同的类型，其主要区别在于登记总账的依据和方法不同。总体来说，登记总账的方法可以分为两大类，即直接登记和汇总登记。直接登记是以记账凭证为依据直接登记总账的方法，记账凭证账务处理程序和日记总账账务处理程序属于这一类；另一种则要求定期对记账凭证以一定的方式进行汇总，依据汇总后的资料登记总账，这样在一定程度上简化了登记总账的工作，科目汇总表账务处理程序和汇总记账凭证账务处理程序属于这一类。多栏式日记账账务处理程序则综合了这两种方式的特点，对于现金和银行存款的收付业务通过汇总登记的形式登记总账，而对于业务量不多的转账业务则依据记账凭证直接登记总账，只有在转账业务也较多时，才以汇总的方式登记总账。

第二节　记账凭证账务处理程序

一、记账凭证账务处理程序的特点

记账凭证账务处理程序是指根据所编制的记账凭证逐笔登记总分类账的账务处理程序。它是会计核算组织形式中最基本的一种形式，也是其他账务处理程序的基础。其主要特点是直接根据记账凭证逐笔登记总账。

二、记账凭证账务处理程序的基本内容

1. 凭证和账簿的设置

在记账凭证账务处理程序下，应当设置库存现金日记账、银行存款日记账、明细分类账和总分类账。日记账和总分类账可采用三栏式；明细分类账可根据需要采用三栏式、数量金额式和多栏式；记账凭证一般使用收款凭证、付款凭证和转账凭证三种格式，也可采用通用记账凭证。

2. 核算步骤

在记账凭证账务处理程序下，其账务处理是按下列步骤进行的。

(1) 根据原始凭证或原始凭证汇总表编制各种记账凭证。

(2) 根据收款凭证和付款凭证，逐日逐笔登记现金日记账和银行存款日记账。

(3) 根据原始凭证或汇总原始凭证、记账凭证，登记各种明细分类账。

(4) 根据记账凭证，逐笔登记总分类账。

(5) 月末，将现金日记账的余额、银行存款日记账余额、明细分类账的余额分别与总分类账中的相关账户的余额相核对。

(6) 月末，根据审核无误的总分类账和明细分类账的记录，编制会计报表。

记账凭证账务处理程序的核算步骤如图 9-1 所示。

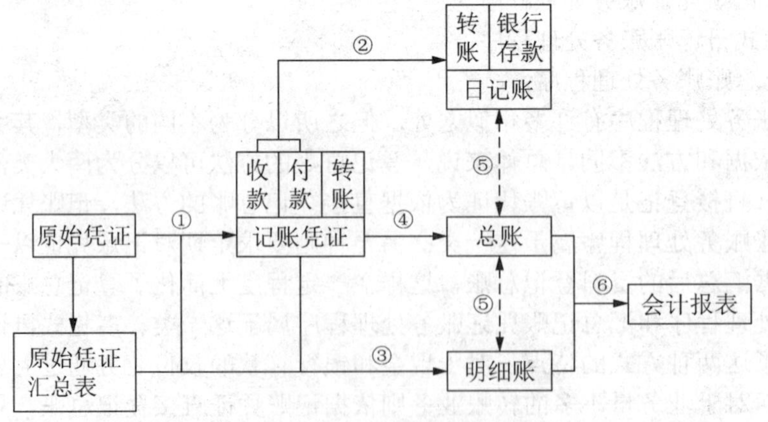

图 9-1　记账凭证账务处理程序的核算步骤

3. 优缺点及适用范围

记账凭证账务处理程序最大的优点是程序处理过程简单明了，易于操作及使用。但是由于记账凭证账务处理程序是根据记账凭证直接登记总分类账，当企业业务量较大时，使用该种程序的工作量较大，因此，记账凭证账务处理程序一般适用于规模小、业务简单的小型企业。

三、记账凭证账务处理程序应用

【例 9-1】机电公司 2018 年 12 月 1 日各总分类账及明细账期初余额如表 9-1 及表 9-2 所示。

表 9-1　总分类账余额表

单位：元

会计科目	借　方	贷　方	会计科目	借　方	贷　方
库存现金	5 000		短期借款		50 000
银行存款	295 000		应付账款		150 000
应收账款	200 000		应交税费		100 000
原材料	300 000		长期借款		200 000
库存商品	500 000		实收资本		1 500 000
固定资产	1 000 000		盈余公积		100 000
累计折旧		200 000	本年利润		180 000
无形资产	200 000		利润分配		20 000
合计	2 500 000				2 500 000

表 9-2　原材料明细账余额表

单位：元

材料名称	数量/吨	单　价	金　额
甲材料	1 000	160	160 000
乙材料	1 000	140	140 000

机电公司 2018 年 12 月发生如下经济业务。

(1) 12 月 3 日，和工商银行达成借款协议，借款 20 000 元，期限 3 个月，年利率 4.8%，到期后一次还本付息，借款已收到，存入银行。

(2) 12 月 3 日，向东方公司采购材料一批，其中甲材料 100 吨，单价 160 元，计 16 000 元；乙材料 100 吨，单价 140 元，计 14 000 元；增值税 4 800 元，货税款均未付，材料已到达并验收入库。

(3) 12 月 3 日，领用价值 80 000 元甲材料，其中生产 A 产品耗用 40 000 元，生产 B 产品耗用 20 000 元，车间一般耗用 15 000 元，企业管理部门耗用 5 000 元。

(4) 12月13日，销售A产品一批，价值200 000元，增值税32 000元，货税款已收到，存入银行。

(5) 12月13日，结转已实现销售A产品的成本120 000元。

(6) 12月13日，以银行存款支付电视台广告费5 000元。

(7) 12月23日，从银行提取现金70 000元，准备发放工资。

(8) 12月23日，以现金70 000元支付职工工资。

(9) 12月30日，提取本月固定资产折旧30 000元，其中生产车间机器折旧20 000元，企业管理部门办公设备折旧10 000元。

(10) 12月30日，本月共发生制造费用40 000元，生产A产品工时为300，生产B 产品工时为100，要求以产品生产工时作为标准分配本月发生的制造费用。

(11) 12月30日，本月投产产品月末全部完工且验收入库，其中A产品成本为110 000元，B产品成本为50 000元，结转已完工产品成本。

(12) 12月30日，分配本月应付工资70 000元，其中生产A产品工人工资40 000元，生产B产品工人工资20 000元，车间管理人员工资5 000元，企业行政管理部门人员工资5 000元。

(13) 12月30日，按税法规定，本月应交消费税15 000元。

(14) 12月31日，将本月取得的主营业务收入200 000元转入“本年利润”账户。

(15) 12月31日，将本月发生的各项费用转入“本年利润”账户，其中，主营业务成本120 000元，税金及附加15 000元，管理费用20 000元，销售费用5 000元。

(16) 12月31日，计算并结转应交所得税，企业当月利润总额为40 000元，所得税税率为25%。

(17) 12月31日，结转全年实现的净利润210 000元。

1. 根据机电公司12月经济业务编制记账凭证

记账凭证如表9-3～表9-20所示。

表9-3 收款凭证(1)

借方科目：银行存款　　　　2018年12月3日　　　　收字第1号

摘要	贷方科目		记账符号	金额									
	总账科目	明细科目		千	百	十	万	千	百	十	元	角	分
银行借款	短期借款	工行					2	0	0	0	0	0	0
附单据　张	合　计					¥	2	0	0	0	0	0	0

会计主管：　　记账：　　出纳：　　审核：　　制单：

表 9-4　转账凭证(1)

2018 年 12 月 3 日　　　　转字第 1 号

摘　要	会计科目		记账符号	借方金额									贷方金额								
	总账科目	明细科目		百	十	万	千	百	十	元	角	分	百	十	万	千	百	十	元	角	分
购材料	原材料	甲材料				1	6	0	0	0	0	0									
	原材料	乙材料				1	4	0	0	0	0	0									
	应交税费	增值税					4	8	0	0	0	0									
	应付账款	东方													3	4	8	0	0	0	0
附单据　张	合　计				¥	3	4	8	0	0	0	0		¥	3	4	8	0	0	0	0

会计主管：　　　　记账：　　　　审核：　　　　制单：

表 9-5　转账凭证(2)

2018 年 12 月 3 日　　　　转字第 2 号

摘　要	会计科目		记账符号	借方金额									贷方金额								
	总账科目	明细科目		百	十	万	千	百	十	元	角	分	百	十	万	千	百	十	元	角	分
领用材料	生产成本	A 产品				4	0	0	0	0	0	0									
	生产成本	B 产品				2	0	0	0	0	0	0									
	制造费用					1	5	0	0	0	0	0									
	管理费用						5	0	0	0	0	0									
	原材料	甲材料													8	0	0	0	0	0	0
附单据　张	合　计				¥	8	0	0	0	0	0	0		¥	8	0	0	0	0	0	0

会计主管：　　　　记账：　　　　审核：　　　　制单：

表 9-6　收款凭证(2)

借方科目：银行存款　　　　2018 年 12 月 13 日　　　　收字第 2 号

摘　要	贷方科目		记账符号	金　额									
	总账科目	明细科目		千	百	十	万	千	百	十	元	角	分
销售产品	主营业务收入	A 产品				2	0	0	0	0	0	0	0
	应交税费	增值税					3	2	0	0	0	0	0
附单据　张	合　计				¥	2	3	2	0	0	0	0	0

会计主管：　　　　记账：　　　　出纳：　　　　审核：　　　　制单：

表 9-7　转账凭证(3)

2018 年 12 月 13 日　　　　转字第 3 号

摘　要	会计科目		记账	借方金额									贷方金额								
	总账科目	明细科目	符号	百	十	万	千	百	十	元	角	分	百	十	万	千	百	十	元	角	分
结转成本	主营业务成本	A 产品			1	2	0	0	0	0	0	0									
	库存商品	A 产品												1	2	0	0	0	0	0	0
附单据　张	合　计			¥	1	2	0	0	0	0	0	0	¥	1	2	0	0	0	0	0	0

会计主管：　　记账：　　审核：　　制单：

表 9-8　付款凭证(1)

贷方科目：银行存款　　2018 年 12 月 13 日　　付字第 1 号

摘　要	借方科目		记账	金　额										
	总账科目	明细科目	符号		千	百	十	万	千	百	十	元	角	分
付广告费	销售费用								5	0	0	0	0	0
附单据　张	合　计							¥	5	0	0	0	0	0

会计主管：　　记账：　　出纳：　　审核：　　制单：

表 9-9　付款凭证(2)

贷方科目：银行存款　　2018 年 12 月 23 日　　付字第 2 号

摘　要	借方科目		记账	金　额										
	总账科目	明细科目	符号		千	百	十	万	千	百	十	元	角	分
取现金	库存现金							7	0	0	0	0	0	0
附单据　张	合　计						¥	7	0	0	0	0	0	0

会计主管：　　记账：　　出纳：　　审核：　　制单：

表 9-10　付款凭证(3)

贷方科目：库存现金　　　　2018 年 12 月 23 日　　　　付字第 3 号

摘要	借方科目		记账	金额										
	总账科目	明细科目	符号		千	百	十	万	千	百	十	元	角	分
付工资	应付职工薪酬	工资						7	0	0	0	0	0	0
附单据　张	合　计						¥	7	0	0	0	0	0	0

会计主管：　　　记账：　　　出纳：　　　审核：　　　制单：

表 9-11　转账凭证(4)

2018 年 12 月 30 日　　　　转字第 4 号

摘要	会计科目		记账	借方金额									贷方金额								
	总账科目	明细科目	符号	百	十	万	千	百	十	元	角	分	百	十	万	千	百	十	元	角	分
提折旧	制造费用					2	0	0	0	0	0	0									
	管理费用					1	0	0	0	0	0	0									
	累计折旧														3	0	0	0	0	0	0
附单据　张	合　计				¥	3	0	0	0	0	0	0		¥	3	0	0	0	0	0	0

会计主管：　　　记账：　　　审核：　　　制单：

表 9-12　转账凭证(5)

2018 年 12 月 30 日　　　　转字第 5 号

摘要	会计科目		记账	借方金额									贷方金额								
	总账科目	明细科目	符号	百	十	万	千	百	十	元	角	分	百	十	万	千	百	十	元	角	分
分配制造费用	生产成本	A 产品				3	0	0	0	0	0	0									
	生产成本	B 产品				1	0	0	0	0	0	0									
	制造费用														4	0	0	0	0	0	0
附单据　张	合　计				¥	4	0	0	0	0	0	0		¥	4	0	0	0	0	0	0

会计主管：　　　记账：　　　审核：　　　制单：

表 9-13　转账凭证(6)

2018 年 12 月 30 日　　　　转字第 6 号

摘　要	会计科目		记账	借方金额									贷方金额								
	总账科目	明细科目	符号	百	十	万	千	百	十	元	角	分	百	十	万	千	百	十	元	角	分
结转成本	库存商品	A 产品			1	1	0	0	0	0	0	0									
	库存商品	B 产品				5	0	0	0	0	0	0									
	生产成本	A 产品												1	1	0	0	0	0	0	0
	生产成本	B 产品													5	0	0	0	0	0	0
附单据　张	合　计			¥	1	6	0	0	0	0	0	0	¥	1	6	0	0	0	0	0	0

会计主管：　　　　记账：　　　　审核：　　　　制单：

表 9-14　转账凭证(7)

2018 年 12 月 30 日　　　　转字第 7 号

摘　要	会计科目		记账	借方金额									贷方金额								
	总账科目	明细科目	符号	百	十	万	千	百	十	元	角	分	百	十	万	千	百	十	元	角	分
分配工资	生产成本	A 产品				4	0	0	0	0	0	0									
	生产成本	B 产品				2	0	0	0	0	0	0									
	制造费用						5	0	0	0	0	0									
	管理费用						5	0	0	0	0	0									
	应付职工薪酬	工资													7	0	0	0	0	0	0
附单据 张	合　计				¥	7	0	0	0	0	0	0		¥	7	0	0	0	0	0	0

会计主管：　　　　记账：　　　　审核：　　　　制单：

表 9-15　转账凭证(8)

2018 年 12 月 30 日　　　　转字第 8 号

摘　要	会计科目		记账	借方金额									贷方金额								
	总账科目	明细科目	符号	百	十	万	千	百	十	元	角	分	百	十	万	千	百	十	元	角	分
计提税费	税金及附加					1	5	0	0	0	0	0									
	应交税费	消费税													1	5	0	0	0	0	0
附单据　张	合　计				¥	1	5	0	0	0	0	0		¥	1	5	0	0	0	0	0

会计主管：　　　　记账：　　　　审核：　　　　制单：

表 9-16　转账凭证(9)

2018 年 12 月 31 日　　　　转字第 9 号

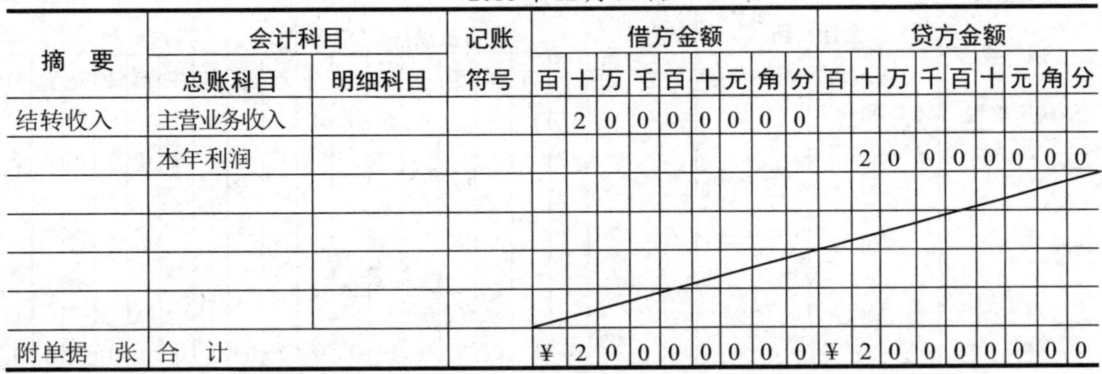

摘　要	会计科目		记账	借方金额									贷方金额								
	总账科目	明细科目	符号	百	十	万	千	百	十	元	角	分	百	十	万	千	百	十	元	角	分
结转收入	主营业务收入				2	0	0	0	0	0	0	0									
	本年利润													2	0	0	0	0	0	0	0
附单据　张	合　计			¥	2	0	0	0	0	0	0	0	¥	2	0	0	0	0	0	0	0

会计主管：　　　　记账：　　　　审核：　　　　制单：

表 9-17　转账凭证(10)

2018 年 12 月 31 日　　　　转字第 10 号

摘　要	会计科目		记账	借方金额									贷方金额								
	总账科目	明细科目	符号	百	十	万	千	百	十	元	角	分	百	十	万	千	百	十	元	角	分
结转成本费用	本年利润				1	6	0	0	0	0	0	0									
	主营业务成本													1	2	0	0	0	0	0	0
	税金及附加														1	5	0	0	0	0	0
	管理费用														2	0	0	0	0	0	0
	销售费用															5	0	0	0	0	0
附单据　张	合　计			¥	1	6	0	0	0	0	0	0	¥	1	6	0	0	0	0	0	0

会计主管：　　　　记账：　　　　审核：　　　　制单：

表 9-18　转账凭证(11)

2018 年 12 月 31 日　　　　转字第 11 号

摘　要	会计科目		记账	借方金额									贷方金额								
	总账科目	明细科目	符号	百	十	万	千	百	十	元	角	分	百	十	万	千	百	十	元	角	分
计算所得税	所得税费用					1	0	0	0	0	0	0									
	应交税费	所得税													1	0	0	0	0	0	0
附单据　张	合　计				¥	1	0	0	0	0	0	0		¥	1	0	0	0	0	0	0

会计主管：　　　　记账：　　　　审核：　　　　制单：

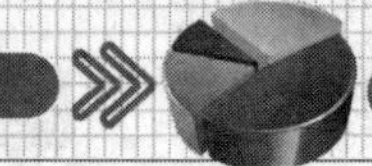

表 9-19 转账凭证(12)

2018 年 12 月 31 日　　　　转字第 12 号

摘要	会计科目		记账	借方金额									贷方金额								
	总账科目	明细科目	符号	百	十	万	千	百	十	元	角	分	百	十	万	千	百	十	元	角	分
结转所得税	本年利润					1	0	0	0	0	0	0									
	所得税费用														1	0	0	0	0	0	0
附单据　张	合　计				¥	1	0	0	0	0	0	0		¥	1	0	0	0	0	0	0

会计主管：　　　　记账：　　　　审核：　　　　制单：

表 9-20 转账凭证(13)

2018 年 12 月 31 日　　　　转字第 13 号

摘要	会计科目		记账	借方金额									贷方金额								
	总账科目	明细科目	符号	百	十	万	千	百	十	元	角	分	百	十	万	千	百	十	元	角	分
结转利润	本年利润				2	1	0	0	0	0	0	0									
	利润分配													2	1	0	0	0	0	0	0
附单据　张	合　计			¥	2	1	0	0	0	0	0	0	¥	2	1	0	0	0	0	0	0

会计主管：　　　　记账：　　　　审核：　　　　制单：

2. 根据收款凭证和付款凭证登记现金日记账和银行存款日记账

现金日记账和银行存款日记账如表 9-21 和表 9-22 所示。

表 9-21 现金日记账

2018 年		凭证编号	摘要	对应科目	借方									√	贷方									√	余额								
月	日				百	十	万	千	百	十	元	角	分		百	十	万	千	百	十	元	角	分		百	十	万	千	百	十	元	角	分
12	1		期初余额																									5	0	0	0	0	0
	23	付2	取现金	银行存款			7	0	0	0	0	0	0																				
	23	付3	付工资	应付职工薪酬													7	0	0	0	0	0	0										
			本日合计				7	0	0	0	0	0	0				7	0	0	0	0	0	0					5	0	0	0	0	0
	31		本月合计				7	0	0	0	0	0	0				7	0	0	0	0	0	0					5	0	0	0	0	0

续表

2018年		凭证编号	摘　要	对应科目	借　方									√	贷　方									√	余　额								
月	日				百	十	万	千	百	十	元	角	分		百	十	万	千	百	十	元	角	分		百	十	万	千	百	十	元	角	分

表 9-22　银行存款日记账

2018年		凭证编号	摘要	结算凭证		对应科目	借　方									贷　方									余　额								
月	日			种类	号数		百	十	万	千	百	十	元	角	分	百	十	万	千	百	十	元	角	分	百	十	万	千	百	十	元	角	分
12	1		期初余额																							2	9	5	0	0	0	0	0
	3	收1	银行借款			短期借款			2	0	0	0	0	0	0																		
			本日合计						2	0	0	0	0	0	0											3	1	5	0	0	0	0	0
	13	收2	销售产品			主营业务收入		2	3	2	0	0	0	0	0																		
	13	付1	付广告费			销售费用													5	0	0	0	0	0									
			本日合计					2	3	2	0	0	0	0	0				5	0	0	0	0	0		5	4	2	0	0	0	0	0
	23	付2	取　现金			库存现金												7	0	0	0	0	0	0									
			本日合计															7	0	0	0	0	0	0		4	7	2	0	0	0	0	0
	31		本月合计					2	5	2	0	0	0	0	0			7	5	0	0	0	0	0									

3. 根据记账凭证登记相关明细账，以原材料为例

原材料明细账如表 9-23 和表 9-24 所示。

表 9-23　原材料明细账(1)

明细科目：甲材料

材料类别：　　存储地点：　　材料规格：　　计量单位：吨　　储备定额：

2018年		凭证号	摘要	收入											发出											结存										
				数量	单价	金额									数量	单价	金额									数量	单价	金额								
月	日					百	十	万	千	百	十	元	角	分			百	十	万	千	百	十	元	角	分			百	十	万	千	百	十	元	角	分
12	1		期初余额																							1000	160		1	6	0	0	0	0	0	0
	3	转 1	购材料	100	160			1	6	0	0	0	0	0												1100	160		1	7	6	0	0	0	0	0
	3	转 2	领材料												500	160			8	0	0	0	0	0	0	600	160			9	6	0	0	0	0	0
	31		本月合计	100	160			1	6	0	0	0	0	0	500	160			8	0	0	0	0	0	0											

表 9-24　原材料明细账(2)

明细科目：乙材料

材料类别：　　存储地点：　　材料规格：　　计量单位：吨　　储备定额：

2018年		凭证号	摘要	收入											发出											结存										
				数量	单价	金额									数量	单价	金额									数量	单价	金额								
月	日					百	十	万	千	百	十	元	角	分			百	十	万	千	百	十	元	角	分			百	十	万	千	百	十	元	角	分
12	1		期初余额																							1000	140		1	4	0	0	0	0	0	0
	3	转 1	购材料	100	140			1	4	0	0	0	0	0												1100	140		1	5	4	0	0	0	0	0
	31		本月合计	100	140			1	4	0	0	0	0	0																						

4．根据记账凭证登记相关总分类账

总分类账如表 9-25～表 9-49 所示。

表 9-25　总分类账(1)

账户名称：库存现金

2018年		凭证		摘要	借方									贷方									借或贷	余额								
月	日	字	号		百	十	万	千	百	十	元	角	分	百	十	万	千	百	十	元	角	分		百	十	万	千	百	十	元	角	分
12	1			期初余额																			借				5	0	0	0	0	0
	23	付	2	取现金			7	0	0	0	0	0	0										借			7	5	0	0	0	0	0
	23	付	3	付工资												7	0	0	0	0	0	0	借				5	0	0	0	0	0
	31			本月合计			7	0	0	0	0	0	0			7	0	0	0	0	0	0										

面向十二五高职高专会计专业规划教材

表 9-26 总分类账(2)

账户名称：银行存款

2018年		凭证		摘要	借方									贷方									借或贷	余额								
月	日	字	号		百	十	万	千	百	十	元	角	分	百	十	万	千	百	十	元	角	分		百	十	万	千	百	十	元	角	分
12	1			期初余额																			借		2	9	5	0	0	0	0	0
	3	收	1	银行借款			2	0	0	0	0	0	0										借		3	1	5	0	0	0	0	0
	13	收	2	销售产品		2	3	2	0	0	0	0	0										借		5	4	7	0	0	0	0	0
	13	付	1	付广告费													5	0	0	0	0	0	借		5	4	2	0	0	0	0	0
	23	付	2	取现金												7	0	0	0	0	0	0	借		4	7	2	0	0	0	0	0
	31			本月合计		2	5	2	0	0	0	0	0			7	5	0	0	0	0	0										

表 9-27 总分类账(3)

账户名称：应收账款

2018年		凭证		摘要	借方									贷方									借或贷	余额								
月	日	字	号		百	十	万	千	百	十	元	角	分	百	十	万	千	百	十	元	角	分		百	十	万	千	百	十	元	角	分
12	1			期初余额																			借		2	0	0	0	0	0	0	0

表 9-28 总分类账(4)

账户名称：原材料

2018年		凭证		摘要	借方									贷方									借或贷	余额								
月	日	字	号		百	十	万	千	百	十	元	角	分	百	十	万	千	百	十	元	角	分		百	十	万	千	百	十	元	角	分
12	1			期初余额																			借		3	0	0	0	0	0	0	0
	3	转	1	购材料			3	0	0	0	0	0	0										借		3	3	0	0	0	0	0	0
	3	转	2	领用材料												8	0	0	0	0	0	0	借		2	5	0	0	0	0	0	0
	31			本月合计			3	0	0	0	0	0	0			8	0	0	0	0	0	0										

表 9-29　总分类账(5)

账户名称：库存商品

2018年		凭证		摘要	借方									贷方									借或贷	余额								
月	日	字	号		百	十	万	千	百	十	元	角	分	百	十	万	千	百	十	元	角	分		百	十	万	千	百	十	元	角	分
12	1			期初余额																			借		5	0	0	0	0	0	0	0
	13	转	3	结转销售成本											1	2	0	0	0	0	0	0	借		3	8	0	0	0	0	0	0
	30	转	6	结转完工成本		1	6	0	0	0	0	0	0										借		5	4	0	0	0	0	0	0
	31			本月合计		1	6	0	0	0	0	0	0		1	2	0	0	0	0	0	0										

表 9-30　总分类账(6)

账户名称：固定资产

2018年		凭证		摘要	借方									贷方									借或贷	余额								
月	日	字	号		百	十	万	千	百	十	元	角	分	百	十	万	千	百	十	元	角	分		百	十	万	千	百	十	元	角	分
12	1			期初余额																			借	1	0	0	0	0	0	0	0	0

表 9-31　总分类账(7)

账户名称：累计折旧

2018年		凭证		摘要	借方									贷方									借或贷	余额								
月	日	字	号		百	十	万	千	百	十	元	角	分	百	十	万	千	百	十	元	角	分		百	十	万	千	百	十	元	角	分
12	1			期初余额																			贷		2	0	0	0	0	0	0	0
	30	转	4	提取折旧												3	0	0	0	0	0	0	贷		2	3	0	0	0	0	0	0
	31			本月合计												3	0	0	0	0	0	0										

面向十二五高职高专会计专业规划教材

表 9-32 总分类账(8)

账户名称：无形资产

2018年		凭证		摘要	借方									贷方									借或贷	余额								
月	日	字	号		百	十	万	千	百	十	元	角	分	百	十	万	千	百	十	元	角	分		百	十	万	千	百	十	元	角	分
12	1			期初余额																			借		2	0	0	0	0	0	0	0

表 9-33 总分类账(9)

账户名称：短期借款

2018年		凭证		摘要	借方									贷方									借或贷	余额								
月	日	字	号		百	十	万	千	百	十	元	角	分	百	十	万	千	百	十	元	角	分		百	十	万	千	百	十	元	角	分
12	1			期初余额																			贷			5	0	0	0	0	0	0
	3	收	1	银行借款												2	0	0	0	0	0	0	贷			7	0	0	0	0	0	0
	31			本月合计												2	0	0	0	0	0	0										

表 9-34 总分类账(10)

账户名称：应付账款

2018年		凭证		摘要	借方									贷方									借或贷	余额								
月	日	字	号		百	十	万	千	百	十	元	角	分	百	十	万	千	百	十	元	角	分		百	十	万	千	百	十	元	角	分
12	1			期初余额																			贷		1	5	0	0	0	0	0	0
	3	转	1	购材料												3	4	8	0	0	0	0	贷		1	8	4	8	0	0	0	0
	31			本月合计												3	4	8	0	0	0	0										

表 9-35　总分类账(11)

账户名称：应交税费

2018年		凭证		摘要	借方									贷方									借或贷	余额								
月	日	字	号		百	十	万	千	百	十	元	角	分	百	十	万	千	百	十	元	角	分		百	十	万	千	百	十	元	角	分
12	1			期初余额																			贷		1	0	0	0	0	0	0	0
	3	转	1	购材料				4	8	0	0	0	0										贷			9	5	2	0	0	0	0
	13	收	2	销售产品												3	2	0	0	0	0	0	贷		1	2	7	2	0	0	0	0
	30	转	8	应交消费税												1	5	0	0	0	0	0	贷		1	4	2	2	0	0	0	0
	31	转	11	应交所得税												1	0	0	0	0	0	0	贷		1	5	2	2	0	0	0	0
	31			本月合计				4	8	0	0	0	0			5	7	0	0	0	0	0										

表 9-36　总分类账(12)

账户名称：长期借款

2018年		凭证		摘要	借方									贷方									借或贷	余额								
月	日	字	号		百	十	万	千	百	十	元	角	分	百	十	万	千	百	十	元	角	分		百	十	万	千	百	十	元	角	分
12	1			期初余额																			贷		2	0	0	0	0	0	0	0

表 9-37　总分类账(13)

账户名称：实收资本

2018年		凭证		摘要	借方									贷方									借或贷	余额								
月	日	字	号		百	十	万	千	百	十	元	角	分	百	十	万	千	百	十	元	角	分		百	十	万	千	百	十	元	角	分
12	1			期初余额																			贷	1	5	0	0	0	0	0	0	0

表 9-38 总分类账(14)

账户名称：盈余公积

2018年		凭证		摘要	借方									贷方									借或贷	余额								
月	日	字	号		百	十	万	千	百	十	元	角	分	百	十	万	千	百	十	元	角	分		百	十	万	千	百	十	元	角	分
12	1			期初余额																			贷		1	0	0	0	0	0	0	0

表 9-39 总分类账(15)

账户名称：本年利润

2018年		凭证		摘要	借方									贷方									借或贷	余额								
月	日	字	号		百	十	万	千	百	十	元	角	分	百	十	万	千	百	十	元	角	分		百	十	万	千	百	十	元	角	分
12	1			期初余额																			贷		1	8	0	0	0	0	0	0
	31	转	9	结转收入											2	0	0	0	0	0	0	0	贷		3	8	0	0	0	0	0	0
	31	转	10	结转成本费用		1	6	0	0	0	0	0	0										贷		2	2	0	0	0	0	0	0
	31	转	12	结转所得税			1	0	0	0	0	0	0										贷		2	1	0	0	0	0	0	0
	31	转	13	转入利润分配		2	1	0	0	0	0	0	0										平									0
	31			本月合计		3	8	0	0	0	0	0	0		2	0	0	0	0	0	0	0										

表 9-40 总分类账(16)

账户名称：利润分配

2018年		凭证		摘要	借方									贷方									借或贷	余额								
月	日	字	号		百	十	万	千	百	十	元	角	分	百	十	万	千	百	十	元	角	分		百	十	万	千	百	十	元	角	分
12	1			期初余额																			贷			2	0	0	0	0	0	0
	31	转	13	本年利润转入											2	1	0	0	0	0	0	0	贷		2	3	0	0	0	0	0	0
	31			本月合计											2	1	0	0	0	0	0	0										

表 9-41 总分类账(17)

账户名称：生产成本

2018年		凭证		摘要	借方									贷方									借或贷	余额								
月	日	字	号		百	十	万	千	百	十	元	角	分	百	十	万	千	百	十	元	角	分		百	十	万	千	百	十	元	角	分
12	3	转	2	生产领用材料			6	0	0	0	0	0	0										借			6	0	0	0	0	0	0
	30	转	5	转入制造费用			4	0	0	0	0	0	0										借		1	0	0	0	0	0	0	0
	30	转	6	结转完工成本											1	6	0	0	0	0	0	0	贷			6	0	0	0	0	0	0
	30	转	7	工资			6	0	0	0	0	0	0										平									0
	31			本月合计		1	6	0	0	0	0	0	0		1	6	0	0	0	0	0	0										

表 9-42 总分类账(18)

账户名称：制造费用

2018年		凭证		摘要	借方									贷方									借或贷	余额								
月	日	字	号		百	十	万	千	百	十	元	角	分	百	十	万	千	百	十	元	角	分		百	十	万	千	百	十	元	角	分
12	3	转	2	领用材料			1	5	0	0	0	0	0										借			1	5	0	0	0	0	0
	30	转	4	提折旧			2	0	0	0	0	0	0										借			3	5	0	0	0	0	0
	30	转	5	分配制造费用												4	0	0	0	0	0	0	贷				5	0	0	0	0	0
	30	转	7	工资				5	0	0	0	0	0										平									0
	31			本月合计			4	0	0	0	0	0	0			4	0	0	0	0	0	0										

表 9-43 总分类账(19)

账户名称：管理费用

2018年		凭证		摘要	借方									贷方									借或贷	余额								
月	日	字	号		百	十	万	千	百	十	元	角	分	百	十	万	千	百	十	元	角	分		百	十	万	千	百	十	元	角	分
12	3	转	2	领用材料				5	0	0	0	0	0										借				5	0	0	0	0	0
	30	转	4	提折旧			1	0	0	0	0	0	0										借			1	5	0	0	0	0	0
	30	转	7	工资				5	0	0	0	0	0										借			2	0	0	0	0	0	0
	31	转	10	转入利润												2	0	0	0	0	0	0	平									0
	31			本月合计			2	0	0	0	0	0	0			2	0	0	0	0	0	0										

表 9-44 总分类账(20)

账户名称：主营业务收入

2018年		凭证		摘要	借方									贷方									借或贷	余额								
月	日	字	号		百	十	万	千	百	十	元	角	分	百	十	万	千	百	十	元	角	分		百	十	万	千	百	十	元	角	分
12	13	收	2	销售产品											2	0	0	0	0	0	0	0	贷		2	0	0	0	0	0	0	0
	31	转	9	转入利润		2	0	0	0	0	0	0	0										平									0
	31			本月合计		2	0	0	0	0	0	0	0		2	0	0	0	0	0	0	0										

表 9-45 总分类账(21)

账户名称：主营业务成本

2018年		凭证		摘要	借方									贷方									借或贷	余额								
月	日	字	号		百	十	万	千	百	十	元	角	分	百	十	万	千	百	十	元	角	分		百	十	万	千	百	十	元	角	分
12	13	转	3	结转销售成本		1	2	0	0	0	0	0	0										借		1	2	0	0	0	0	0	0
	31	转	10	转入利润											1	2	0	0	0	0	0	0	平									0
	31			本月合计		1	2	0	0	0	0	0	0		1	2	0	0	0	0	0	0										

表 9-46 总分类账(22)

账户名称：销售费用

2018年		凭证		摘要	借方									贷方									借或贷	余额								
月	日	字	号		百	十	万	千	百	十	元	角	分	百	十	万	千	百	十	元	角	分		百	十	万	千	百	十	元	角	分
12	13	付	1	付广告费				5	0	0	0	0	0										借				5	0	0	0	0	0
	31	转	10	转入利润													5	0	0	0	0	0	平									0
	31			本月合计				5	0	0	0	0	0				5	0	0	0	0	0										

表 9-47　总分类账(23)

账户名称：应付职工薪酬

2018年		凭证		摘要	借方									贷方									借或贷	余额								
月	日	字	号		百	十	万	千	百	十	元	角	分	百	十	万	千	百	十	元	角	分		百	十	万	千	百	十	元	角	分
12	23	付	3	付工资			7	0	0	0	0	0	0										借			7	0	0	0	0	0	0
	30	转	7	分配工资												7	0	0	0	0	0	0	平									0
	31			本月合计			7	0	0	0	0	0	0			7	0	0	0	0	0	0										

表 9-48　总分类账(24)

账户名称：税金及附加

2018年		凭证		摘要	借方									贷方									借或贷	余额								
月	日	字	号		百	十	万	千	百	十	元	角	分	百	十	万	千	百	十	元	角	分		百	十	万	千	百	十	元	角	分
12	30	转	8	应交消费税			1	5	0	0	0	0	0										借			1	5	0	0	0	0	0
	31	转	10	转入利润												1	5	0	0	0	0	0	平									0
	31			本月合计			1	5	0	0	0	0	0			1	5	0	0	0	0	0										

表 9-49　总分类账(25)

账户名称：所得税费用

2018年		凭证		摘要	借方									贷方									借或贷	余额								
月	日	字	号		百	十	万	千	百	十	元	角	分	百	十	万	千	百	十	元	角	分		百	十	万	千	百	十	元	角	分
12	31	转	11	计算所得税			1	0	0	0	0	0	0										借			1	0	0	0	0	0	0
	31	转	12	转入利润												1	0	0	0	0	0	0	平									0
	31			本月合计			1	0	0	0	0	0	0			1	0	0	0	0	0	0										

5. 月末对账

(1) 总账与明细账核对。原材料总账期末借方余额 250 000 元。原材料——甲材料明细账期末借方余额 96 000 元，原材料——乙材料明细账期末借方余额 154 000 元。总账余额与所属明细账的余额之和相等。

(2) 总账与日记账核对。库存现金总账期末借方余额 5 000 元与库存现金日记账余额相等；银行存款总账期末借方余额 472 000 元与银行存款日记账余额相等。

6. 根据账簿记录编制会计报表

资产负债表和利润表如表 9-50 和表 9-51 所示。

表 9-50　资产负债表

编制单位：机电公司　　　　2018 年 12 月 31 日　　　　单位：元

资　产	年初数	期末数	负债和所有者权益	年初数	期末数
流动资产：			流动负债：		
货币资金		477 000	短期借款		70 000
应收账款		200 000	应付账款		184 800
应收股利			应交税费		152 200
存货		790 000	应付股利		
流动资产合计		1 467 000	其他流动负债		
非流动资产：			流动负债合计		407 000
可供出售金融资产			非流动负债：		
持有至到期投资			长期借款		200 000
固定资产		770 000	预计负债		
固定资产清理			非流动负债合计		200 000
生产性生物资产			负债合计		607 000
油气资产			所有者权益(或股东权益)：		
无形资产		200 000	实收资本		1 500 000
长期待摊费用			盈余公积		100 000
递延所得税资产			未分配利润		230 000
其他非流动资产			所有者权益合计		1 830 000
非流动资产合计		970 000			
资产总计		2 437 000	负债和所有者权益总计		2 437 000

表 9-51　利润表

编制单位：机电公司　　　　2018 年 12 月　　　　单位：元

项　目	行数	本月数	本年累计数
一、营业收入		200 000	
减：营业成本		120 000	
税金及附加		15 000	

续表

项　目	行数	本月数	本年累计数
销售费用		5 000	
管理费用		20 000	
财务费用			
资产减值损失			
加：公允价值变动收益(损失以“-”号填列)			
投资收益(损失以“-”号填列)			
其中：对联营企业和合营企业的投资收益			
二、营业利润(亏损以“-”号填列)		40 000	
加：营业外收入			
减：营业外支出			
其中：非流动资产处置损失			
三、利润总额(亏损总额以“-”号填列)		40 000	
减：所得税费用		10 000	
四、净利润(净亏损以“-”号填列)		30 000	
五、每股收益			

第三节　科目汇总表账务处理程序

一、科目汇总表账务处理程序的特点

科目汇总表账务处理程序，是指对发生的经济业务，在以原始凭证或原始凭证汇总表编制记账凭证之后，根据记账凭证定期编制科目汇总表，然后再根据科目汇总表登记总分类账的一种账务处理程序。其特点是定期编制科目汇总表，并据以登记总账。

二、科目汇总表账务处理程序的基本内容

1. 凭证和账簿的设置

在科目汇总表账务处理程序下，记账凭证、现金日记账、银行存款日记账、总分类账和各种明细账以及报表的设置均与记账凭证账务处理程序相同，只是增加了根据记账凭证编制的科目汇总表。科目汇总表的种类应与记账凭证的种类相适应，总账的登记依据是科目汇总表，现金日记账和银行存款日记账以及各种明细账的登记依据是记账凭证和部分原始凭证。

2. 科目汇总表的编制方法

科目汇总表的编制是科目汇总表账务处理程序的一项重要工作，它是根据一定时期内的全部记账凭证，按科目作为归类标志进行编制的。其编制过程和方法主要包括以下三个方面。

(1) 将汇总期内各项经济业务所涉及的会计科目填制在“会计科目”栏。为了便于登记总分类账，会计科目的排列顺序应与总分类账上的会计科目的顺序一致。

(2) 根据汇总期内的全部记账凭证，按会计科目分别加总借方发生额和贷方发生额，并将其填列在相应会计科目行的“借方金额”和“贷方金额”栏。

(3) 将汇总完毕的所有会计科目的借方发生额和贷方发生额汇总，进行发生额的试算平衡。

科目汇总表编制的时间，应根据经济业务量的多少而定，可选择 3 天、5 天、10 天、15 天或 1 个月。科目汇总表的格式如表 9-52 所示。

表 9-52　科目汇总表

年　　月　　日至　　年　　月　　日　　　　第　　号

会计科目	账　页	本期发生额		记账凭证起讫号数
		借　方	贷　方	
合　　计				

3. 核算步骤

在科目汇总表账务处理程序下，其账务处理是按下列步骤进行的。

(1) 根据原始凭证或原始凭证汇总表编制各种记账凭证。

(2) 根据收款凭证和付款凭证，逐日逐笔登记现金日记账和银行存款日记账。

(3) 根据原始凭证或汇总原始凭证、记账凭证，登记各种明细分类账。

(4) 根据记账凭证，每日或定期编制科目汇总表。

(5) 根据科目汇总表，每日或定期登记总账。

(6) 月末，将现金日记账的余额、银行存款日记账余额、明细分类账的余额分别与总分类账中的相关账户的余额相核对。

(7) 月末，根据审核无误的总分类账和明细分类账的记录，编制会计报表。

科目汇总表账务处理程序的核算步骤如图 9-2 所示。

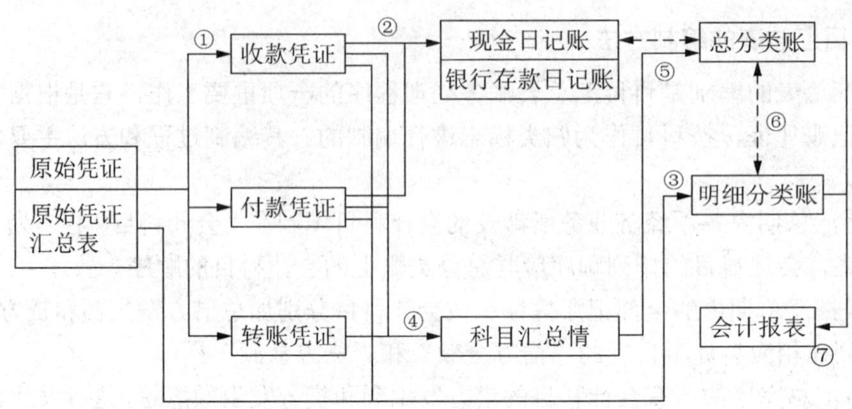

图 9-2 科目汇总表账务处理程序的核算步骤

4. 优缺点及适用范围

科目汇总表账务处理程序的优点是账务处理程序简单，根据科目汇总表登记总分类账，可以大大减少登记总分类账的工作量，并且能够通过科目汇总表进行各科目发生额的试算平衡。但是由于科目汇总表是对各科目在一定期间的科目汇总，不反映各科目之间的对应关系，因此，这种账务处理程序不能清晰反映经济活动的来龙去脉，不便于检查与分析经济业务。科目汇总表账务处理程序适用于规模较大、经济业务较多的单位。

三、科目汇总表账务处理程序应用

【例 9-2】资料与例 9-1 相同，根据记账凭证编制科目汇总表，如表 9-53 所示。

表 9-53 科目汇总表

2018 年 12 月 1 日至 2018 年 12 月 31 日　　第 1 号

会计科目	账　页	本期发生额		记账凭证起讫号数
		借方	贷方	
库存现金	√	70 000	70 000	收款 1~2
银行存款	√	252 000	75 000	付款 1~3
原材料	√	30 000	80 000	转账 1~13
库存商品	√	160 000	120 000	
累计折旧	√		30 000	
短期借款	√		20 000	
应付账款	√		34 800	
应交税费	√	4 800	57 000	
本年利润	√	380 000	200 000	
利润分配	√		210 000	
生产成本	√	160 000	160 000	

续表

会计科目	账　页	本期发生额		记账凭证起讫号数
		借方	贷方	
制造费用	√	40 000	40 000	
主营业务收入	√	200 000	200 000	
主营业务成本	√	120 000	120 000	
应付职工薪酬	√	70 000	70 000	
管理费用	√	20 000	20 000	
销售费用	√	5 000	5 000	
所得税费用	√	10 000	10 000	
税金及附加	√	15 000	15 000	
合　　计	√	1 536 800	1 536 800	

第四节　汇总记账凭证账务处理程序

一、汇总记账凭证账务处理程序的特点

汇总记账凭证账务处理程序，是定期将所编制的记账凭证进行汇总，编制成汇总记账凭证，再根据汇总记账凭证登记总分类账的一种账务处理程序。其特点是根据记账凭证定期编制汇总凭证，再根据汇总记账凭证登记总账。

二、汇总记账凭证账务处理程序的基本内容

1. 凭证和账簿的设置

采用汇总记账凭证账务处理程序时，不能够设置通用格式的记账凭证，必须设置专用的收款凭证、付款凭证和转账凭证三种格式。与凭证的种类相对应，汇总凭证同样也包括三种，即汇总收款凭证、汇总付款凭证和汇总转账凭证。汇总记账凭证账务处理程序的账簿设置与记账凭证账务处理程序基本相同，需要设置库存现金日记账、银行存款日记账、总分类账和明细分类账。

2. 汇总记账凭证的编制方法

(1) 汇总收款凭证。汇总收款凭证是根据一定时期的全部收款凭证，分别按“库存现金”和“银行存款”科目借方设置，按贷方对应科目进行汇总，计算出每一科目的贷方发生额合计数。一般可以 5 天、10 天、15 天汇总一次，月末计算出汇总收款凭证中各贷方科目的合计数，据以登记总分类账，如表 9-54 所示。

表 9-54　汇总收款凭证

借方科目：　　　　　　　　年　月　　　　　　　　汇收字第　号

贷方科目	金额				总账账页	
	1 至 10 日 收字　号	11 至 20 日 收字　号	21 至 31 日 收字　号	合计	借方	贷方
合　计						

(2) 汇总付款凭证。汇总付款凭证是根据一定时期的全部付款凭证，分别按“库存现金”和“银行存款”科目的贷方设置，按借方对应科目进行汇总，计算出每一科目的借方发生额合计数。一般可以 5 天、10 天、15 天汇总一次，月末计算出汇总付款凭证中各借方科目的合计数，据以登记总分类账，如表 9-55 所示。

表 9-55　汇总付款凭证

贷方科目：　　　　　　　　年　月　　　　　　　　汇付字第　号

借方科目	金额				总账账页	
	1 至 10 日 付字　号	11 至 20 日 付字　号	21 至 31 日 付字　号	合计	借方	贷方
合　计						

(3) 汇总转账凭证。汇总转账凭证是根据一定时期的全部转账凭证，按转账凭证的每一贷方科目分别设置，定期按借方科目进行汇总，计算出每一科目借方发生额合计数。一般可以 5 天、10 天、15 天汇总一次，月末，根据汇总转账凭证中的汇总数，按各科目的借贷方分别登记总分类账。从编制方法上看，汇总转账凭证的编制方法与汇总付款凭证的编制方法相同，同时为了便于汇总，企业最好采用单式记账凭证，如表 9-56 所示。

表 9-56　汇总转账凭证

贷方科目：　　　　　　　　年　月　　　　　　　　汇转字第　号

借方科目	金额				总账账页	
	1 至 10 日 转字　号	11 至 20 日 转字　号	21 至 31 日 转字　号	合计	借方	贷方
合　计						

3. 核算步骤

在汇总记账凭证账务处理程序下，其账务处理是按下列步骤进行的。

(1) 根据原始凭证或原始凭证汇总表分别编制收款凭证、付款凭证和转账凭证。

(2) 根据收款凭证和付款凭证，逐日逐笔登记现金日记账和银行存款日记账。

(3) 根据原始凭证或汇总原始凭证、记账凭证，登记各种明细分类账。

(4) 根据收款凭证、付款凭证和转账凭证，定期编制汇总收款凭证、汇总付款凭证和汇总转账凭证。

(5) 根据汇总凭证登记总账。

(6) 月末，将现金日记账的余额、银行存款日记账余额、明细分类账的余额分别与总分类账中的相关账户的余额相核对。

(7) 月末，根据审核无误的总分类账和明细分类账的记录，编制会计报表。

汇总记账凭证账务处理程序的核算步骤如图 9-3 所示。

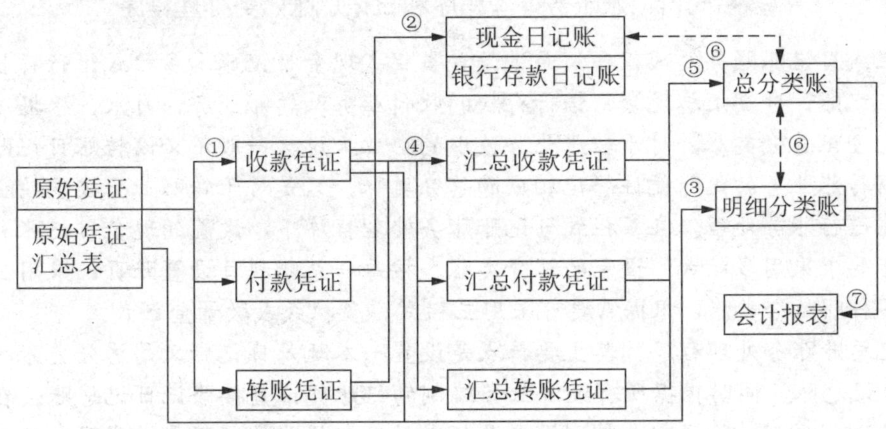

图 9-3　汇总记账凭证账务处理程序的核算步骤

4. 优缺点及适用范围

汇总记账凭证账务处理程序的优点是可以大大简化登记总账的工作，由于汇总记账凭证可以反映账户的对应关系，便于了解经济业务的来龙去脉，进而有利于分析和检查。但是，由于记账凭证的汇总是按有关账户的借方或贷方而不是按经济业务的性质归类汇总的，不利于会计核算分工，同时汇总工作量也很大。因此，汇总记账凭证账务处理程序适用于规模较大、经济业务较多的单位。

三、汇总记账凭证账务处理程序应用

【例 9-3】资料与例 9-1 相同，根据机电公司 2018 年 12 月收款凭证填制汇总收款凭证，如表 9-57 所示。

表 9-57　汇总收款凭证

借方科目：银行存款　　　　2018 年 12 月　　　　汇收字第 1 号

贷方科目	金额				总账账页	
	1 至 10 日 收字 1 号	11 至 20 日 收字 2 号	21 至 31 日 收字　号	合计	借方	贷方
短期借款	20 000			20 000		
主营业务收入		200 000		200 000		
应交税费		32 000		32 000		
合　计	20 000	232 000		252 000		

多栏式日记账账务处理程序和日记总账账务处理程序

多栏式日记账账务处理程序，通过设置多栏式现金日记账、多栏式银行存款日记账及转账日记账，分别汇总现金、银行存款的收付业务及转账业务，月末，根据多栏式日记账一次登记总分类账。对于转账业务较少的企业来说，一般不必设转账日记账，可以直接依据转账业务的记账凭证登记相应的总分类账，只是对于转账业务较多的企业则如前面所述进行账务处理。在多栏式日记账账务处理程序下，设置的现金日记账和银行存款日记账要求采用多栏式；设置的总分类账，按每一总账科目设置账页，采用三栏式；设置的各种明细分类账，根据需要可采用三栏式、多栏式或数量金额式。

日记总账账务处理程序，其主要特点是设置一本既是日记账又是总分类账的联合账簿——日记总账，同时根据所有经济业务编制的记账凭证直接登记日记总账。在日记总账账务处理程序下，除了需要特别设置多栏式的日记总账外，还需设置现金日记账和银行存款日记账，一般采用三栏式；各种明细分类账，根据需要可采用三栏式、多栏式或数量金额式。

思考题

1. 什么是账务处理程序？
2. 账务处理程序的要求有哪些？
3. 记账凭证账务处理程序下凭证和账簿的设置要求有哪些？
4. 记账凭证账务处理程序的核算步骤有哪些？
5. 科目汇总表账务处理程序的优缺点及适用范围是什么？
6. 汇总记账凭证账务处理程序的优缺点及适用范围是什么？

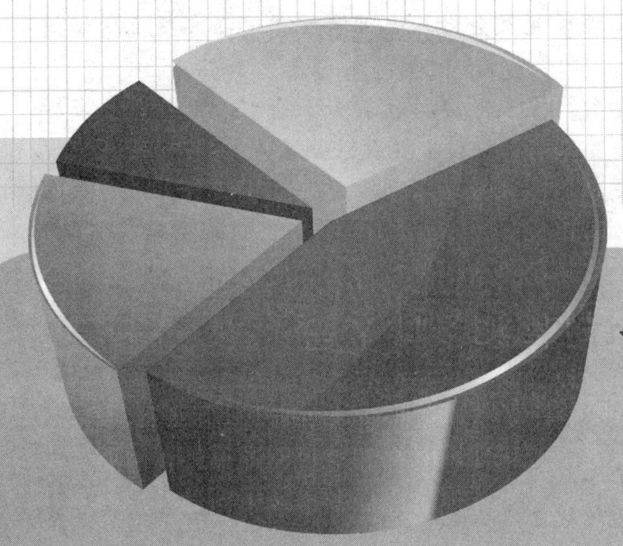

第十章

会计工作组织

学习目标

- ◆ 了解会计工作组织的内容、意义及要求。
- ◆ 了解我国会计法规及会计制度的框架与构成。
- ◆ 掌握会计机构设置的基本要求及会计人员的职权。
- ◆ 掌握设置及保管会计档案的基本要求。

【本章导读】

会计工作是企业管理工作的一个重要组成部分，为了适应企业的管理需要，充分发挥会计的职能，需要对企业会计机构的设置、会计人员的配备、会计档案管理等作出统筹安排，即要做好会计组织工作。

会计机构是指企业内部从事会计事务的职能机构。会计人员是指企业中从事会计工作、处理会计事务的人员。会计机构的合理设置及会计人员业务水平的不断提高是做好会计工作的重要保证。

会计档案是指会计凭证、会计账簿和会计报表等会计核算专业资料，是记录和反映单位经济业务的重要证据，会计档案的设置及管理应符合相关法规要求。

会计法规及会计制度是贯彻国家有关财经方针、政策的重要手段，也是处理会计事务的基本准则。

第一节　会计工作组织概述

【案例导入】

在江城公司财务科的一次内部研讨会上，大家就会计工作的组织展开了一次讨论。会计小刘认为，会计人员熟练的专业技术对财务工作最重要；小张认为，除了要有高水平的会计人员外，还应有适合本公司的会计制度和账务处理程序，这样，才能使财务工作运行得更加规范和高效。请问他们的说法准确吗？为什么？

一、会计工作组织的内容

企业会计工作组织的内容主要包括：设置会计机构、配备会计人员、设计会计制度、选定账务处理程序、运用技术设备处理会计信息及保管会计档案等。

1. 设置会计机构，配备会计人员

各单位应当根据会计业务的需要，设置会计机构，或者在有关机构中设置会计人员并指定会计主管人员；不具备设置条件的，应当委托经批准设立从事会计代理记账业务的中介机构代理记账。会计工作是一项技术性很强的工作，各单位必须配备合格的会计专业人员进行会计工作。

2. 设计会计制度，选定账务处理程序

根据会计准则设计符合本单位特点的会计制度，并认真贯彻执行，可以促使会计工作人员按章办事，更好地发挥其主观能动性，从而保证会计工作正常、有序地进行。在确定会计制度的同时，企业需要根据本单位经济业务的特点及管理要求，选择合适的账务处理程序，设计企业会计记账和提供会计信息的方法和步骤。选择科学合理的账务处

理程序是提高会计工作效率、满足企业内部管理需要的一个重要环节。

3. 运用技术设备处理会计信息

在不断提高会计人员业务水平的同时，也应重视会计技术设备的升级改造，逐渐运用先进的技术设备代替手工操作。会计工作电算化的实施和普及将大大提高会计工作的效率，也使会计工作的质量得到全面改进。

4. 妥善保管会计档案

我国《会计法》规定，各单位应将会计凭证、会计账簿、财务会计报告等会计资料建立档案，妥善保管。会计档案的科学归类、整理和保管，对于企业的预测、决策及分析检查等工作具有十分重要的意义。

二、会计工作组织的意义

会计工作是各个单位经济管理工作的重要组成部分，也是确保市场经济正常有序运行的重要工作。合理组织会计工作，对于完成会计任务，发挥会计在宏观和微观经济管理中的作用具有十分重要的意义。

1. 有利于提高会计工作的效率和质量

会计工作是一项严密细致的经济管理工作，它反映的是在生产过程中各个阶段以货币表现的经济活动，从经济活动的确认、计量、记录、计算、分类，直至会计报表的编制，每个环节都需要一系列的程序和手续，各种手续、各个步骤及各项数据环环相扣、紧密联系。任何一个环节的缺失、手续的遗漏或数据的错记，都会影响会计信息的正确性和及时性，贻误工作，甚至造成决策的失误。只有严格按照会计工作制度、会计工作程序和会计工作方法，科学、合理地组织会计工作，才能保证会计工作有条不紊地进行，不断提高会计工作的效率和会计工作的质量。

2. 有利于和其他经济管理工作协调一致

会计工作不但具有相对独立的职能和任务，而且还对外与国家宏观管理如财政、税收、金融等密切相关，对内与本单位内部的生产、营销、计划、统计等工作密切相关。会计工作一方面能够促进其他经济管理工作，另一方面也需要其他管理工作的配合。会计工作必须首先服从国家的宏观经济政策，要与之保持口径一致，同时又要与各单位的计划、统计工作保持协调，才能相互促进、互相补充，共同完成经济管理的任务。

3. 有利于加强单位内部的经济责任制

合理地组织会计工作，有利于会计部门更好地履行自己的经济责任，管好、用好资金，增收节支，争取最大的经济效益；同时也有利于建立和落实其他部门的经济责任制。只有通过合理的组织工作，才能提供真实可靠的财务指标，实现预期的奖惩效果，经济责任制才能落到实处。可见，加强会计工作组织，有利于推动单位内部各部门更好地履行自己的职责，全面做好单位的各项工作，从而有效地落实单位内部的经济责任制。

三、会计工作组织的要求

1. 符合国家宏观经济管理的需要

在市场经济条件下，会计所提供的信息，不仅要满足企业内部经济管理的需要，还要满足企业外部的会计信息使用者的需要，包括国家宏观经济管理的需要。就整个社会而言，会计信息是一种重要的社会资源，从维护社会经济秩序、满足宏观经济管理的要求出发，规范会计行为是非常必要的。我国的《会计法》明确规定，各企业单位必须依据国家有关法规和制度的统一要求设置会计机构、配备会计人员和组织会计工作，符合国家宏观经济管理的需要。

2. 适应本单位生产经营的特点

会计主体的经济活动各有特点，在管理上对会计信息的要求也各不相同。在组织会计工作时，对会计机构的设置和会计人员的配备，以及对统一会计法规的执行等方面，都要结合本单位经营的特点和规模，作出切合实际的安排和制订具体实施办法。

3. 坚持成本效益原则

会计工作组织既要能够保证会计工作的质量，又要坚持成本效益原则。企业在会计机构的设置、会计人员的配备以及会计工作组织程序上，既要符合国家法律的要求，也要能最大限度地满足企业管理的需要，节约开支，提高效率。

4. 坚持协调性原则

企业的经营管理工作是一项系统工作，会计则是这一系统的重要组成部分，各部分只有按系统目标的要求相互协调、相互配合，系统才能有效和有目的地运行。因此，组织会计工作时，必须坚持协调性原则，保证会计工作与其他经济管理工作协调运行。

第二节　会计机构和会计人员

【案例导入】

会计小王由于工作需要被调到了其他部门，在离开本部门之前，小王找到了领导指定接替他工作的小张，要求和他进行工作的交接，他俩在没有监督人员的情况下完成了工作交接。请问他们的做法正确吗？

一、会计机构

会计机构是指会计主体内部从事会计事务的职能机构。建立、健全会计机构是各单位做好会计工作的重要保证，是实现会计目标的重要条件。在我国，由于会计工作和财

务工作都是综合性的经济管理工作，它们之间的关系非常密切，因此通常把两者合并在一起，设置一个财务会计机构，统一处理财务、会计业务。

(一)会计机构设置的要求及规定

《中华人民共和国会计法》规定：“各单位应当根据会计业务的需要，设置会计机构，或者在有关机构中设置会计人员并指定会计主管人员；不具备设置条件的，应当委托经批准设立从事会计代理记账业务的中介机构代理记账。”一般来说，大中型企事业单位都要设立独立的会计部门，进行会计核算，实行有效的会计监督。若单位财务收支不大，经济业务较简单，规模较小，也可在相关机构中配备相应的专职会计人员，进行会计核算和监督。对于不具备设置会计机构、配备专职会计人员条件的单位，也可以实行代理记账，委托具有资格的代理记账机构进行代理记账。

(二)会计机构设置的原则

1. 符合精简高效原则

企事业单位在设置会计机构时，应充分考虑单位的特点，适应单位的业务类型及规模，以精简高效为原则。规模较大、业务复杂的企业，会计机构的规模应大一些，内部分工也应细一些；规模较小、业务较简单的企业，会计机构的规模应小一些，内部分工可以粗一些。

2. 利于分工协作

会计机构在进行工作时，必须根据经济业务的具体内容进行合理的分工，内部分工应明确，做到职责清楚、任务明确。

3. 便于内部控制

各个会计岗位分工负责、互相牵制、互相监督，从制度上防止各种失误或人为的舞弊。

(三)会计机构的任务及组织形式

会计机构的主要任务是保证企事业单位的会计人员能够根据财经法规、会计制度和企业管理的要求，完成各项会计工作，为各级领导的宏观决策和微观管理当好参谋和助手。

会计机构的组织形式，按照部门之间会计工作分工方式的不同，可分为集中核算和非集中核算两种；按照企业与所属内部单位间的管理体制不同，又可分为独立核算和非独立核算两种。

1. 集中核算和非集中核算

集中核算组织形式是通过集中设置会计机构，使整个单位各部门的经济业务的会计处理均集中进行，各部门只负责对所发生的经济业务的原始凭证进行初步审核，并向会计机构集中提供核算的原始资料。其优点是可以减少核算环节，简化核算手续，有利于及时掌握全面的经营情况和精减人员，一般适合于规模较小的企业和行政事业单位。

非集中核算组织形式，又称分散核算，是企业内部各业务经营部门对本部门所发生的经济业务直接进行较全面的会计核算，企业会计部门对所属各级的会计工作实务实行领导、监督和业务指导，分配企业一级的各种费用计入期间费用，汇总各级的会计报表，进行整个企业的财务决算的一种会计核算组织方式。这种方式一般适用于规模较大的企业和要求较小经济核算范围的企业。

2. 独立核算和非独立核算

独立核算是对本单位的业务经营活动过程及其结果进行全面的、系统的会计核算。独立核算单位通常在管理上有独立的组织形式，独立编制计划，能与有关部门签订经营合同，具有一定数量的资金，在当地银行开设账户，可对外办理结算，单独计算盈亏等。独立核算单位应单独设置会计机构，配备专职会计人员并且有完整的会计工作组织体系，设置会计账簿，编制会计报表，以及进行会计分析与会计检查。

非独立核算包括半独立核算和简易核算两种组织形式。半独立核算，是企业在自身业务经营、成本费用的管理支配上，基本上有独立处理的权限，在会计核算上能单独核算盈亏，并能编制会计报表，但对外没有经济联系权，资金由上一级部门统一掌握、调配。简易核算，又称报账制，一般是把本单位业务经营的日常资料逐日或定期报送上级单位，由上级单位进行核算。简易核算单位没有完整的账簿组织，一般只办理原始凭证的填制、整理和汇总，以及商品、原材料等实物账、卡的登记，不单独编制会计报表。如果企业规模较小，业务简单，人员较少，组织管理上缺乏独立核算的条件，一般采取非独立核算形式。

(四)会计机构的岗位设置

会计机构岗位是指一个单位会计机构内部根据业务分工而设置的职能岗位，一般包括会计主管、稽核、总账报表、资金核算、财产物资核算、往来核算、工资核算、收入利润核算、成本费用核算、出纳、会计档案保管等。在会计机构内部设置会计工作岗位，有利于明确分工和确定岗位职责，建立岗位责任制；有利于会计人员钻研业务，提高工作效率和质量；有利于会计工作的程序化和规范化，加强会计基础工作；有利于强化会计管理职能，提高会计工作的效率，也是配备数量适当的会计人员的客观依据之一。

1. 建立岗位责任制

会计机构的岗位设置，应充分考虑本单位业务的规模、类型及处理的需要。建立会计机构的岗位责任制，能使每一项会计工作都有专人负责，每一位会计人员都有明确的职责，以做到以责定权、权责明确。

2. 符合内部牵制要求

会计机构的岗位设置可以一人一岗、一人多岗或一岗多人，各单位可以根据各岗位业务量的情况来确定。但根据内部牵制制度的要求，出纳人员不得兼任稽核、会计档案保管和收入、支出、费用、债权债务账目的登记工作。

3. 建立岗位轮换制

会计机构应建立岗位轮换制，对会计人员要有计划地进行轮岗，以促进会计人员全面熟悉业务和不断提高业务素质。

二、会计人员

会计人员是指企事业单位中那些从事会计工作，处理会计事务的人员，包括一般会计人员、会计主管人员和会计机构负责人等。加强会计队伍建设，是做好会计工作的重要保证。

(一)会计人员的主要职责

会计人员的职责概括来说就是及时提供真实、可靠的会计信息，认真贯彻和执行国家财经制度和纪律，积极参与经营管理，提高经济效益。

(1) 进行会计核算。会计核算是最基本也是最重要的职责，它包括填制和审核会计凭证，登记账簿，计算收入、支出、成本、费用，进行财产清查，编制会计报表等内容。会计人员应按照会计制度规定，切实做好记账、算账、报账的工作。

(2) 实行会计监督。会计人员要通过会计工作，对财务收支和经济活动的合法性、合理性、有效性等进行监督。对于不真实、不合法的凭证不予受理；对于账簿记录与实物款项不符的问题，应按有关规定进行处理或及时向单位领导报告；对于违反国家财经制度规定的收支不予办理。此外，还要积极地配合财政、审计、税务等部门对本单位会计工作的检查和审计，如实提供有关资料，反映有关情况。

(3) 制定本单位会计事项的具体处理办法。根据国家的会计法规、财政经济方针、政策和上级的有关规定以及本单位的具体情况，制定本单位办理会计事项的具体办法，如会计人员岗位责任制、内部稽核制度、财产清查制度、成本计算方法等。

(4) 编制本单位财务预算，并考核、分析其执行情况。会计人员应根据企业管理的需要及职责，认真编制企业财务计划与预算，严格执行财务计划及预算，定期检查、分析预算执行情况，合理使用资金，考核资金使用效果。

(5) 办理其他会计事项。其他会计事项包括协助其他管理部门做好管理技术工作，对单位管理人员进行财会知识培训等工作。

(二)会计人员的权限

为了确保会计人员有效地履行职责，必须赋予会计人员相应的权限。

(1) 有权要求本单位的有关部门和人员认真遵守国家的财经纪律和财务会计制度。如有违反，会计人员有权拒绝付款、拒绝报销或拒绝执行，并向本单位领导人报告。对于弄虚作假、营私舞弊、欺骗上级等违法乱纪行为，会计人员必须坚决拒绝执行，并向本单位领导人或上级机关、财政部门报告。

(2) 有权参与本单位经济计划的编制，制定定额，参与有关生产、经营等管理活动。

(3) 有权对本单位所有会计事项进行会计监督，即会计人员有权监督、检查本单位有关部门的财务收支、资金使用和财产保管、收发、计量、检验等情况，本单位有关部门要大力协助会计人员的工作。

(三)会计人员的技术等级

会计专业技术资格是指担任会计专业职务的任职资格，分为初级资格、中级资格和高级资格三个级别。其中初级、中级资格的取得实行全国统一考试制度；高级资格实行考试与评审相结合制度。

会计专业职务是区别会计人员业务技能的技术等级。会计专业职务包括：正高级会计师、高级会计师、会计师和助理会计师。其中，正高级会计师为正高级职务，高级会计师为副高级职务，会计师为中级职务，助理会计师为初级职务。

(四)会计人员的职业道德

会计人员为了全面履行职责，行使职权，发挥会计核算和监督的作用，必须从严要求自己，不断提高自身的政治素质、业务素质和职业道德。

(1) 爱岗敬业。会计人员应当热爱本职工作，努力钻研业务，使自己的知识和技能适应所从事工作的要求。这是做好一切工作的出发点，也是会计人员职业道德的首要前提。

(2) 熟悉法规。法制意识是维护社会主义市场经济秩序，在法律的范围内进行经营活动的重要前提。会计人员一方面应当熟悉财经法律、法规和国家统一的会计制度，做到在自己处理各项经济业务时知法依法、知章循章，依法把关守口；另一方面能够对服务和监督对象进行会计法制宣传，增强他们的法制观念，帮助他们辨明法律上的是与非，促使他们在日常经济活动中依法办事，避免不轨行为。

(3) 依法办事。会计人员应当按照会计法律、法规和国家统一会计制度规定的程序和要求进行会计工作，保证所提供的会计信息合法、真实、准确、及时、完整。会计人员应当树立自己职业的形象和职业人格的尊严，敢于抵制歪风邪气，同一切违法乱纪的行为做斗争。

(4) 客观公正。会计人员在办理会计事务时，应当实事求是、客观公正。做好会计工作，不仅需要专业知识和专门技能，同时也需要实事求是的精神和客观公正的态度。这是会计人员职业道德的灵魂，也是会计人员最主要的职业行为。

(5) 熟悉业务，做好服务。会计工作是管理工作的重要组成部分，会计人员应当熟悉本单位的生产经营和业务管理情况，运用掌握的会计信息和会计方法，为改善单位内部管理、提高经济效益服务。

(6) 保守秘密。会计人员应当保守本单位的商业秘密，除法律规定和单位领导人同意外，不能私自向外界提供或者泄露单位的会计信息。会计人员由于工作性质的原因，有机会了解到本单位的重要机密，会计人员应当树立泄露商业秘密是大忌的观念，对于自己知悉的内部机密，任何时候、任何情况下都要严格保守，不能信口吐露。

(五)会计人员工作交接

根据《会计法》规定，会计人员调动工作或者离职，必须与接管人员办清交接手续。一般会计人员办理交接手续，由会计机构负责人(会计主管人员)监交；会计机构负责人(会计主管人员)办理交接手续，由单位负责人监交，必要时主管单位可以派人会同监交。

1. 交接前的准备工作

会计人员办理移交手续前，必须及时做好移交的各项准备工作。

(1) 已经受理的经济业务尚未填制会计凭证的，应当填制完毕。

(2) 尚未登记的账目，应当登记完毕，并在最后一笔余额后加盖经办人员印章。

(3) 整理应该移交的各项资料，对未了事项写出书面材料。

(4) 编制移交清册，列明应当移交的会计凭证、会计账簿、会计报表、印章、现金、有价证券、支票簿、发票、文件、其他会计资料和物品等内容；实行会计电算化的单位，从事该项工作的移交人员还应当在移交清册中列明会计软件及密码、会计软件数据磁盘(磁带等)及有关资料、实物等内容。

2. 移交点收

移交人员在办理移交时，要按移交清册逐项移交，接替人员要逐项核对点收。

(1) 现金、有价证券要根据会计账簿有关记录进行点交。库存现金、有价证券必须与会计账簿记录保持一致，不一致时，移交人员必须限期查清。

(2) 会计凭证、会计账簿、会计报表和其他会计资料必须完整无缺。如有短缺，必须查清原因，并在移交清册中注明，由移交人员负责。

(3) 银行存款账户余额要与银行对账单核对，如不一致，应当编制银行存款余额调节表调节相符；各种财产物资和债权债务的明细账户余额要与总账有关账户余额核对相符。必要时，要抽查个别账户的余额，与实物核对相符，或者与往来单位、个人核对清楚。

(4) 移交人员经管的票据、印章和其他实物等，必须交接清楚。移交人员从事会计电算化工作的，要对有关电子数据在实际操作状态下进行交接。

(5) 会计机构负责人、会计主管人员移交时，还必须将全部财务会计工作、重大财务收支和会计人员的情况等，向接替人员详细介绍。对需要移交的遗留问题，应当写出书面材料。

3. 交接后事项

(1) 交接完毕后，交接双方和监交人员要在移交清册上签名或者盖章，并应在移交清册上注明单位名称，交接日期，交接双方和监交人员的职务、姓名，移交清册页数以及需要说明的问题和意见等。移交清册一般应当填制一式三份，交接双方各执一份，存档一份。

(2) 接替人员应当继续使用移交的会计账簿，不得自行另立新账，以保持会计记录的连续性。

(3) 移交人员对所移交的会计凭证、会计账簿、会计报表和其他有关资料的合法性、真实性承担法律责任。

第三节 会 计 档 案

【案例导入】

某公司财务科由于人员短缺，要求所有的工作人员必须承担多项工作，在一次内部会议上，出纳小李被安排了一项新的工作任务，即负责保管会计档案。请问这项工作安排合理吗?

会计档案是指单位在进行会计核算等过程中接收或形成的，记录和反映单位经济业务事项的，具有保存价值的文字、图表等各种形式的会计资料，包括通过计算机等电子设备形成、传输和存储的电子会计档案。会计档案是重要的经济档案，根据《会计法》的规定，各单位对会计凭证、会计账簿、财务会计报告和其他会计资料应当建立档案，妥善保管。

一、会计档案的分类

会计档案具体包括四类。

(1) 会计凭证类：原始凭证、记账凭证。

(2) 会计账簿类：总账、明细账、日记账、固定资产卡片及其他辅助性账簿。

(3) 财务报告类：月度、季度、半年度、年度财务会计报告，包括会计报表、附表、附注、文字说明及其他财务报告。

(4) 其他类：银行存款余额调节表、银行对账单、纳税申报表、会计档案移交清册、会计档案保管清册、会计档案销毁清册、会计档案鉴定意见书及其他具有保存价值的会计资料。

二、会计档案的立卷与归档

1. 会计档案的立卷

各单位每年形成的会计档案，应当由会计机构按照归档要求，负责整理立卷，装订成册，编制会计档案保管清册。其中，记账凭证及所附原始凭证应按收款凭证、付款凭证、转账凭证分类，按月、顺序号装订成册。凭证较多的单位，每类凭证每月可分别装订成若干册，在封面上应注明凭证名称、所属月份、凭证起止号码。会计报表按年装订成册，并在封面上注明单位、年度、报表种类等，其他会计资料也应整理立卷。

2. 会计档案的归档

当年形成的会计档案，会计年度终了后，可由单位会计管理机构临时保管一年，再

移交单位档案管理机构保管。因工作需要确需推迟移交的，应当经单位档案管理机构同意。会计管理机构临时保管会计档案最长不超过三年，且出纳人员不得兼管会计档案。

单位会计管理机构在办理会计档案移交时，应当编制会计档案移交清册，并按照国家档案管理的有关规定办理移交手续。纸质会计档案移交时应当保持原卷的封装，电子会计档案移交时应当将电子会计档案及其元数据一并移交，且文件格式应当符合国家档案管理的有关规定，特殊格式的电子会计档案应当与其读取平台一并移交。

各单位保存的会计档案不得借出。如有特殊需要，经本单位负责人批准，可以提供查阅或者复制，并办理登记手续。查阅或者复制会计档案的人员，严禁在会计档案上涂画、拆封和抽换。各单位应当建立健全会计档案查阅、复制登记制度。

三、会计档案的保管期限

会计档案应分类保管，并建立相应的分类目录或卡片，随时进行登记。会计档案的保管期限分为永久、定期两类，定期保管期限一般分为10年和30年。会计档案的保管期限，从会计年度终了后的第一天算起。企业和其他组织会计档案保管期限如表10-1所示。

表10-1　企业和其他组织会计档案保管期限表

序　号	档案名称	保管期限	备　注
一	**会计凭证**		
1	原始凭证	30年	
2	记账凭证	30年	
二	**会计账簿**		
3	总账	30年	
4	明细账	30年	
5	日记账	30年	
6	固定资产卡片		固定资产报废清理后保管5年
7	其他辅助性账簿	30年	
三	**财务会计报告**		
8	月度、季度、半年度财务会计报告	10年	
9	年度财务会计报告	永久	
四	**其他会计资料**		
10	银行存款余额调节表	10年	
11	银行对账单	10年	
12	纳税申报表	10年	
13	会计档案移交清册	30年	
14	会计档案保管清册	永久	
15	会计档案销毁清册	永久	
16	会计档案鉴定意见书	永久	

四、会计档案的销毁

保管期满的会计档案，可以按照以下程序销毁。

(1) 由单位档案管理机构编制会计档案销毁清册，列明销毁会计档案的名称、卷号、册数、起止年度和档案编号、应保管期限、已保管期限、销毁时间等内容。

(2) 单位负责人、档案管理机构负责人、会计管理机构负责人、档案管理机构经办人、会计管理机构经办人在会计档案销毁清册上签署意见。

(3) 单位档案管理机构负责组织会计档案销毁工作，并与会计管理机构共同派员监销。监销人在会计档案销毁前，应当按照会计档案销毁清册所列内容进行清点核对；在会计档案销毁后，应当在会计档案销毁清册上签名或盖章。电子会计档案的销毁还应当符合国家有关电子档案的规定，并由单位档案管理机构、会计管理机构和信息系统管理机构共同派员监销。

需要说明的是，保管期满但未结清的债权债务原始凭证和涉及其他未了事项的原始凭证，不得销毁，应当单独抽出立卷，保管到未了事项完结时为止。单独抽出立卷的会计档案，应当在会计档案销毁清册和会计档案保管清册中列明。此外，正在项目建设期间的建设单位，其保管期满的会计档案不得销毁。

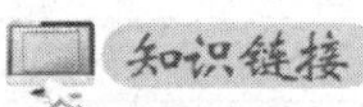

会计档案管理办法

第一条 为了加强会计档案管理，有效保护和利用会计档案，根据《中华人民共和国会计法》《中华人民共和国档案法》等有关法律和行政法规，制定本办法。

第二条 国家机关、社会团体、企业、事业单位和其他组织(以下统称单位)管理会计档案适用本办法。

第三条 本办法所称会计档案是指单位在进行会计核算等过程中接收或形成的，记录和反映单位经济业务事项的，具有保存价值的文字、图表等各种形式的会计资料，包括通过计算机等电子设备形成、传输和存储的电子会计档案。

第四条 财政部和国家档案局主管全国会计档案工作，共同制定全国统一的会计档案工作制度，对全国会计档案工作实行监督和指导。

县级以上地方人民政府财政部门和档案行政管理部门管理本行政区域内的会计档案工作，并对本行政区域内会计档案工作实行监督和指导。

第五条 单位应当加强会计档案管理工作，建立和完善会计档案的收集、整理、保管、利用和鉴定销毁等管理制度，采取可靠的安全防护技术和措施，保证会计档案的真实、完整、可用、安全。

单位的档案机构或者档案工作人员所属机构(以下统称单位档案管理机构)负责管理本单位的会计档案。单位也可以委托具备档案管理条件的机构代为管理会计档案。

第六条 下列会计资料应当进行归档：

(一)会计凭证，包括原始凭证、记账凭证；

(二)会计账簿，包括总账、明细账、日记账、固定资产卡片及其他辅助性账簿；

(三)财务会计报告，包括月度、季度、半年度、年度财务会计报告；

(四)其他会计资料，包括银行存款余额调节表、银行对账单、纳税申报表、会计档案移交清册、会计档案保管清册、会计档案销毁清册、会计档案鉴定意见书及其他具有保存价值的会计资料。

第七条 单位可以利用计算机、网络通信等信息技术手段管理会计档案。

第八条 同时满足下列条件的，单位内部形成的属于归档范围的电子会计资料可仅以电子形式保存，形成电子会计档案：

(一)形成的电子会计资料来源真实有效，由计算机等电子设备形成和传输；

(二)使用的会计核算系统能够准确、完整、有效接收和读取电子会计资料，能够输出符合国家标准归档格式的会计凭证、会计账簿、财务会计报表等会计资料，设定了经办、审核、审批等必要的审签程序；

(三)使用的电子档案管理系统能够有效接收、管理、利用电子会计档案，符合电子档案的长期保管要求，并建立了电子会计档案与相关联的其他纸质会计档案的检索关系；

(四)采取有效措施，防止电子会计档案被篡改；

(五)建立电子会计档案备份制度，能够有效防范自然灾害、意外事故和人为破坏的影响；

(六)形成的电子会计资料不属于具有永久保存价值或者其他重要保存价值的会计档案。

第九条 满足本办法第八条规定条件，单位从外部接收的电子会计资料附有符合《中华人民共和国电子签名法》规定的电子签名的，可仅以电子形式归档保存，形成电子会计档案。

第十条 单位的会计机构或会计人员所属机构(以下统称单位会计管理机构)按照归档范围和归档要求，负责定期将应当归档的会计资料整理立卷，编制会计档案保管清册。

第十一条 当年形成的会计档案，在会计年度终了后，可由单位会计管理机构临时保管一年，再移交单位档案管理机构保管。因工作需要确需推迟移交的，应当经单位档案管理机构同意。

单位会计管理机构临时保管会计档案最长不超过三年。临时保管期间，会计档案的保管应当符合国家档案管理的有关规定，且出纳人员不得兼管会计档案。

第十二条 单位会计管理机构在办理会计档案移交时，应当编制会计档案移交清册，并按照国家档案管理的有关规定办理移交手续。

纸质会计档案移交时应当保持原卷的封装。电子会计档案移交时应当将电子会计档案及其元数据一并移交，且文件格式应当符合国家档案管理的有关规定。特殊格式的电子会计档案应当与其读取平台一并移交。

单位档案管理机构接收电子会计档案时，应当对电子会计档案的准确性、完整性、可用性、安全性进行检测，符合要求的才能接收。

第十三条 单位应当严格按照相关制度利用会计档案，在进行会计档案查阅、复制、借出时履行登记手续，严禁篡改和损坏。

单位保存的会计档案一般不得对外借出。确因工作需要且根据国家有关规定必须借出的，应当严格按照规定办理相关手续。

会计档案借用单位应当妥善保管和利用借入的会计档案，确保借入会计档案的安全完整，并在规定时间内归还。

第十四条 会计档案的保管期限分为永久、定期两类。定期保管期限一般分为10年和30年。

会计档案的保管期限，从会计年度终了后的第一天算起。

第十五条 各类会计档案的保管期限原则上应当按照本办法附表执行，本办法规定的会计档案保管期限为最低保管期限。

单位会计档案的具体名称如有同本办法附表所列档案名称不相符的，应当比照类似档案的保管期限办理。

第十六条 单位应当定期对已到保管期限的会计档案进行鉴定，并形成会计档案鉴定意见书。经鉴定，仍需继续保存的会计档案，应当重新划定保管期限；对保管期满，确无保存价值的会计档案，可以销毁。

第十七条 会计档案鉴定工作应当由单位档案管理机构牵头，组织单位会计、审计、纪检监察等机构或人员共同进行。

第十八条 经鉴定可以销毁的会计档案，应当按照以下程序销毁：

(一)单位档案管理机构编制会计档案销毁清册，列明拟销毁会计档案的名称、卷号、册数、起止年度、档案编号、应保管期限、已保管期限和销毁时间等内容。

(二)单位负责人、档案管理机构负责人、会计管理机构负责人、档案管理机构经办人、会计管理机构经办人在会计档案销毁清册上签署意见。

(三)单位档案管理机构负责组织会计档案销毁工作，并与会计管理机构共同派员监销。监销人在会计档案销毁前，应当按照会计档案销毁清册所列内容进行清点核对；在会计档案销毁后，应当在会计档案销毁清册上签名或盖章。

电子会计档案的销毁还应当符合国家有关电子档案的规定，并由单位档案管理机构、会计管理机构和信息系统管理机构共同派员监销。

第十九条 保管期满但未结清的债权债务会计凭证和涉及其他未了事项的会计凭证不得销毁，纸质会计档案应当单独抽出立卷，电子会计档案单独转存，保管到未了事项完结时为止。

单独抽出立卷或转存的会计档案，应当在会计档案鉴定意见书、会计档案销毁清册和会计档案保管清册中列明。

第二十条 单位因撤销、解散、破产或其他原因而终止的，在终止或办理注销登记手续之前形成的会计档案，按照国家档案管理的有关规定处置。

第二十一条 单位分立后原单位存续的，其会计档案应当由分立后的存续方统一保管，其他方可以查阅、复制与其业务相关的会计档案。

单位分立后原单位解散的，其会计档案应当经各方协商后由其中一方代管或按照国

家档案管理的有关规定处置，各方可以查阅、复制与其业务相关的会计档案。

单位分立中未结清的会计事项所涉及的会计凭证，应当单独抽出由业务相关方保存，并按照规定办理交接手续。

单位因业务移交其他单位办理所涉及的会计档案，应当由原单位保管，承接业务单位可以查阅、复制与其业务相关的会计档案。对其中未结清的会计事项所涉及的会计凭证，应当单独抽出由承接业务单位保存，并按照规定办理交接手续。

第二十二条 单位合并后原各单位解散或者一方存续其他方解散的，原各单位的会计档案应当由合并后的单位统一保管。单位合并后原各单位仍存续的，其会计档案仍应当由原各单位保管。

第二十三条 建设单位在项目建设期间形成的会计档案，需要移交给建设项目接受单位的，应当在办理竣工财务决算后及时移交，并按照规定办理交接手续。

第二十四条 单位之间交接会计档案时，交接双方应当办理会计档案交接手续。

移交会计档案的单位，应当编制会计档案移交清册，列明应当移交的会计档案名称、卷号、册数、起止年度、档案编号、应保管期限和已保管期限等内容。

交接会计档案时，交接双方应当按照会计档案移交清册所列内容逐项交接，并由交接双方的单位有关负责人负责监督。交接完毕后，交接双方经办人和监督人应当在会计档案移交清册上签名或盖章。

电子会计档案应当与其元数据一并移交，特殊格式的电子会计档案应当与其读取平台一并移交。档案接受单位应当对保存电子会计档案的载体及其技术环境进行检验，确保所接收电子会计档案的准确、完整、可用和安全。

第二十五条 单位的会计档案及其复制件需要携带、寄运或者传输至境外的，应当按照国家有关规定执行。

第二十六条 单位委托中介机构代理记账的，应当在签订的书面委托合同中，明确会计档案的管理要求及相应责任。

第二十七条 违反本办法规定的单位和个人，由县级以上人民政府财政部门、档案行政管理部门依据《中华人民共和国会计法》《中华人民共和国档案法》等法律法规处理处罚。

第二十八条 预算、计划、制度等文件材料，应当执行文书档案管理规定，不适用本办法。

第二十九条 不具备设立档案机构或配备档案工作人员条件的单位和依法建账的个体工商户，其会计档案的收集、整理、保管、利用和鉴定销毁等参照本办法执行。

第三十条 各省、自治区、直辖市、计划单列市人民政府财政部门、档案行政管理部门，新疆生产建设兵团财务局、档案局，国务院各业务主管部门，中国人民解放军总后勤部，可以根据本办法制定具体实施办法。

第三十一条 本办法由财政部、国家档案局负责解释，自 2016 年 1 月 1 日起施行。1998 年 8 月 21 日财政部、国家档案局发布的《会计档案管理办法》(财会字〔1998〕32 号)同时废止。

第四节　会计法规与会计制度

会计法律制度是指国家权力机关和行政机关制定的各种会计规范性文件的总称，包括会计法律、会计行政法规、会计规章等。这些法规制度是贯彻国家有关财经方针、政策的重要工具，是处理财务会计工作的规范和基本准则。

一、会计法律

会计法律由全国人民代表大会及其常委会制定，它是会计法律制度中层次最高的法律规范，是制定其他会计法规的依据，也是指导会计工作的最高准则。在我国，会计法律主要指的是《中华人民共和国会计法》。

《中华人民共和国会计法》(简称《会计法》)是我国会计工作的根本大法，是会计行为的最高法律规范。《会计法》起草于 1980 年 8 月，1985 年 1 月 21 日第六届全国人大常委会第九次会议审议通过，自 1985 年 5 月 1 日起施行。自 1985 年我国《会计法》颁布实施以来，先后于 1993 年、1999 年及 2017 年三次对《会计法》进行了重大的修改和修订。

《会计法》主要规定了会计工作的基本目的、会计管理权限、会计责任主体、会计核算和会计监督的基本要求、会计人员和会计机构的职责权限，并对会计法律责任作出了详细的规定。《会计法》的制定和施行，使全国会计工作开始步入法制化的轨道，对规范会计行为，维护财经纪律，改善经营管理和提高经济效益，发挥了积极作用。

二、会计行政法规

会计行政法规是由国务院制定并发布或者国务院有关部门拟定并经国务院批准发布，调整经济生活中某些方面会计关系的法律规范。其制定依据是《中华人民共和国会计法》，法律效力仅次于会计基本法——《会计法》。主要的会计行政法规包括：1990 年 12 月 31 日国务院发布的《总会计师条例》、2000 年 6 月 21 日国务院发布的《企业财务会计报告条例》等。

三、会计规章

会计规章包括两种，即会计部门规章和会计地方政府规章。会计部门规章是指由主管全国会计工作的行政部门即财政部根据法律和国务院的行政法规、决定、命令，在本部门的权限范围内制定的、调整会计工作中某些方面内容的规范性文件。国务院其他部门根据其职责权限制定的会计方面的规范性文件也属于会计规章，但必须报财政部审核或者备案。会计部门规章的效力低于宪法、法律和行政法规。会计地方政府规章是指由省、自治区、直辖市以及较大的市的人民政府根据法律、行政法规和本省、自治区、直辖市的地方性法规制定的适用于本地区的会计地方政府规章。会计地方政府规章的效力

低于宪法、法律、行政法规和地方性会计法规。

《企业会计准则》是我国重要的会计规章，我国于1992年11月30日正式发布了新中国成立以来第1号会计准则《企业会计准则》，并于1993年7月1日起在全国正式实施。2006年2月15日，财政部颁发了包括《企业会计准则——基本准则》和38项具体准则在内的企业会计准则体系。

思考题

1. 会计工作组织的内容是什么？
2. 会计工作组织的要求有哪些？
3. 会计机构的设置原则是什么？
4. 会计人员的主要职责有哪些？
5. 会计人员的权限有哪些？
6. 会计人员的职业道德有哪些？
7. 会计档案的销毁程序有哪些？

附　录

附录一 《中华人民共和国会计法》

第一章 总则

第一条 为了规范会计行为，保证会计资料真实、完整，加强经济管理和财务管理，提高经济效益，维护社会主义市场经济秩序，制定本法。

第二条 国家机关、社会团体、公司、企业、事业单位和其他组织(以下统称单位)必须依照本法办理会计事务。

第三条 各单位必须依法设置会计账簿，并保证其真实、完整。

第四条 单位负责人对本单位的会计工作和会计资料的真实性、完整性负责。

第五条 会计机构、会计人员依照本法规定进行会计核算，实行会计监督。任何单位或者个人不得以任何方式授意、指使、强令会计机构、会计人员伪造、变造会计凭证、会计账簿和其他会计资料，提供虚假财务会计报告。任何单位或者个人不得对依法履行职责、抵制违反本法规定行为的会计人员实行打击报复。

第六条 对认真执行本法，忠于职守，坚持原则，做出显著成绩的会计人员，给予精神的或者物质的奖励。

第七条 国务院财政部门主管全国的会计工作。县级以上地方各级人民政府财政部门管理本行政区域内的会计工作。

第八条 国家实行统一的会计制度。国家统一的会计制度由国务院财政部门根据本法制定并公布。国务院有关部门可以依照本法和国家统一的会计制度制定对会计核算和会计监督有特殊要求的行业实施国家统一的会计制度的具体办法或者补充规定，报国务院财政部门审核批准。中国人民解放军总后勤部可以依照本法和国家统一的会计制度制定军队实施国家统一的会计制度的具体办法，报国务院财政部门备案。

第二章 会计核算

第九条 各单位必须根据实际发生的经济业务事项进行会计核算，填制会计凭证，登记会计账簿，编制财务会计报告。任何单位不得以虚假的经济业务事项或者资料进行会计核算。

第十条 下列经济业务事项，应当办理会计手续，进行会计核算：

(一)款项和有价证券的收付；

(二)财物的收发、增减和使用；

(三)债权债务的发生和结算；

(四)资本、基金的增减；

(五)收入、支出、费用、成本的计算；

(六)财务成果的计算和处理；

(七)需要办理会计手续、进行会计核算的其他事项。

第十一条 会计年度自公历1月1日起至12月31日止。

第十二条 会计核算以人民币为记账本位币。业务收支以人民币以外的货币为主的单位，可以选定其中一种货币作为记账本位币，但是编报的财务会计报告应当折算为人民币。

第十三条 会计凭证、会计账簿、财务会计报告和其他会计资料，必须符合国家统一的会计制度的规定。使用电子计算机进行会计核算的，其软件及其生成的会计凭证、会计账簿、财务会计报告和其他会计资料，也必须符合国家统一的会计制度的规定。任何单位和个人不得伪造、变造会计凭证、会计账簿及其他会计资料，不得提供虚假的财务会计报告。

第十四条 会计凭证包括原始凭证和记账凭证。办理本法第十条所列的经济业务事项，必须填制或者取得原始凭证并及时送交会计机构。会计机构、会计人员必须按照国家统一的会计制度的规定对原始凭证进行审核，对不真实、不合法的原始凭证有权不予接受，并向单位负责人报告；对记载不准确、不完整的原始凭证予以退回，并要求按照国家统一的会计制度的规定更正、补充。原始凭证记载的各项内容均不得涂改；原始凭证有错误的，应当由出具单位重开或者更正，更正处应当加盖出具单位印章。原始凭证金额有错误的，应当由出具单位重开，不得在原始凭证上更正。记账凭证应当根据经过审核的原始凭证及有关资料编制。

第十五条 会计账簿登记，必须以经过审核的会计凭证为依据，并符合有关法律、行政法规和国家统一的会计制度的规定。会计账簿包括总账、明细账、日记账和其他辅助性账簿。会计账簿应当按照连续编号的页码顺序登记。会计账簿记录发生错误或者隔页、缺号、跳行的，应当按照国家统一的会计制度规定的方法更正，并由会计人员和会计机构负责人(会计主管人员)在更正处盖章。使用电子计算机进行会计核算的，其会计账簿的登记、更正，应当符合国家统一的会计制度的规定。

第十六条 各单位发生的各项经济业务事项应当在依法设置的会计账簿上统一登记、核算，不得违反本法和国家统一的会计制度的规定私设会计账簿登记、核算。

第十七条 各单位应当定期将会计账簿记录与实物、款项及有关资料相互核对，保证会计账簿记录与实物及款项的实有数额相符、会计账簿记录与会计凭证的有关内容相符、会计账簿之间相对应的记录相符、会计账簿记录与会计报表的有关内容相符。

第十八条 各单位采用的会计处理方法，前后各期应当一致，不得随意变更；确有必要变更的，应当按照国家统一的会计制度的规定变更，并将变更的原因、情况及影响在财务会计报告中说明。

第十九条 单位提供的担保、未决诉讼等或有事项，应当按照国家统一的会计制度的规定，在财务会计报告中予以说明。

第二十条 财务会计报告应当根据经过审核的会计账簿记录和有关资料编制，并符合本法和国家统一的会计制度关于财务会计报告的编制要求、提供对象和提供期限的规定；其他法律、行政法规另有规定的，从其规定。财务会计报告由会计报表、会计报表附注和财务情况说明书组成。向不同的会计资料使用者提供的财务会计报告，其编制依据应当一致。有关法律、行政法规规定会计报表、会计报表附注和财务情况说明书须经注册会计师审计的，注册会计师及其所在的会计师事务所出具的审计报告应当随同财务会计报告一并提供。

第二十一条 财务会计报告应当由单位负责人和主管会计工作的负责人、会计机构负责人(会计主管人员)签名并盖章；设置总会计师的单位，还须由总会计师签名并盖章。单位负责人应当保证财务会计报告真实、完整。

第二十二条 会计记录的文字应当使用中文。在民族自治地方，会计记录可以同时使用当地通用的一种民族文字。在中华人民共和国境内的外商投资企业、外国企业和其他外国组织的会计记录可以同时使用一种外国文字。

第二十三条 各单位对会计凭证、会计账簿、财务会计报告和其他会计资料应当建立档案，妥善保管。会计档案的保管期限和销毁办法，由国务院财政部门会同有关部门制定。

第三章 公司、企业会计核算的特别规定

第二十四条 公司、企业进行会计核算，除应当遵守本法第二章的规定外，还应当遵守本章规定。

第二十五条 公司、企业必须根据实际发生的经济业务事项，按照国家统一的会计制度的规定确认、计量和记录资产、负债、所有者权益、收入、费用、成本和利润。

第二十六条 公司、企业进行会计核算不得有下列行为：

(一)随意改变资产、负债、所有者权益的确认标准或者计量方法，虚列、多列、不列或者少列资产、负债、所有者权益；

(二)虚列或者隐瞒收入，推迟或者提前确认收入；

(三)随意改变费用、成本的确认标准或者计量方法，虚列、多列、不列或者少列费用、成本；

(四)随意调整利润的计算、分配方法，编造虚假利润或者隐瞒利润；

(五)违反国家统一的会计制度规定的其他行为。

第四章 会计监督

第二十七条 各单位应当建立、健全本单位内部会计监督制度。单位内部会计监督制度应当符合下列要求：

(一)记账人员与经济业务事项和会计事项的审批人员、经办人员、财物保管人员的职责权限应当明确，并相互分离、相互制约；

(二)重大对外投资、资产处置、资金调度和其他重要经济业务事项的决策和执行的相互监督、相互制约程序应当明确；

(三)财产清查的范围、期限和组织程序应当明确；

(四)对会计资料定期进行内部审计的办法和程序应当明确。

第二十八条 单位负责人应当保证会计机构、会计人员依法履行职责，不得授意、指使、强令会计机构、会计人员违法办理会计事项。会计机构、会计人员对违反本法和国家统一的会计制度规定的会计事项，有权拒绝办理或者按照职权予以纠正。

第二十九条 会计机构、会计人员发现会计账簿记录与实物、款项及有关资料不相符的，按照国家统一的会计制度的规定有权自行处理的，应当及时处理；无权处理的，应当立即向单位负责人报告，请求查明原因，作出处理。

第三十条 任何单位和个人对违反本法和国家统一的会计制度规定的行为，有权检举。收到检举的部门有权处理的，应当依法按照职责分工及时处理；无权处理的，应当及时移送有权处理的部门处理。收到检举的部门、负责处理的部门应当为检举人保密，不得将检举人姓名和检举材料转给被检举单位和被检举人个人。

第三十一条 有关法律、行政法规规定，须经注册会计师进行审计的单位，应当向受委托的会计师事务所如实提供会计凭证、会计账簿、财务会计报告和其他会计资料以及有关情况。任何单位或者个人不得以任何方式要求或者示意注册会计师及其所在的会计师事务所出具不实或者不当的审计报告。财政部门有权对会计师事务所出具审计报告的程序和内容进行监督。

第三十二条 财政部门对各单位的下列情况实施监督：

(一)是否依法设置会计账簿；

(二)会计凭证、会计账簿、财务会计报告和其他会计资料是否真实、完整；

(三)会计核算是否符合本法和国家统一的会计制度的规定；

(四)从事会计工作的人员是否具备专业能力、遵守职业道德。在对前款第(二)项所列事项实施监督，发现重大违法嫌疑时，国务院财政部门及其派出机构可以向与被监督单位有经济业务往来的单位和被监督单位开立账户的金融机构查询有关情况，有关单位和金融机构应当给予支持。

第三十三条 财政、审计、税务、人民银行、证券监管、保险监管等部门应当依照有关法律、行政法规规定的职责，对有关单位的会计资料实施监督检查。前款所列监督检查部门对有关单位的会计资料依法实施监督检查后，应当出具检查结论。有关监督检查部门已经作出的检查结论能够满足其他监督检查部门履行本部门职责需要的，其他监督检查部门应当加以利用，避免重复查账。

第三十四条 依法对有关单位的会计资料实施监督检查的部门及其工作人员对在监督检查中知悉的国家秘密和商业秘密负有保密义务。

第三十五条 各单位必须依照有关法律、行政法规的规定，接受有关监督检查部门依法实施的监督检查，如实提供会计凭证、会计账簿、财务会计报告和其他会计资料以及有关情况，不得拒绝、隐匿、谎报。

第五章　会计机构和会计人员

第三十六条 各单位应当根据会计业务的需要，设置会计机构，或者在有关机构中设置会计人员并指定会计主管人员；不具备设置条件的，应当委托经批准设立从事会计代理记账业务的中介机构代理记账。国有的和国有资产占控股地位或者主导地位的大、中型企业必须设置总会计师。总会计师的任职资格、任免程序、职责权限由国务院规定。

第三十七条 会计机构内部应当建立稽核制度。出纳人员不得兼任稽核、会计档案保管和收入、支出、费用、债权债务账目的登记工作。

第三十八条 会计人员应当具备从事会计工作所需要的专业能力。担任单位会计机构负责人(会计主管人员)的，应当具备会计师以上专业技术职务资格或者从事会计工作三年以上经历。本法所称会计人员的范围由国务院财政部门规定。

第三十九条 会计人员应当遵守职业道德，提高业务素质。对会计人员的教育和培训工作应当加强。

第四十条 因有提供虚假财务会计报告，做假账，隐匿或者故意销毁会计凭证、会计账簿、财务会计报告，贪污，挪用公款，职务侵占等与会计职务有关的违法行为被依法追究刑事责任的人员，不得再从事会计工作。

第四十一条 会计人员调动工作或者离职，必须与接管人员办清交接手续。一般会计人员办理交接手续，由会计机构负责人(会计主管人员)监交；会计机构负责人(会计主管人员)办理交接手续，由单位负责人监交，必要时主管单位可以派人会同监交。

第六章 法律责任

第四十二条 违反本法规定，有下列行为之一的，由县级以上人民政府财政部门责令限期改正，可以对单位并处三千元以上五万元以下的罚款；对其直接负责的主管人员和其他直接责任人员，可以处二千元以上二万元以下的罚款；属于国家工作人员的，还应当由其所在单位或者有关单位依法给予行政处分：

(一)不依法设置会计账簿的；

(二)私设会计账簿的；

(三)未按照规定填制、取得原始凭证或者填制、取得的原始凭证不符合规定的；

(四)以未经审核的会计凭证为依据登记会计账簿或者登记会计账簿不符合规定的；

(五)随意变更会计处理方法的；

(六)向不同的会计资料使用者提供的财务会计报告编制依据不一致的；

(七)未按照规定使用会计记录文字或者记账本位币的；

(八)未按照规定保管会计资料，致使会计资料毁损、灭失的；

(九)未按照规定建立并实施单位内部会计监督制度或者拒绝依法实施的监督或者不如实提供有关会计资料及有关情况的；

(十)任用会计人员不符合本法规定的。有前款所列行为之一，构成犯罪的，依法追究刑事责任。会计人员有第一款所列行为之一，情节严重的，五年内不得从事会计工作。有关法律对第一款所列行为的处罚另有规定的，依照有关法律的规定办理。

第四十三条 伪造、变造会计凭证、会计账簿，编制虚假财务会计报告，构成犯罪的，依法追究刑事责任。有前款行为，尚不构成犯罪的，由县级以上人民政府财政部门予以通报，可以对单位并处五千元以上十万元以下的罚款；对其直接负责的主管人员和

其他直接责任人员，可以处三千元以上五万元以下的罚款；属于国家工作人员的，还应当由其所在单位或者有关单位依法给予撤职直至开除的行政处分；其中的会计人员，五年内不得从事会计工作。

第四十四条 隐匿或者故意销毁依法应当保存的会计凭证、会计账簿、财务会计报告，构成犯罪的，依法追究刑事责任。有前款行为，尚不构成犯罪的，由县级以上人民政府财政部门予以通报，可以对单位并处五千元以上十万元以下的罚款；对其直接负责的主管人员和其他直接责任人员，可以处三千元以上五万元以下的罚款；属于国家工作人员的，还应当由其所在单位或者有关单位依法给予撤职直至开除的行政处分；其中的会计人员，五年内不得从事会计工作。

第四十五条 授意、指使、强令会计机构、会计人员及其他人员伪造、变造会计凭证、会计账簿，编制虚假财务会计报告或者隐匿、故意销毁依法应当保存的会计凭证、会计账簿、财务会计报告，构成犯罪的，依法追究刑事责任；尚不构成犯罪的，可以处五千元以上五万元以下的罚款；属于国家工作人员的，还应当由其所在单位或者有关单位依法给予降级、撤职、开除的行政处分。

第四十六条 单位负责人对依法履行职责、抵制违反本法规定行为的会计人员以降级、撤职、调离工作岗位、解聘或者开除等方式实行打击报复，构成犯罪的，依法追究刑事责任；尚不构成犯罪的，由其所在单位或者有关单位依法给予行政处分。对受打击报复的会计人员，应当恢复其名誉和原有职务、级别。

第四十七条 财政部门及有关行政部门的工作人员在实施监督管理中滥用职权、玩忽职守、徇私舞弊或者泄露国家秘密、商业秘密，构成犯罪的，依法追究刑事责任；尚不构成犯罪的，依法给予行政处分。

第四十八条 违反本法第三十条规定，将检举人姓名和检举材料转给被检举单位和被检举人个人的，由所在单位或者有关单位依法给予行政处分。

第四十九条 违反本法规定，同时违反其他法律规定的，由有关部门在各自职权范围内依法进行处罚。

第七章 附则

第五十条 本法下列用语的含义： 单位负责人，是指单位法定代表人或者法律、行政法规规定代表单位行使职权的主要负责人。国家统一的会计制度，是指国务院财政部门根据本法制定的关于会计核算、会计监督、会计机构和会计人员以及会计工作管理的制度。

第五十一条 个体工商户会计管理的具体办法，由国务院财政部门根据本法的原则另行规定。

第五十二条 本法自 2000 年 7 月 1 日起施行。

附录二　《企业会计准则——基本准则》

第一章　总则

第一条　为了规范企业会计确认、计量和报告行为，保证会计信息质量，根据《中华人民共和国会计法》和其他有关法律、行政法规，制定本准则。

第二条　本准则适用于在中华人民共和国境内设立的企业(包括公司，下同)。

第三条　企业会计准则包括基本准则和具体准则，具体准则的制定应当遵循本准则。

第四条　企业应当编制财务会计报告(又称财务报告，下同)。财务会计报告的目标是向财务会计报告使用者提供与企业财务状况、经营成果和现金流量等有关的会计信息，反映企业管理层受托责任履行情况，有助于财务会计报告使用者作出经济决策。财务会计报告使用者包括投资者、债权人、政府及其有关部门和社会公众等。

第五条　企业应当对其本身发生的交易或者事项进行会计确认、计量和报告。

第六条　企业会计确认、计量和报告应当以持续经营为前提。

第七条　企业应当划分会计期间，分期结算账目和编制财务会计报告。会计期间分为年度和中期。中期是指短于一个完整的会计年度的报告期间。

第八条　企业会计应当以货币计量。

第九条　企业应当以权责发生制为基础进行会计确认、计量和报告。

第十条　企业应当按照交易或者事项的经济特征确定会计要素。会计要素包括资产、负债、所有者权益、收入、费用和利润。

第十一条　企业应当采用借贷记账法记账。

第二章　会计信息质量要求

第十二条　企业应当以实际发生的交易或者事项为依据进行会计确认、计量和报告，如实反映符合确认和计量要求的各项会计要素及其他相关信息，保证会计信息真实可靠、内容完整。

第十三条　企业提供的会计信息应当与财务会计报告使用者的经济决策需要相关，有助于财务会计报告使用者对企业过去、现在或者未来的情况作出评价或者预测。

第十四条　企业提供的会计信息应当清晰明了，便于财务会计报告使用者理解和使用。

第十五条　企业提供的会计信息应当具有可比性。同一企业不同时期发生的相同或者相似的交易或者事项，应当采用一致的会计政策，不得随意变更。确需变更的，应当在附注中说明。不同企业发生的相同或者相似的交易或者事项，应当采用规定的会计政策，确保会计信息口径一致、相互可比。

第十六条　企业应当按照交易或者事项的经济实质进行会计确认、计量和报告，不应仅以交易或者事项的法律形式为依据。

第十七条　企业提供的会计信息应当反映与企业财务状况、经营成果和现金流量等有关的所有重要交易或者事项。

第十八条 企业对交易或者事项进行会计确认、计量和报告应当保持应有的谨慎，不应高估资产或者收益、低估负债或者费用。

第十九条 企业对于已经发生的交易或者事项，应当及时进行会计确认、计量和报告，不得提前或者延后。

第三章 资产

第二十条 资产是指企业过去的交易或者事项形成的、由企业拥有或者控制的、预期会给企业带来经济利益的资源。前款所指的企业过去的交易或者事项包括购买、生产、建造行为或其他交易或者事项。预期在未来发生的交易或者事项不形成资产。由企业拥有或者控制，是指企业享有某项资源的所有权，或者虽然不享有某项资源的所有权，但该资源能被企业所控制。预期会给企业带来经济利益，是指直接或者间接导致现金和现金等价物流入企业的潜力。

第二十一条 符合本准则第二十条规定的资产定义的资源，在同时满足以下条件时，确认为资产：

(一)与该资源有关的经济利益很可能流入企业；

(二)该资源的成本或者价值能够可靠地计量。

第二十二条 符合资产定义和资产确认条件的项目，应当列入资产负债表；符合资产定义、但不符合资产确认条件的项目，不应当列入资产负债表。

第四章 负债

第二十三条 负债是指企业过去的交易或者事项形成的、预期会导致经济利益流出企业的现时义务。现时义务是指企业在现行条件下已承担的义务。未来发生的交易或者事项形成的义务，不属于现时义务，不应当确认为负债。

第二十四条 符合本准则第二十三条规定的负债定义的义务，在同时满足以下条件时，确认为负债：

(一)与该义务有关的经济利益很可能流出企业；

(二)未来流出的经济利益的金额能够可靠地计量。

第二十五条 符合负债定义和负债确认条件的项目，应当列入资产负债表；符合负债定义、但不符合负债确认条件的项目，不应当列入资产负债表。

第五章 所有者权益

第二十六条 所有者权益是指企业资产扣除负债后由所有者享有的剩余权益。公司的所有者权益又称为股东权益。

第二十七条 所有者权益的来源包括所有者投入的资本、直接计入所有者权益的利得和损失、留存收益等。直接计入所有者权益的利得和损失，是指不应计入当期损益、会导致所有者权益发生增减变动的、与所有者投入资本或者向所有者分配利润无关的利得或者损失。利得是指由企业非日常活动所形成的、会导致所有者权益增加的、与所有者投入资本无关的经济利益的流入。损失是指由企业非日常活动所发生的、会导致所有者权益减少的、与向所有者分配利润无关的经济利益的流出。

第二十八条 所有者权益金额取决于资产和负债的计量。

第二十九条 所有者权益项目应当列入资产负债表。

第六章 收入

第三十条 收入是指企业在日常活动中形成的、会导致所有者权益增加的、与所有者投入资本无关的经济利益的总流入。

第三十一条 收入只有在经济利益很可能流入从而导致企业资产增加或者负债减少且经济利益的流入额能够可靠计量时才能予以确认。

第三十二条 符合收入定义和收入确认条件的项目，应当列入利润表。

第七章 费用

第三十三条 费用是指企业在日常活动中发生的、会导致所有者权益减少的、与向所有者分配利润无关的经济利益的总流出。

第三十四条 费用只有在经济利益很可能流出从而导致企业资产减少或者负债增加、且经济利益的流出额能够可靠计量时才能予以确认。

第三十五条 企业为生产产品、提供劳务等发生的可归属于产品成本、劳务成本等的费用，应当在确认产品销售收入、劳务收入等时，将已销售产品、已提供劳务的成本等计入当期损益。企业发生的支出不产生经济利益的，或者即使能够产生经济利益但不符合或者不再符合资产确认条件的，应当在发生时确认为费用，计入当期损益。企业发生的交易或者事项导致其承担了一项负债而又不确认为一项资产的，应当在发生时确认为费用，计入当期损益。

第三十六条 符合费用定义和费用确认条件的项目，应当列入利润表。

第八章 利润

第三十七条 利润是指企业在一定会计期间的经营成果。利润包括收入减去费用后的净额、直接计入当期利润的利得和损失等。

第三十八条 直接计入当期利润的利得和损失，是指应当计入当期损益、会导致所有者权益发生增减变动的、与所有者投入资本或者向所有者分配利润无关的利得或者损失。

第三十九条 利润金额取决于收入和费用、直接计入当期利润的利得和损失金额的计量。

第四十条 利润项目应当列入利润表。

第九章 会计计量

第四十一条 企业在将符合确认条件的会计要素登记入账并列报于会计报表及其附

注(又称财务报表，下同)时，应当按照规定的会计计量属性进行计量，确定其金额。

第四十二条 会计计量属性主要包括：

(一)历史成本。在历史成本计量下，资产按照购置时支付的现金或者现金等价物的金额，或者按照购置资产时所付出的对价的公允价值计量。负债按照因承担现时义务而实际收到的款项或者资产的金额，或者承担现时义务的合同金额，或者按照日常活动中为偿还负债预期需要支付的现金或者现金等价物的金额计量。

(二)重置成本。在重置成本计量下，资产按照现在购买相同或者相似资产所需支付的现金或者现金等价物的金额计量。负债按照现在偿付该项债务所需支付的现金或者现金等价物的金额计量。

(三)可变现净值。在可变现净值计量下，资产按照其正常对外销售所能收到现金或者现金等价物的金额扣减该资产至完工时估计将要发生的成本、估计的销售费用以及相关税费后的金额计量。

(四)现值。在现值计量下，资产按照预计从其持续使用和最终处置中所产生的未来净现金流入量的折现金额计量。负债按照预计期限内需要偿还的未来净现金流出量的折现金额计量。

(五)公允价值。在公允价值计量下，资产和负债按照市场参与者在计量日发生的有序交易中，出售资产所能收到或者转移负债所需支付的价格计量。

第四十三条 企业在对会计要素进行计量时，一般应当采用历史成本，采用重置成本、可变现净值、现值、公允价值计量的，应当保证所确定的会计要素金额能够取得并可靠计量。

第十章 财务会计报告

第四十四条 财务会计报告是指企业对外提供的反映企业某一特定日期的财务状况和某一会计期间的经营成果、现金流量等会计信息的文件。财务会计报告包括会计报表及其附注和其他应当在财务会计报告中披露的相关信息和资料。会计报表至少应当包括资产负债表、利润表、现金流量表等报表。小企业编制的会计报表可以不包括现金流量表。

第四十五条 资产负债表是指反映企业在某一特定日期的财务状况的会计报表。

第四十六条 利润表是指反映企业在一定会计期间的经营成果的会计报表。

第四十七条 现金流量表是指反映企业在一定会计期间的现金和现金等价物流入和流出的会计报表。

第四十八条 附注是指对在会计报表中列示项目所作的进一步说明，以及对未能在这些报表中列示项目的说明等。

第十一章 附则

第四十九条 本准则由财政部负责解释

第五十条 本准则自 2007 年 1 月 1 日起施行。

参 考 文 献

[1] 朱小平，徐泓．初级会计学[M]．北京：中国人民大学出版社，2009.

[2] 綦好东，吕玉芹．基础会计[M]．北京：经济科学出版社，2008.

[3] 陈文铭．基础会计习题与案例[M]．大连：东北财经大学出版社，2009.

[4] 李海波．新编会计学原理[M]．上海：立信会计出版社，2011.

[5] 刘永泽．会计学 [M]．2 版．大连：东北财经大学出版社，2009.

[6] 彭继跃．基础会计实务[M]．南京：东南大学出版社，2011.

[7] 金中泉．基础会计[M]．北京：中央广播电视大学出版社，2007.

[8] 财政部会计资格评价中心．初级会计实务[M]．北京：中国财政经济出版社，2011.

[9] 周蓉蓉，孟芳．会计基础与实务[M]．北京：首都师范大学出版社，2009.

[10] 曲洪山，禹阿平．新编基础会计 [M]．5 版．大连：大连理工大学出版社，2008.

[11] 王维维，吴兰．会计学原理[M]．北京：中国计量出版社，2009.

[12] 景云霞，张志．基础会计[M]．北京：中国计量出版社，2009.

[13] 景诚，郭贤．基础会计实务[M]．南京：南京大学出版社，2011.

[14] 中华人民共和国财政部．企业会计准则(2006) [M]．北京：经济科学出版社，2006.

[15] 中华人民共和国会计法编写组．中华人民共和国会计法[M]．北京：经济科学出版社，1999.

面向十二五高职高专会计专业规划教材

基础会计习题集
(第 2 版)

姜　山　郭　贤　主　编
董继睿　孙立东　穆　宁　副主编

清华大学出版社
北　京

目　录

第一章 总 论

一、判断题

1．会计是伴随着人类的出现而出现的。（ ）

2．中国唐宋时期出现的记账方法叫“四柱清册”。（ ）

3．货币是会计工作的唯一计量单位。（ ）

4．制造业企业和商业企业资金运动的本质区别是有没有生产过程。（ ）

5．会计目标就是向会计信息使用者提供所有和企业相关的信息。（ ）

6．会计的任务之一就是参与经营管理，帮助企业管理者做出合理决策。（ ）

7．会计对经济活动进行核算时，以实物量度作为统一计量标准。（ ）

8．“持续经营”是假设企业的生产经营活动会持续不断地进行下去。（ ）

9．会计主体一定是法律主体。（ ）

10．复式记账涉及的账户只有两个。（ ）

11．财务管理学和审计学，属于会计学科体系的外延。（ ）

12．各会计核算方法，不是独立的，而是相互联系，相互依存，彼此制约的。（ ）

二、填空题

1．____________的出现是会计发展史上的重要里程碑。

2．会计萌芽于原始社会，其标志为____________和____________。

3．会计的基本职能是____________和____________。

4．以货币表现的经济活动通常又称为____________。

5．资金从货币形态开始，依次经过储备资金、生产资金、成品资金，最后又回到货币资金，这一运动过程叫作____________。

6．投资者和债权人都是____________的提供者，但两者又有着明显的区别。

7．计提坏账准备的做法体现了____________原则。

8．相关性要求企业提供的会计信息应当与信息使用者的____________相关。

9．实质重于形式原则要求企业应当按交易或事项的____________进行会计确认、计量和报告。

10．设置会计账户是对会计核算的具体内容进行____________的一种方法。

11．经济业务是否发生、完成，关键是看是否取得或填制了____________。

12．____________完成，就意味着这一期间会计记录工作的结束。

三、选择题

1．以下符合本书会计定义的是( )。

A．采用专门技术和方法　　B．连续、全面、系统的核算和监督

C．经济信息系统　　D．经济管理活动

2．会计核算通过(　　)会计核算方法，从价值上反映各单位已经发生或完成的经济活动。

A．确认　　B．计量　　C．计算　　D．报告

3．会计监督职能的特点是(　　)。

A．合法性　　B．强制性　　C．完整性　　D．连续性

4．会计核算职能和会计监督职能的关系是(　　)。

A．核算包括监督　　B．监督是核算的保证

C．监督包括核算　　D．核算是监督的基础

5．以下属于会计对象的是(　　)。

A．企业制订的发展计划　　B．企业年终评选的先进

C．月末发放工资　　D．企业从银行获取贷款

6．会计的目标主要包括(　　)。

A．提供决策相关信息　　B．编制会计报表

C．计算各种产品成本　　D．反映企业管理层受托责任履行情况

7．会计信息使用者包括(　　)。

A．投资者　　B．债权人　　C．政府部门　　D．社会公众

8．会计的任务包括(　　)。

A．反映和监督经济活动　　B．年终审计

C．主持经营决策　　D．为企业外部相关利益人提供信息服务

9．将融资租赁租入的资产视为企业自己的资产，是对会计信息质量(　　)的要求。

A．相关性　　B．可比性　　C．重要性　　D．实质重于形式

10．确定会计核算工作空间范围的前提条件是(　　)。

A．会计主体　　B．持续经营　　C．会计分期　　D．货币计量

11．可比性的含义是(　　)。

A．会计处理方法一致　　B．同一企业不同时期可比

C．不同企业相同会计期间可比　　D．会计指标计算口径一致

12．企业的会计期间是(　　)。

A．自然形成的　　B．人为划分的

C．一个经营周期　　D．一个经营年度

13．下列各项中，属于会计核算专门方法的有(　　)。

A．登记账簿　　B．成本计算　　C．财产清查　　D．复式记账

14．会计学科体系中的应用部分包括(　　)。

A．财务会计学　　B．成本会计学

C．管理会计学　　D．财务管理学

15．“会计”一词，出现在我国的(　　)时期。

A．春秋　　B．商朝　　C．汉朝　　D．周朝

16．现代会计的基本框架可以总结概括为(　　)。

A．财务会计学　　B．成本管理会计学

C．财务管理学　　D．审计学

第二章　账户设置

一、判断题

1. 企业的资产一律是投资人投入的。（　　）
2. 融资租赁租入的机器设备不属于承租方企业的资产，因为所有权归出租方。（　　）
3. 企业与银行达成了两个月后借入100万元的借款意向书，该交易构成企业的负债。（　　）
4. 企业出售固定资产所取得的收益属于企业的日常收入。（　　）
5. 企业收入减去费用后的净额反映企业日常活动的经营业绩。（　　）
6. 会计要素可以完全满足经济管理以及有关各方对会计信息的质量要求。（　　）
7. 按经济内容不同对会计科目进行分类是对会计科目最基本的分类。（　　）
8. 会计科目是会计要素的名称。（　　）
9. 实收资本和生产成本都属于成本类科目。（　　）
10. 应收账款和应付账款都属于资产类科目。（　　）
11. 会计账户和会计科目完全相同，只是叫法不同。（　　）
12. “原材料——甲材料”属于一级账户。（　　）
13. “制造费用”属于损益类账户。（　　）
14. 没有会计科目，账户便失去了设置的依据；没有账户，会计科目就无法发挥作用。（　　）
15. 总分类账户和明细分类账户一般是根据国家的统一会计制度的相关规定设置的。（　　）

二、填空题

1. 会计要素是对会计对象按__________所作的基本分类。
2. 资产是预期会给企业带来__________的资源。
3. 负债代表着企业的__________和债权人对__________的要求权。
4. 企业所有人凭其对__________，享受分配税后利润的权利。
5. 费用会导致__________的减少。
6. 总分类科目是对会计要素的具体内容进行__________的科目。
7. 会计科目按照用途和结构不同，可分为基本科目、调整科目和__________。
8. 固定资产提取的折旧数额情况需要放在与其相对应的调整科目__________科目中反映。
9. 损益类科目是用于核算__________的发生或归集，提供与一定会计期间损益相关的会计信息的会计科目。

10．会计科目是指对__________进行分类核算所规定的项目。

11．会计账户简称"账户"，是根据会计科目设置的，具有一定__________。

12．会计账户按提供信息详细程度以及统驭关系的不同进行分类，可分为__________和__________。

13．反映账户基本结构的最简单的形式是__________。

14．实际工作中所使用的账户要依附于__________开设。

15．每一个账户所记录的金额包括四项：期初余额、__________、本期减少额以及__________。

三、选择题

1．资产、负债和所有者权益三要素反映的是企业某一时点的(　　)。
A．总价值　B．总利润　C．成果　D．财务状况

2．所有者权益在数量上等于(　　)。
A．全部资产扣除长期负债　B．全部资产加上全部负债
C．全部资产扣除全部负债　D．全部资产扣除流动负债

3．收入包括(　　)。
A．销售商品收入　B．为客户代收款项
C．劳务收入　D．利息收入

4．直接费用是指直接为生产产品而发生的各项费用，包括(　　)。
A．直接材料费　B．直接人工费
C．管理费用　D．其他直接支出

5．会计等式是(　　)的重要理论依据。
A．正确设置账户　B．复式记账
C．试算平衡　D．编制会计报表

6．设置会计科目的意义在于(　　)。
A．复式记账的基础　B．编制记账凭证的基础
C．为编制会计报表提供方便　D．为成本核算与财产清查提供前提条件

7．设置会计科目的原则是(　　)。
A．符合会计制度的要求　B．紧密结合会计对象的特点
C．符合会计人员的工作习惯　D．统一性和灵活性相结合

8．以下属于资产类科目的是(　　)。
A．短期借款　B．资本公积　C．其他应收款　D．主营业务收入

9．以下属于负债类科目的是(　　)。
A．应收账款　B．盈余公积　C．应付利息　D．库存现金

10．总分类科目与明细分类科目之间有着密切的关系，从性质上来说，是(　　)的关系。
A．隶属　B．等同　C．相辅相成　D．统驭和从属

11．账户分为左右两个方向，当某一账户左方登记增加时，右方则(　　)。
A．登记增加数　B．登记减少数
C．登记增加数或减少数　D．不登记任何数

12．“应收账款”账户的期初余额为 8 000 元，本期增加额为 12 000 元，期末余额为 6 000 元，则该账户的本期减少额为(　　)。

A．10 000　　B．4 000　　C．2 000　　D．14 000

13．账户的基本结构包括(　　)。

A．增加额　　B．减少额　　C．余额　　D．会计科目

14．以下属于所有者权益类账户的是(　　)。

A．生产成本　　B．盈余公积　　C．应交税费　　D．实收资本

15．以下属于成本类账户的是(　　)。

A．生产成本　　B．制造费用　　C．管理费用　　D．劳务成本

四、实训题

1．2018 年 6 月 1 日，华通公司的资产总额为 2 000 000 元。该企业 6 月份共发生了三笔经济业务，具体业务内容如下。

业务一：收到自然人王某的投资款 200 000 元，该款已到账。

业务二：偿还本月到期的短期借款 500 000 元。

业务三：收到前欠货款 300 000 元，该款已到账。

要求：计算 2018 年 7 月 1 日华通公司的权益总额。

2．万星公司 2018 年 6 月末各项目余额情况如下。

银行存款	500 000 元
欠银行的贷款	300 000 元
投资者投入资本	5 000 000 元
库存原材料	400 000 元
库存产成品	500 000 元
欠供货商的材料款	200 000 元
办公楼	4 000 000 元
机器设备	1 000 000 元
尚未分配的利润	900 000 元

要求：区分以上项目所属的会计要素类别，将相应金额填入表 2-1 中。

表 2-1　资产负债表

年　月　日　　　　　　单位：元

资　产	金　额	负债及所有者权益	金　额
合　计		合　计	

3. 俊华公司 2 月初账面有库存现金 600 元及银行存款 80 000 元，2 月当月发生如下经济业务。

业务一：从银行取得现金 50 000 元。

业务二：用现金支付工资 50 000 元。

业务三：用现金购买办公用品 300 元。

业务四：销售商品取得现金收入 700 元。

业务五：接受投资人投资款 200 000 元，存入银行。

业务六：从银行取得贷款 100 000 元，存入银行。

业务七：以银行存款购买原材料 300 000 元。

要求：在 T 形账中完成该企业当月“库存现金”账户及“银行存款”账户的记账工作，如图 2-1 所示。

图 2-1　T 形账户

第三章　复式记账

一、判断题

1．记账方法经历了从单式记账到复式记账的发展过程。（　　）

2．复式记账即借贷记账法。（　　）

3．复式记账最早产生于中国，标志为“龙门账”。（　　）

4．会计分录的书写格式要求先贷后借。（　　）

5．负债类账户增加登记在借方。（　　）

6．实收资本账户的期初余额一般在贷方表示。（　　）

7. 成本类账户的结构与资产类账户基本相同，账户的借方登记所发生成本的增加额，贷方登记成本的转销额。（　　）

8．管理费用账户增加在贷方表示。（　　）

9．期间相同是指对发生的每一项交易或事项，要在同一天记入有关的总分类账户及其所属的明细分类账户。（　　）

10．登记总分类账户及其所属明细分类账户的直接依据不一定相同，但原始依据必须是相同的。（　　）

二、填空题

1．会计账户的设置为我们解决了____________的问题。

2．复式记账法以____________作为记账基础。

3．复式记账法比单式记账法提供的信息更加完整、更加清晰，而且更能反映出经济业务的____________。

4．借贷记账法是以____________作为记账符号的一种复式记账方法。

5．账户按照反映的经济内容的不同，可分为资产类账户、____________、所有者权益类账户、____________、损益类账户及共同类账户六类。

6．____________是指任何一笔经济业务都应在一个账户或几个账户的借方和另一个账户或几个账户的贷方同时进行登记。

7. 一个完整的会计分录通常包括____________、记账方向及____________三项要素。

8．试算平衡包括两种方法，即____________和____________。

9．总分类账户对明细分类账户具有____________，明细分类账户对总分类账户具有____________。

10．平行登记一方面可以满足管理上对总括会计信息和详细会计信息的需求，另一方面又可以检验账户记录的____________。

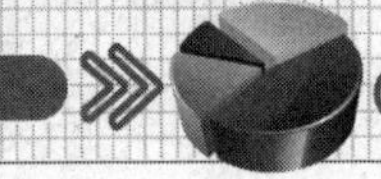

三、选择题

1. 单式记账的特点是(　　)。

A. 记账过程简单　　B. 记账方式简单

C. 账户的记录不完整　　D. 账户的记录完整

2. 复式记账的种类包括(　　)。

A. 增减记账法　　B. 收付记账法

C. 加减记账法　　D. 借贷记账法

3. 复式记账法的基本内容包括(　　)。

A. 设置会计科目　　B. 确定记账符号

C. 制定记账规则　　D. 规定平衡公式

4. 下面的要素中，“借”表示其增加的是(　　)。

A. 费用增加　　B. 负债增加

C. 所有者权益增加　　D. 收入增加

5. 应收账款账户的期初余额为借方 2 000 元，本期借方发生额 8 000 元，本期贷方发生额 6 000 元，则该账户的期末余额为(　　)。

A. 借 4 000 元　　B. 贷 8 000 元

C. 借 5 000 元　　D. 贷 5 000 元

6. 会计账户借贷两方，哪一方登记增加数，哪一方登记减少数取决于(　　)。

A. 账户的级次　　B. 记账方法

C. 账户的类别　　D. 所记录的经济业务内容

7. “总分类账户试算平衡表”中，若出现三对平衡数字，则(　　)。

A. 全部总分类账户记录一定正确

B. 全部总分类账户记录不能认为肯定无误

C. 全部明细分类账户记录一定正确

D. 全部明细分类账户记录不能认为肯定无误

8. 费用类账户期末(　　)。

A. 无余额　　B. 余额在借方

C. 余额在贷方　　D. 余额不固定

9. 企业用银行存款归还短期借款 100 000 元，对于这项经济业务，下列说法中正确的是(　　)。

A. 这项经济业务涉及资产类和负债类账户

B. 这项业务引起资产增加、负债减少

C. 在“银行存款”账户借方登记 100 000 元

D. 在“短期借款”账户借方登记 100 000 元

10. 关于复合会计分录，下列说法中正确的有(　　)。

A. 涉及两个以上账户　　B. 可能形成“一借多贷”对应关系

C. 可能形成“一贷多借”对应关系　　D. 只涉及两个账户

11．根据“资产=权益”的会计恒等式，经济业务分成(　　)。

A. 资产和权益同时增加　　B. 资产和权益同时减少

C. 资产内部不同项目一增一减　　D. 权益内部不同项目一增一减

12．总分类账户与明细分类账户平行登记四要点中的“依据相同”是指(　　)。

A. 总分类账要根据明细分类账进行登记

B. 明细分类账要根据总分类账进行登记

C. 根据同一会计凭证登记

D. 由同一人员进行登记

13．关于总分类账户与明细分类账户的平行登记，下面说法中正确的是(　　)。

A. 对每笔经济业务，既要计入有关的总分类账户，又要在同一会计期间计入所属的明细分类账户

B. 对每笔经济业务，计入总分类账户的方向与计入所属各明细分类账户的方向相同

C. 对每笔经济业务，计入总分类账户的金额与计入所属各明细分类账户的金额之和相等

D. 对于某一企业来说，其全部总分类账户的本期发生额之和等于全部明细分类账户的本期发生额之和

四、实训题

1．会计分录编制。

伟达公司 2018 年 1 月发生如下经济业务，要求根据业务编制会计分录。

(1) 5 日，从银行提取现金 1 500 元。

(2) 10 日，收到投资者投入企业的原材料一批，作价 30 000 元。

(3) 12 日，购进可直接使用的机器设备一台，价值 20 000 元，以银行存款支付。

(4) 13 日，生产车间从仓库领用原材料一批，价值 50 000 元，用于生产 A 产品。

(5) 15 日，以银行转账的方式偿还前欠供货单位的货款 12 500 元。

(6) 17 日，由于流动资金不足，从中国工商银行取得短期借款 200 000 元，存入银行。

(7) 18 日，以银行存款上缴企业所得税 7 500 元。

(8) 21 日，收到购货单位预交货款 5 000 元，已存入银行。

(9) 22 日，购进原材料一批，价值 15 000 元，材料已验收入库，货款尚未支付。

(10) 23 日，以银行存款归还到期的短期借款 50 000 元和前欠供货单位货款 25 000 元。

2．编制试算平衡表。

(1) 蓝天公司 2018 年 1 月有关账户期初余额情况如表 3-1 所示。

表 3-1　蓝天公司 2018 年 1 月账户期初余额情况

资　产	金　额	负债及所有者权益	金　额
库存现金	2 500	短期借款	250 000
银行存款	97 500	应付账款	150 000
原材料	100 000	应交税费	50 000
应收账款	50 000	长期借款	50 000
固定资产	1 250 000	实收资本	1 000 000
合计	1 500 000	合计	1 500 000

(2) 蓝天公司 2018 年 1 月发生如下业务，要求编制相应会计分录。

① 购买原材料 50 000 元，以银行存款支付货款，材料已入库。

② 购入机器一台，价值 100 000 元，货款暂欠。

③ 收到投资人投资 200 000 元，存入银行。

④ 以银行存款偿还长期借款 20 000 元。

⑤ 收回应收账款 20 000 元，存入银行。

⑥ 以现金缴纳应交消费税 500 元。

(3) 根据以上资料，编制蓝天公司 2018 年 1 月试算平衡表，如表 3-2 所示。

表 3-2　试算平衡表

账户名称	期初余额		本期发生额		期末余额	
	借方	贷方	借方	贷方	借方	贷方
库存现金						
银行存款						
原材料						
应收账款						
固定资产						
短期借款						
应付账款						
应交税费						
长期借款						
实收资本						
合 计						

3.　平行登记练习。

(1) 前进公司 2018 年 1 月 1 日有关总分类账户和明细分类账户余额情况具体如下。

“原材料”账户借方余额 200 000 元。

“原材料——甲材料”账户，800 千克，单价 150 元，借方余额 120 000 元。

“原材料——乙材料”账户，200 千克，单价 100 元，借方余额 20 000 元。

“原材料——丙材料”账户，500 千克，单价 120 元，借方余额 60 000 元。

(2) 公司 2018 年 1 月份发生的经济业务情况如下，根据业务编制会计分录。

① 购进甲材料 100 千克，单价 150 元，价款合计 15 000 元，款项已通过银行转账支付，该批材料已验收入库。

② 生产车间从仓库领用材料一批用于生产产品，其中甲材料 200 千克，单价 150 元，乙材料 100 千克，单价 100 元，丙材料 250 千克，单价 120 元，共计领料金额 70 000 元。

③ 接受股东投资，乙材料 100 千克，单价 100 元，丙材料 100 千克，单价 120 元，材料已验收入库，价款共计 22 000 元。

(3) 采用平行登记法登记“原材料”总分类账户及其所属明细分类账户的期初余额、本期发生额及期末余额，如表 3-3～表 3-6 所示。

表 3-3　总分类账

账户名称：

年		凭证号		摘　要	借　方	贷　方	借或贷	余　额
月	日	字	号					

表 3-4　原材料明细账(一)

材料名称：

计量单位：

年		凭证号		摘　要	收　入			发　出			结　存		
月	日	字	号		数量	单价	金额	数量	单价	金额	数量	单价	金额

表 3-5　原材料明细账(二)

材料名称：

计量单位：

年		凭证号		摘　要	收　入			发　出			结　存		
月	日	字	号		数量	单价	金额	数量	单价	金额	数量	单价	金额

表 3-6　原材料明细账(三)

材料名称：

计量单位：

年		凭证号		摘　要	收　入			发　出			结　存		
月	日	字	号		数量	单价	金额	数量	单价	金额	数量	单价	金额

第四章　制造业企业主要经济业务的核算

一、判断题

1．制造业企业的生产经营活动主要围绕供应、生产、销售来进行。（　）

2．用来核算投资人投入企业资本的账户是资本公积。（　）

3．“银行存款”账户属于资产类账户，期末余额通常在贷方。（　）

4．可用“固定资产”账户表示的企业资产的使用寿命通常超过两年。（　）

5．增值税的基本税率是16%。（　）

6．材料验收入库应登记在“原材料”账户的贷方。（　）

7．“预付账款”账户属于资产类账户，增加登记在借方。（　）

8．生产车间机器设备提取的折旧，应计入“管理费用”账户。（　）

9．“制造费用”账户贷方登记月末分配转入“生产成本”账户的间接费用，表示减少。（　）

10．“累计折旧”账户属于资产类账户，是无形资产的备抵账户。（　）

11．“应收账款”是负债类账户。（　）

12．制造业企业销售产品的收入应计入“其他业务收入”账户。（　）

13．“其他业务成本”账户期末余额通常在借方表示。（　）

14．法定盈余公积的提取比例是15%。（　）

15．“本年利润”账户期末余额如在贷方，表示本期实现的净利润。（　）

16．“所得税费用”账户属于费用类账户，期初余额在贷方表示。（　）

二、填空题

1．制造业企业也叫工业企业，是从事____________的经济实体。

2．短期借款和长期借款的区别在于，借款期限是否超过____________。

3．企业取得的专利权可用____________账户登记。

4．企业发生的应付而未付的利息，通常用____________账户表示。

5．用来登记采购后尚在途中的材料的是____________账户。

6．“应付账款”账户一般按____________设置明细账户，进行明细分类核算。

7．企业购买材料物资时缴纳的____________计入“应交税费——应交增值税”账户的借方。

8．用来核算应付给职工的工资及福利费的账户是____________。

9．已生产完工验收入库的产品成本，应计入____________账户。

10．各项生产费用凡是为生产一定种类和数量的产品所发生的费用，称为产品的____________。

11．企业支付的广告费，应计入____________账户。

12．“主营业务成本”账户贷方登记发生的销售退回和期末转入＿＿＿＿＿＿账户的当期销售成本。

13．企业因销售产品、提供劳务等，根据合同应向购货单位或接受劳务单位预收的款项应计入＿＿＿＿＿＿账户。

14．企业正常业务以外取得的收入，应计入＿＿＿＿＿＿账户。

15．利润是衡量企业经营管理最重要的综合指标，包括营业利润、＿＿＿＿＿＿、净利润三个层次。

16．核算企业对外投资取得的收益或发生的损失，应计入＿＿＿＿＿＿账户。

三、选择题

1．我国企业的资金来源渠道主要是(　　)。

A．投资者投入　　B．向银行、金融机构筹借

C．取得捐赠　　D．发行债券

2．以下属于所有者权益类账户的是(　　)。

A．资本公积　　B．实收资本　　C．本年利润　　D．利润分配

3．可在“财务费用”账户中反映的是(　　)。

A．办公费　　B．利息支出　　C．汇兑损失　　D．修理费

4．以下业务中会导致资产和所有者权益同时增加的是(　　)。

A．从工行取得贷款　　B．收到投资者投入机器

C．收到捐赠存入银行　　D．以银行存款支付利息

5．构成材料采购成本的主要有(　　)。

A．税费　　B．买价　　C．运输费　　D．装卸费

6．“原材料”账户，一般可按(　　)来设置明细账户。

A．类别　　B．品种　　C．规格　　D．重量

7．在中华人民共和国境内从事(　　)的单位和个人，为增值税的纳税人。

A. 销售货物　　B. 加工劳务　　C. 销售服务　　D. 进口货物

8．“生产成本”账户借方登记的是(　　)。

A．管理费用　　B．直接人工费　　C．直接材料费　　D. 分配转入的制造费用

9．以下存在贷方期末余额的是(　　)账户。

A．生产成本　　B．应付职工薪酬

C．累计折旧　　D．制造费用

10．“库存商品”账户可按产品的(　　)设置明细分类账户。

A．种类　　B．品种　　C．规格　　D．重量

11．可用“税金及附加”账户核算的税费主要有(　　)。

A．增值税　　B．房产税　　C．消费税　　D．城建税

12．结转已实现销售产品的成本，涉及的账户主要有(　　)。

A．主营业务成本　　B．其他业务成本

C．库存商品　　D．原材料

13．公司销售产品10 000元，增值税销项税额1 600元，货税款已收到存入银行，该笔业务涉及的账户主要有(　　)。

A．银行存款　　B．应收账款

C．主营业务收入　　D．应交税费

14．和计算利润总额相关的因素包括(　　)。

A．营业利润　B．营业外收入　C．营业外支出　D．所得税费用

15．“利润分配”账户的明细分类账户主要有(　　)。

A．提取法定盈余公积　　B．提取任意盈余公积

C．应付股利　　D．未分配利润

16．以下账户中属于所有者权益类的是(　　)。

A．应付股利　B．利润分配　C．盈余公积　D．营业外支出

四、实训题

1. 资金筹集业务核算。

江城公司2018年12月发生如下业务，要求根据以下业务编制会计分录。

(1) 接受股东投资100 000元，已存入银行。

(2) 收到某机构捐赠的设备一台，设备无须安装可直接使用，价值50 000元。

(3) 和工商银行达成借款协议，借款20 000元，期限3个月，年利率4.8%，到期后一次还本付息，借款已收到，并存入银行。

(4) 接上题，计提本月应负担的工商银行借款利息。

(5) 接上题，3 个月后以银行存款支付借款本金及利息。

(6) 和建设银行达成借款协议，取得借款 100 000 元，期限 3 年，年利率 6%，借款已收到，并存入银行。

(7) 接受股东投资的专利权一项，价值 80 000 元。

(8) 经批准，以资本公积 50 000 元转增注册资本。

2. 供应过程业务核算。

江城公司 2018 年 12 月发生如下业务，要求根据以下业务编制会计分录。

(1) 采购甲材料一批，价值 10 000 元，增值税进项税额 1 600 元，货税款以银行存款支付，材料尚未到达。

(2) 接上题，甲材料已到企业，并已验收入库。

(3) 向 A 公司采购乙材料一批，价值 20 000 元，增值税进项税额 3 200 元，货税款未付，材料尚在途中。

(4) 接上题，以银行存款支付欠 A 公司的货税款 23 200 元。

(5) 以银行存款向 B 公司支付采购丙材料的预付款 30 000 元。

(6) 接上题，收到 B 公司发来的丙材料，价值 30 000 元，增值税进项税额 4 800 元，材料已验收入库，扣除预付款的差额以银行存款支付。

(7) 向 C 公司采购材料一批，其中甲材料 20 000 元，乙材料 30 000 元，增值税进项税额 8 000 元，上述款项以银行存款支付，材料尚未到达。

(8) 接上题，以现金支付上述甲、乙两种材料的运输费 500 元(以材料买价作为采购费用分配标准)。

3. 生产过程业务核算。

江城公司 2018 年 12 月发生如下业务，要求根据以下业务编制会计分录。

(1) 领用价值 100 000 元甲材料，其中生产 A 产品耗用 60 000 元，生产 B 产品耗用 30 000 元，车间维修设备耗用 6 000 元，企业管理部门耗用 4 000 元。

(2) 分配本月应付工资 80 000 元，其中生产 A 产品工人工资 40 000 元，生产 B 产品工人工资 20 000 元，车间管理人员工资 10 000 元，企业行政管理部门人员工资 10 000 元。

(3) 从银行提取现金 80 000 元，准备发放工资。

(4) 以现金 80 000 元支付职工工资。

(5) 提取本月固定资产折旧 30 000 元，其中生产车间机器折旧 20 000 元，企业管理部门办公设备折旧 10 000 元。

(6) 以银行存款支付生产车间设备修理费 5 000 元。

(7) 本月共发生制造费用 60 000 元，生产 A 产品工时为 400，生产 B 产品工时为 200，要求以产品生产工时作为标准分配本月发生的制造费用。

(8) 本月投产产品月末全部完工且验收入库，其中，A 产品成本为 160 000 元，B 产品成本为 130 000 元，结转已完工产品成本。

4. 销售过程业务核算。

江城公司 2018 年 12 月发生如下业务，要求根据以下业务编制会计分录。

(1) 销售 A 产品一批，价值 20 000 元，增值税销项税额 3 200 元，货税款已收到，并存入银行。

(2) 接上题，结转已实现销售 A 产品的成本 18 000 元。

(3) 销售给东方公司 B 产品一批，价值 30 000 元，增值税销项税额 4 800 元，货税款尚未收到。

(4) 接上题，收到东方公司所欠的货税款 34 800 元，并存入银行。

(5) 销售甲材料一批，价值 10 000 元，增值税销项税额 1 600 元，货税款已收到，并存入银行。

(6) 接上题，结转已实现销售的甲材料成本 6 000 元。

(7) 按我国《税法》规定，本月应缴消费税 5 000 元，城建税 600 元。

(8) 以银行存款支付电视台广告费 20 000 元。

5. 财务成果形成及分配业务核算。

江城公司 2018 年 12 月发生如下业务，要求根据以下业务编制会计分录。

(1) 月末将本月取得的各项收入转入“本年利润”账户，其中，主营业务收入 60 000 元，其他业务收入 40 000 元，营业外收入 5 000 元。

(2) 月末将本月发生的各项费用转入“本年利润”账户，其中，主营业务成本 40 000 元，其他业务成本 30 000 元，营业外支出 3 000 元，税金及附加 5 600 元，管理费用 6 000 元，销售费用 20 000 元。

(3) 以银行存款支付违约罚款 3 000 元。

(4) 收到投资单位分配的投资利润 30 000 元，并存入银行。

(5) 计算并结转应缴所得税，企业利润总额为 20 000 元，所得税税率为 25%。

(6) 结转全年实现的净利润 15 000 元。

(7) 接上题，按净利润的 10%提取法定盈余公积。

(8) 股东会决定，向股东分配股利 10 000 元。

第五章 会计凭证

一、判断题

1．火车票属于自制原始凭证。 ( )
2．记账凭证是根据审核无误的原始凭证填制的。 ( )
3．会计凭证和法律凭证的存在形式是一样的。 ( )
4．付款凭证是专门登记银行存款付款业务的记账凭证。 ( )
5．原始凭证上书写阿拉伯数字时，要求数字高度一般占格高的 1/2。 ( )
6．原始凭证如果书写错误，由更正人员在更正处盖章，以示负责。 ( )
7．大写金额数字到元或者角为止的，在“元”或者“角”之后应当写“整”字。( )
8．“提取固定资产折旧 2 000 元”，这笔业务应选用转账凭证进行填制。 ( )
9．会计凭证的保管期限一般为 10 年。 ( )
10．报销差旅费的记账凭证应填写报销当日的日期。 ( )
11．所有的债权债务原始凭证只要保管期满，即可按规程销毁。 ( )

二、填空题

1．限额领料单属于____________。
2．____________是会计工作的起点和最基本环节。
3．原始凭证是组织会计核算的原始资料和重要依据，是记账的____________。
4．通用记账凭证一般适用于____________的企事业单位。
5．书写阿拉伯数字时要注意紧靠____________，使上方能留出一定的空位。
6．以元为单位的阿拉伯数字，除表示单价等情况外，一律填写到____________。
7．为了如实反映经济业务的发生和完成情况，充分发挥会计的____________，会计机构、会计人员必须对原始凭证进行严格审核。
8．一笔业务需要编制多张记账凭证时，可采用____________进行凭证编号。
9．记账凭证是根据审核无误的原始凭证填制的，是登记账簿的____________。
10．每年装订成册的会计凭证，在年度终了时可暂由____________保管一年。
11．付款凭证的“贷方科目”栏，应按付款的性质填写____________科目。

三、选择题

1．会计凭证按照填制的程序和用途，可分为( )。
A．通用凭证 B．专用凭证 C．原始凭证 D．记账凭证
2．原始凭证按照填制的手续不同，可分为( )。
A．一次凭证 B．累计凭证 C．汇总凭证 D．外来凭证
3．专用记账凭证包括( )。
A．收款凭证 B．付款凭证 C．通用凭证 D．转账凭证

4．原始凭证按照来源的不同，可分为(　　)。

A．自制原始凭证　B．内部凭证　C．外来原始凭证　D．外部凭证

5．以下属于汉字大写数字的是(　　)。

A．一　B．壹　C．五　D．伍

6．原始凭证的基本要素包括(　　)。

A．名称　B．日期　C．编号　D．业务摘要

7．原始凭证填制的基本要求包括(　　)。

A．业务合法　B．真实可靠　C．内容完整　D．编制及时

8．以下属于记账凭证基本内容的是(　　)。

A．名称　B．填制日期　C．编号　D．金额

9．以下业务在填制记账凭证时，使用收款凭证的是(　　)。

A．销售产品收取现金　B．用现金购办公用品

C．到银行取现金　D．收取职工罚款现金

10．装订会计凭证时，会计凭证封面应注明(　　)。

A．单位名称　B．凭证种类　C．凭证张数　D．起止号数

11．记账凭证审核内容包括(　　)。

A．记账凭证完整性审核　B．记账凭证正确性审核

C．记账凭证相关性审核　D．所附原始凭证真实性审核

四、实训题

1．大小写金额书写练习，如表 5-1 所示。

表 5-1　大小写金额书写练习

小写金额											大写金额
无数位分割线	千	百	十	万	千	百	十	元	角	分	
¥1 004.50											人民币：
¥3 269.00											人民币：
¥78 345.69											人民币：
¥200 203.01											人民币：
¥4 512 671.30											人民币：
											人民币：叁仟零贰拾元整
											人民币：伍佰陆拾柒元捌角壹分
											人民币：壹万玖仟零壹拾贰元陆角整
	¥	3	0	0	5	0	0	6	0	6	人民币：
		¥	6	8	9	1	4	3	2	0	人民币：

2. 原始凭证填制。

(1) 填制现金支票(见表 5-2)。江城机电公司 2018 年 1 月 5 日，开出现金支票，从银

行提取现金 2 000 元备用，开户行：工商银行新区支行，账号：76012532。

表 5-2 现金支票

中国工商银行 现金支票存根 No. 12345678		中国工商银行 现金支票 No. 12345678	
		出票日期(大写) 年 月 日 收款人：	付款行名称： 出票人账号：
附加信息	本支票付款期限十天	人民币 (大写)	百 十 万 千 百 十 元 角 分
出票日期 年 月 日		用途________ 上列款项请从 我账户内支付 出票人签章	科目(借)________ 对方科目(贷) 付讫日期 年 月 日 出纳 复核 记账
收款人：			
金 额：			
用 途：			
单位主管 会计			

(2) 填制银行进账单(见表 5-3)。江城机电公司 2018 年 1 月 10 日收到转账支票一张，金额 34 800 元，票号：3269。江城机电公司开户行：工商银行新区支行，账号：76012532，支票出票人：黄河公司，开户行：工商银行元宝支行，账号：56215935。

表 5-3 中国工商银行进账单(回单)

年 月 日 第 号

出票人	全 称		收款人	全 称		此联是开户行交给持票人的回单
	账 号			账 号		
	开户银行			开户银行		
人民币 (大写)					亿 千 百 十 万 千 百 十 元 角 分	
票据种类		票据张数				
票据号码				开户行盖章		
复核 记账						

(3) 填制增值税专用发票(见表 5-4)。2018 年 1 月 12 日江城机电公司销售给黄河公司 A 产品 20 件，单价 1 000 元，增值税税率 16%。黄河公司地址：东港市黄海路 3 号，电话：2154789，税号：1597534568523，开户行：工商银行元宝支行，账号：56215935。江城机电公司地址：江城市洋河路 23 号，电话：6972186，税号：4567891234561，开户行：工商银行新区支行，账号：76012532。

表 5-4　增值税发票

辽宁省增值税专用发票

发票联

(辽宁省 国家税务总局监制)

No.000120

开票日期:

购货方	名　　称: 纳税人识别号: 地 址、电 话: 开户行及账号:				密码区			
货物或应税劳务名称	规格型号	单位	数量	单价	金　额	税率	税　额	
合　计								
价税合计(大写)							(小写)	
销售方	名　　称: 纳税人识别号: 地 址、电 话: 开户行及账号:				备注			

收款人:　　　　复核:　　　　开票人:　　　　销售方:(章)

第二联　发票联　购货方记账凭证

(4) 填制收料单(见表 5-5)。2018 年 1 月 15 日，向江城钢铁厂采购钢材一批，发票号码：456951，其中圆钢(材料编号 01)5 吨，每吨 16 000 元，方钢(材料编号 02)1 吨，每吨 20 000 元，运费 600 元，仓库保管员刘峰在验收后将钢材送入 1 号仓库。

表 5-5　收　料　单

供货单位:　　　　年　月　日　　　　凭证编号:

发票编号:							收料仓库:									
编号	名称	规格	单位	应收数量	实收数量	单价	金　额									
							千	百	十	万	千	百	十	元	角	分
			运杂费													
			合　计													
备　注																
仓库保管员:							记账:					收料:				

第二联　记账联

(5) 填制借款单(见表 5-6)。2018 年 1 月 18 日，经理办公室主任李刚出差预借差旅费

2 000 元，财务主管：王宁，总经理：李明。

表 5-6　借　款　单

年　　月　　日

部　　门		借款事由			
借款金额	人民币(大写)			¥	
批准金额	人民币(大写)			¥	
领　　导		财务主管		借款人	

(6) 填制领料单(见表 5-7)。2018 年 1 月 20 日，一车间因生产 A 产品领用圆钢(材料编号 01)2 吨，单价 10 000 元，发料仓库为 1 号仓库。

表 5-7　领　料　单

领料部门：　　　　　　　　　　　　　　　　　　　　　凭证编号：

用　途：　　　　　　　　年　　月　　日　　　　　　　发料仓库：

材料编号	材料名称及规格	单位	数　量		金　额	
			请　领	实　发	单　价	金　额
备　注：					合　计	

第二联　记账联

(7) 填制现金交款单(见表 5-8)。2018 年 1 月 22 日，江城机电公司销售科销售 B 产品 20 件，单价 500 元，增值税税额 1 600 元，出纳员将销售款现金 11 600 元存入银行，公司开户行：工商银行新区支行，账号：76012532，其中百元面额 100 张，五十元面额 30 张，十元面额 8 张，五元面额 4 张。

表 5-8　中国工商银行现金交款单 (回单)

年　　月　　日

<table>
<tr><td>款项来源</td><td colspan="3"></td><td colspan="2">收款单位</td><td colspan="3"></td><td colspan="11"></td></tr>
<tr><td>解款部门</td><td colspan="3"></td><td colspan="2">账　　号</td><td colspan="3"></td><td colspan="5">开户银行</td><td colspan="6"></td></tr>
<tr><td colspan="9" rowspan="2">人民币
(大写)：</td><td>亿</td><td>千</td><td>百</td><td>十</td><td>万</td><td>千</td><td>百</td><td>十</td><td>元</td><td>角</td><td>分</td></tr>
<tr><td></td><td></td><td></td><td></td><td></td><td></td><td></td><td></td><td></td><td></td><td></td></tr>
<tr><td>券别</td><td>张数</td><td>券别</td><td>张数</td><td>券别</td><td>张数</td><td>券别</td><td>张数</td><td></td><td colspan="11" rowspan="4">(银行盖章)

收款
复核</td></tr>
<tr><td>一百元</td><td></td><td>十元</td><td></td><td>五角</td><td></td><td>五分</td><td></td><td></td></tr>
<tr><td>五十元</td><td></td><td>五元</td><td></td><td></td><td></td><td></td><td></td><td></td></tr>
<tr><td>二十元</td><td></td><td>一元</td><td></td><td></td><td></td><td></td><td></td><td></td></tr>
</table>

(8) 填制收款收据(见表5-9)。2018年1月25日，江城机电公司出纳李红收到职工李明违章罚款50元现金。

表5-9　统一收款收据

年　月　日

交款单位(或交款人)		收款方式	
事由＿＿＿＿＿＿＿＿＿ 金额(人民币大写):＿＿＿＿＿＿　¥＿＿＿＿			备注:
收款人:	收款单位(盖章)		

(9) 填制工资费用分配表(见表5-10)。2018年1月30日，江城机电公司分配本月工资费用，共支付工资费用250 000元，其中，车间生产工人工资150 000元，车间管理人员工资60 000元，企业管理人员工资30 000元，专设销售机构人员工资10 000元。

表5-10　工资费用分配表

年　月　日　　单位：元

车间、部门	应分配金额
车间生产人员	
车间管理人员	
厂部管理人员	
专设销售机构人员	
在建工程人员	
合　计	

(10) 填制制造费用分配表(见表5-11)。2018年1月30日，江城机电公司一车间分配本月制造费用60 000元，分配标准为产品工时，其中，A产品工时为400，B产品工时为200。

表5-11　制造费用分配表

车间:　　年　月　日　　单位：元

分配对象	分配标准/生产工时	分配率	分配金额
合　计			

主管:　　审核:　　制表:

面向十二五高职高专会计专业规划教材

3. 记账凭证填制。

(1) 江城机电公司 2018 年 1 月 5 日，开出现金支票，从银行提取现金 2 000 元备用，如表 5-12 所示。

表 5-12　付款凭证

贷方科目：　　　　　　　　　　　年　月　日　　　　　　　　　　　付字第　号

摘　要	借方科目		记账符号	金　额									
	总账科目	明细科目		千	百	十	万	千	百	十	元	角	分
附单据　张	合　计												

会计主管：　　　　记账：　　　　出纳：　　　　审核：　　　　制单：

(2) 江城机电公司 2018 年 1 月 10 日收到转账支票一张，金额 34 800 元，已存入银行，该款项系黄河公司偿还前欠货款，如表 5-13 所示。

表 5-13　收款凭证

借方科目：　　　　　　　　　　　年　月　日　　　　　　　　　　　收字第　号

摘　要	贷方科目		记账符号	金　额									
	总账科目	明细科目		千	百	十	万	千	百	十	元	角	分
附单据　张	合　计												

会计主管：　　　　记账：　　　　出纳：　　　　审核：　　　　制单：

(3) 江城机电公司 2018 年 1 月 12 日销售给黄河公司 A 产品 20 件，单价 1 000 元，增值税税率 16%，增值税发票已开，货已出库，货税款未收到，如表 5-14 所示。

表 5-14　转账凭证

年　月　日　　　　　　　　　　　　转字第　号

摘　要	会计科目		记账	借方金额									贷方金额								
	总账科目	明细科目	符号	百	十	万	千	百	十	元	角	分	百	十	万	千	百	十	元	角	分
附单据　张	合　计																				

会计主管：　　　　记账：　　　　审核：　　　　制单：

(4) 江城机电公司 2018 年 1 月 15 日，向江城钢铁厂采购钢材一批，其中，圆钢 5 吨，每吨 16 000 元，方钢 1 吨，每吨 20 000 元，增值税税率 16%，运费 600 元，按材料重量分配运费，材料已到达企业并验收入库，货税款及运费已通过银行转账支付，如表 5-15 所示。

表 5-15　付款凭证

贷方科目：　　　　　　年　月　日　　　　　　付字第　号

摘　要	借方科目		记账	金　额										
	总账科目	明细科目	符号		千	百	十	万	千	百	十	元	角	分
附单据　张	合　计													

会计主管：　　　　记账：　　　　出纳：　　　　审核：　　　　制单：

(5) 江城机电公司 2018 年 1 月 18 日，经理办公室主任李刚出差预借差旅费 2 000 元，财务以现金支付，如表 5-16 所示。

表 5-16　付款凭证

贷方科目：　　　　　　　　　　年　月　日　　　　　　　　　　付字第　号

<table>
<tr><td rowspan="2">摘　要</td><td colspan="2">借方科目</td><td>记账</td><td colspan="10">金　额</td></tr>
<tr><td>总账科目</td><td>明细科目</td><td>符号</td><td></td><td>千</td><td>百</td><td>十</td><td>万</td><td>千</td><td>百</td><td>十</td><td>元</td><td>角</td><td>分</td></tr>
<tr><td></td><td></td><td></td><td></td><td></td><td></td><td></td><td></td><td></td><td></td><td></td><td></td><td></td><td></td><td></td></tr>
<tr><td></td><td></td><td></td><td></td><td></td><td></td><td></td><td></td><td></td><td></td><td></td><td></td><td></td><td></td><td></td></tr>
<tr><td></td><td></td><td></td><td></td><td></td><td></td><td></td><td></td><td></td><td></td><td></td><td></td><td></td><td></td><td></td></tr>
<tr><td></td><td></td><td></td><td></td><td></td><td></td><td></td><td></td><td></td><td></td><td></td><td></td><td></td><td></td><td></td></tr>
<tr><td></td><td></td><td></td><td></td><td></td><td></td><td></td><td></td><td></td><td></td><td></td><td></td><td></td><td></td><td></td></tr>
<tr><td></td><td></td><td></td><td></td><td></td><td></td><td></td><td></td><td></td><td></td><td></td><td></td><td></td><td></td><td></td></tr>
<tr><td>附单据　张</td><td colspan="2">合　计</td><td></td><td></td><td></td><td></td><td></td><td></td><td></td><td></td><td></td><td></td><td></td><td></td></tr>
</table>

会计主管：　　　　记账：　　　　出纳：　　　　审核：　　　　制单：

(6) 江城机电公司 2018 年 1 月 20 日，一车间因生产 A 产品领用圆钢 2 吨，单价 10 000 元，如表 5-17 所示。

表 5-17　转账凭证

年　月　日　　　　　　　　　　转字第　号

<table>
<tr><td rowspan="2">摘　要</td><td colspan="2">会计科目</td><td>记账</td><td colspan="9">借方金额</td><td colspan="9">贷方金额</td></tr>
<tr><td>总账科目</td><td>明细科目</td><td>符号</td><td>百</td><td>十</td><td>万</td><td>千</td><td>百</td><td>十</td><td>元</td><td>角</td><td>分</td><td>百</td><td>十</td><td>万</td><td>千</td><td>百</td><td>十</td><td>元</td><td>角</td><td>分</td></tr>
<tr><td></td><td></td><td></td><td></td><td></td><td></td><td></td><td></td><td></td><td></td><td></td><td></td><td></td><td></td><td></td><td></td><td></td><td></td><td></td><td></td><td></td><td></td></tr>
<tr><td></td><td></td><td></td><td></td><td></td><td></td><td></td><td></td><td></td><td></td><td></td><td></td><td></td><td></td><td></td><td></td><td></td><td></td><td></td><td></td><td></td><td></td></tr>
<tr><td></td><td></td><td></td><td></td><td></td><td></td><td></td><td></td><td></td><td></td><td></td><td></td><td></td><td></td><td></td><td></td><td></td><td></td><td></td><td></td><td></td><td></td></tr>
<tr><td></td><td></td><td></td><td></td><td></td><td></td><td></td><td></td><td></td><td></td><td></td><td></td><td></td><td></td><td></td><td></td><td></td><td></td><td></td><td></td><td></td><td></td></tr>
<tr><td></td><td></td><td></td><td></td><td></td><td></td><td></td><td></td><td></td><td></td><td></td><td></td><td></td><td></td><td></td><td></td><td></td><td></td><td></td><td></td><td></td><td></td></tr>
<tr><td></td><td></td><td></td><td></td><td></td><td></td><td></td><td></td><td></td><td></td><td></td><td></td><td></td><td></td><td></td><td></td><td></td><td></td><td></td><td></td><td></td><td></td></tr>
<tr><td>附单据 张</td><td colspan="2">合　计</td><td></td><td></td><td></td><td></td><td></td><td></td><td></td><td></td><td></td><td></td><td></td><td></td><td></td><td></td><td></td><td></td><td></td><td></td><td></td></tr>
</table>

会计主管：　　　　记账：　　　　审核：　　　　制单：

(7) 江城机电公司 2018 年 1 月 22 日，销售 B 产品 20 件，单价 500 元，增值税税额 1 600 元，货税款 11 600 元存入银行，如表 5-18 所示。

表 5-18　收款凭证

借方科目：　　　　　　　　　　年　月　日　　　　　　　　　　收字第　号

摘　要	贷方科目		记账符号	金　额										
	总账科目	明细科目			千	百	十	万	千	百	十	元	角	分
附单据　张	合　计													

会计主管：　　　　记账：　　　　出纳：　　　　审核：　　　　制单：

(8) 江城机电公司 2018 年 1 月 25 日，收到职工李明违章罚款 50 元现金，如表 5-19 所示。

表 5-19　收款凭证

借方科目：　　　　　　　　　　年　月　日　　　　　　　　　　收字第　号

摘　要	贷方科目		记账符号	金　额										
	总账科目	明细科目			千	百	十	万	千	百	十	元	角	分
附单据　张	合　计													

会计主管：　　　　记账：　　　　出纳：　　　　审核：　　　　制单：

(9) 江城机电公司 2018 年 1 月 30 日，分配本月应付工资费用 250 000 元，其中，车间生产工人工资 150 000 元，车间管理人员工资 60 000 元，企业管理人员工资 30 000 元，专设销售机构人员工资 10 000 元，如表 5-20 所示。

表 5-20 转账凭证

年 月 日 转字第 号

摘 要	会计科目		记账符号	借方金额									贷方金额								
	总账科目	明细科目		百	十	万	千	百	十	元	角	分	百	十	万	千	百	十	元	角	分
附单据 张	合 计																				

会计主管： 记账： 审核： 制单：

(10) 江城机电公司 2018 年 1 月 30 日，一车间分配本月制造费用 60 000 元，分配标准为产品工时，其中，A 产品工时为 400，B 产品工时为 200，如表 5-21 所示。

表 5-21 转账凭证

年 月 日 转字第 号

摘 要	会计科目		记账符号	借方金额									贷方金额								
	总账科目	明细科目		百	十	万	千	百	十	元	角	分	百	十	万	千	百	十	元	角	分
附单据 张	合 计																				

会计主管： 记账： 审核： 制单：

第六章　会计账簿

一、判断题

1．固定资产明细账一般采用活页式账簿。（　）

2．库存商品明细分类账一般采用数量金额式账簿。（　）

3．备查账簿并非必须设置的账簿，企业可根据自身实际情况和需要设置。（　）

4．活页式账簿的优点是能够避免账页散失和人为抽换账页。（　）

5．库存现金日记账和银行存款日记账都是由出纳人员负责记账。（　）

6．总分类账可根据单位的实际需要而确定是否设置。（　）

7．应收账款明细账一般适合使用三栏式账簿。（　）

8．债权、债务类明细账和财产物资明细账应每天进行登记。（　）

9．记账凭证正确，登记账簿时误将 2 000 元写为 200 元，可用补充登记法进行更正。（　）

10．账簿中书写的文字或数字应顶格书写，大小一般应占格高的 1/2。（　）

11．账簿中登记金额应一律填写到角位和分位。（　）

12．顺查法可以发现重记、漏记、错记科目金额等，优点是工作量比较小。（　）

13．总分类账和日记账需要每年更换一次。（　）

二、填空题

1．账簿是按照__________设置，依据__________登记的，由一定格式的__________组成的，用来序时、分类地记录和反映各项经济业务的簿籍。

2．现金日记账一般采用__________账簿。

3．一般企业必须设置两种特种日记账，即现金日记账和__________。

4．数量金额式账簿，在“借方”“贷方”和“余额”栏下设置三个栏目，用以登记财产物资的__________、单价和__________。

5．如果单位设置普通日记账，一般不再使用__________。

6．每日终了，库存现金日记账余额要与__________相核对；每月终了，库存现金日记账的月末余额要与__________相核对，应做到“日清月结”。

7．银行存款日记账要定期与__________进行核对。

8．本年利润、利润分配和应交税费等科目所属的明细科目一般采用__________的明细账。

9．在账簿启用前应填制__________。

10．登记账簿必须用__________书写，不得使用铅笔或圆珠笔。

11．账页登记完毕结转下页时，在本页最后一行“摘要”栏内注明__________。

12．影响借贷平衡的记账错误，主要有数字颠倒、__________、登记反向和

________。

13. 不需要按月结账的账户月末结账时，在最后一笔经济业务下________。

三、选择题

1. 账簿按照账页格式可分为(　　)。
   A. 三栏式　B. 数量金额式　C. 多栏式　D. 订本式
2. 账簿按照外表形式可分为(　　)。
   A. 订本式　B. 卡片式　C. 活页式　D. 三栏式
3. 账簿按照用途可分为(　　)。
   A. 订本式　B. 序时账簿　C. 分类账簿　D. 备查账簿
4. 采用多栏式明细账的是(　　)。
   A. 管理费用　B. 生产成本　C. 应付账款　D. 财务费用
5. 将现金存入银行的经济业务登记银行存款日记账的依据是(　　)。
   A. 现金收款凭证　B. 现金付款凭证
   C. 银行存款收款凭证　D. 银行存款付款凭证
6. 现金日记账的登记依据是(　　)。
   A. 现金收款凭证　B. 现金付款凭证
   C. 从银行提取现金的银行付款凭证　D. 从银行提取现金的现金收款凭证
7. 一般采取贷方多栏式明细账的是(　　)。
   A. 主营业务收入明细账　B. 制造费用明细账
   C. 营业外收入明细账　D. 生产成本明细账
8. 总分类账的登记依据是(　　)。
   A. 记账凭证　B. 原始凭证
   C. 汇总记账凭证　D. 科目汇总表
9. 编制记账凭证误将 2 000 元记为 200 元，并已登记入账，更正方法是(　　)。
   A. 划线更正法　B. 红字更正法
   C. 补充登记法　D. 任意一种方法
10. 对账的主要内容有(　　)。
    A. 账证核对　B. 账账核对　C. 账实核对　D. 账簿资料内容核对
11. 账簿错误的查找方法有(　　)。
    A. 顺查法　B. 除二法　C. 除九法　D. 逆差法
12. 登账时遇到下列(　　)情况应用红色墨水书写。
    A. 在三栏式账户的余额栏前，如未印明余额方向的，在余额栏内登记负数金额
    B. 按照红字冲账的记账凭证，冲销错误记录
    C. 补充登记漏记的金额
    D. 在不设减少金额栏的多栏式账页中，登记减少数
13. 适用于红字更正法的错账情况(　　)。
    A. 记账以后发现记账凭证中的应借、应贷会计科目或记账方向有误

B. 账簿记录中的文字或数字有错误，而其所依据的记账凭证没有错误

C. 记账后发现记账凭证会计科目和记账方向正确，只是所记金额小于应记金额

D. 记账后发现记账凭证会计科目和记账方向正确，但所记金额大于应记金额

四、实训题

1. 特种日记账登记。

俊华公司 2018 年 3 月 1 日，“库存现金”日记账期初余额 2 000 元，“银行存款”日记账期初余额 200 000 元。

当月发生如下业务。

(1) 3 月 2 日，开出现金支票，从银行取现金 5 000 元，现金支票号：3251，记账凭证号：银付 1。

(2) 3 月 2 日，以现金支付管理部门电话费 500 元，记账凭证号：现付 1。

(3) 3 月 2 日，收职工李刚违章罚款现金 200 元，记账凭证号：现收 1。

(4) 3 月 2 日，收到甲公司转账支票 1 张，金额 20 000 元，系甲公司偿还前欠货款，支票号：4216，记账凭证号：银收 1。

(5) 3 月 2 日，开出转账支票 1 张，金额 50 000 元，用以偿还乙公司以前所欠的购料款，支票号：8349，记账凭证号：银付 2。

(6) 3 月 10 日，销售经理李明出差预借差旅费 1 000 元，以现金支付，记账凭证号：现付 2。

(7) 3 月 10 日，出售边角废料取得现金 600 元，记账凭证号：现收 2。

(8) 3 月 10 日，收到股东投资款 100 000 元，转账支票票号：6789，记账凭证号：银收 2。

(9) 3 月 10 日，以银行存款购买办公复印机一台 4 000 元，转账支票票号：6459，记账凭证号：银付 3。

(10) 3 月 31 日，以银行存款支付生产产品用水电费 10 000 元，转账支票票号：4578，记账凭证号：银付 4。

(11) 3 月 31 日，销售产品取得现金 2 000 元，记账凭证号：现收 3。

(12) 3 月 31 日，将现金 2 000 元存入银行，记账凭证号：现付 3。

要求：登记俊华公司 2018 年 3 月“库存现金”日记账和“银行存款”日记账，如表 6-1 及表 6-2 所示。

表 6-1　现金日记账

<table>
<tr><th colspan="2">年</th><th rowspan="2">凭证编号</th><th rowspan="2">摘　要</th><th rowspan="2">对应科目</th><th colspan="8">借　方</th><th rowspan="2">√</th><th colspan="8">贷　方</th><th rowspan="2">√</th><th colspan="8">余　额</th></tr>
<tr><th>月</th><th>日</th><th>百</th><th>十</th><th>万</th><th>千</th><th>百</th><th>十</th><th>元</th><th>角</th><th>分</th><th>百</th><th>十</th><th>万</th><th>千</th><th>百</th><th>十</th><th>元</th><th>角</th><th>分</th><th>百</th><th>十</th><th>万</th><th>千</th><th>百</th><th>十</th><th>元</th><th>角</th><th>分</th></tr>
<tr><td></td><td></td><td></td><td></td><td></td><td></td><td></td><td></td><td></td><td></td><td></td><td></td><td></td><td></td><td></td><td></td><td></td><td></td><td></td><td></td><td></td><td></td><td></td><td></td><td></td><td></td><td></td><td></td><td></td><td></td><td></td></tr>
<tr><td></td><td></td><td></td><td></td><td></td><td></td><td></td><td></td><td></td><td></td><td></td><td></td><td></td><td></td><td></td><td></td><td></td><td></td><td></td><td></td><td></td><td></td><td></td><td></td><td></td><td></td><td></td><td></td><td></td><td></td><td></td></tr>
<tr><td></td><td></td><td></td><td></td><td></td><td></td><td></td><td></td><td></td><td></td><td></td><td></td><td></td><td></td><td></td><td></td><td></td><td></td><td></td><td></td><td></td><td></td><td></td><td></td><td></td><td></td><td></td><td></td><td></td><td></td><td></td></tr>
<tr><td></td><td></td><td></td><td></td><td></td><td></td><td></td><td></td><td></td><td></td><td></td><td></td><td></td><td></td><td></td><td></td><td></td><td></td><td></td><td></td><td></td><td></td><td></td><td></td><td></td><td></td><td></td><td></td><td></td><td></td><td></td></tr>
</table>

续表

年		凭证编号	摘要	对应科目	借方									√	贷方									√	余额								
月	日				百	十	万	千	百	十	元	角	分		百	十	万	千	百	十	元	角	分		百	十	万	千	百	十	元	角	分

表 6-2　银行存款日记账

年		凭证编号	摘要	结算凭证		对应科目	借方									贷方									余额								
月	日			种类	号数		百	十	万	千	百	十	元	角	分	百	十	万	千	百	十	元	角	分	百	十	万	千	百	十	元	角	分

2．分类账登记。

蓝天公司 2018 年 5 月相关账户期初余额如下。

应付账款，100 000 元(贷)

其中：应付账款——A 公司，60 000 元(贷)；

应付账款——B 公司，40 000 元(贷)。

原材料，50 000 元(借)

其中：原材料——甲材料，30 000 元(借)，数量为 30 吨，单价为 1000 元；

原材料——乙材料，20 000 元(借)，数量为 40 吨，单价为 500 元。

当月发生业务如下。

(1) 5 月 8 日，从 A 公司购买甲材料 10 吨，单价 1 000 元，增值税税额 1 600 元，从 B 公司购买乙材料 60 吨，单价 500 元，增值税税额 4 800 元，以上两笔货税款均未支付，材料已入库。记账凭证号：转 1。

(2) 5 月 10 日，以银行存款支付欠 A 公司货税款 11 600 元。记账凭证号：银付 1。

(3) 5 月 12 日，以银行存款支付欠 B 公司货税款 54 800 元。记账凭证号：银付 2。

(4) 5 月 15 日，生产产品领用甲材料 20 吨，单价 1 000 元，领用乙材料 20 吨，单价 500 元。记账凭证号：转 2。

(5) 5 月 20 日，从 A 公司购买甲材料 30 吨，单价 1 000 元，增值税税额 4 800 元，从 B 公司购买乙材料 20 吨，单价 500 元，增值税税额 1 600 元，以上两笔货税款均未支付，材料已入库。记账凭证号：转 3。

(6) 5 月 22 日，企业行政管理部门领用甲材料 2 吨，单价 1000 元，领用乙材料 2 吨，单价 500 元。记账凭证号：转 4。

(7) 5 月 23 日，以银行存款偿还欠 A 公司货税款 30 000 元，欠 B 公司货税款 10 000 元。记账凭证号：银付 3。

(8) 5 月 25 日，生产车间维修设备领用甲材料 3 吨，单价 1 000 元，领用乙材料 4 吨，单价 500 元。记账凭证号：转 5。

(9) 5 月 27 日，仓库因自然灾害产生意外损失，损失甲材料 5 吨，单价 1 000 元，损失乙材料 14 吨，单价 500 元。记账凭证号：转 6。

(10) 5 月 29 日，以银行存款偿还欠 A 公司货税款 44 800 元，欠 B 公司货税款 21 600 元。记账凭证号：银付 4。

要求：登记蓝天公司 2018 年 5 月“应付账款”总分类账及所属明细账、“原材料”总分类账及所属明细账，如表 6-3 至表 6-8 所示。

表 6-3　总分类账(一)

账户名称：

年		凭证		摘　要	借　方									贷　方									借或贷	余　额								
月	日	字	号		百	十	万	千	百	十	元	角	分	百	十	万	千	百	十	元	角	分		百	十	万	千	百	十	元	角	分

表 6-4 明细分类账(一)

账户名称:

年		凭证		摘要	借方									贷方									借或贷	余额								
月	日	字	号		百	十	万	千	百	十	元	角	分	百	十	万	千	百	十	元	角	分	贷	百	十	万	千	百	十	元	角	分

表 6-5 明细分类账(二)

账户名称:

年		凭证		摘要	借方									贷方									借或贷	余额								
月	日	字	号		百	十	万	千	百	十	元	角	分	百	十	万	千	百	十	元	角	分	贷	百	十	万	千	百	十	元	角	分

表 6-6　总分类账(二)

账户名称

年		凭证		摘　要	借　方									贷　方									借或	余　额								
月	日	字	号		百	十	万	千	百	十	元	角	分	百	十	万	千	百	十	元	角	分	贷	百	十	万	千	百	十	元	角	分

表 6-7　原材料明细账(一)

明细科目：

材料类别：　　　　存储地点：　　　　材料规格：　　　　计量单位：　　　　储备定额：

年		凭证	摘要	收入			发出			结存		
月	日	号		数量	单价	金额	数量	单价	金额	数量	单价	金额

表 6-8　原材料明细账(二)

明细科目：

材料类别：　　　　存储地点：　　　　材料规格：　　　　计量单位：　　　　储备定额：

年		凭证号	摘要	收入			发出			结存		
月	日			数量	单价	金额	数量	单价	金额	数量	单价	金额

第七章 财产清查

一、判断题

1．企业财产物资账实不符都是由人为原因造成的。 (   )

2．财产清查的唯一作用就是保护企业财产的安全和完整。 (   )

3．银行存款的日常清查每周至少进行一次。 (   )

4．财会部门应在财产清查之前将所有的经济业务登记入账，并将有关账簿登记齐全，结出余额。 (   )

5．现金的清查应采用技术推算法。 (   )

6．对于天然堆放的矿石，一般采用实地盘点法进行清查。 (   )

7．“银行存款余额调节表”中双方经调节后的余额是相等的，表明双方的账簿记录没有差错。 (   )

8．对于成件堆放、包装完整的财产物资，可按大件清点，必要时可以抽查。(   )

9．往来款项清查中编制的对账单应为一式两份。 (   )

10．在财产清查中，属于定额内的材料盘亏应作为管理费用处理。 (   )

11．财产清查结束后，清查人员应对盘盈和盘亏的财产提出处理建议，由清查小组组长批准后执行。 (   )

12．财产清查结果处理建议在得到批准之前，不得调整有关财产的账面价值。(   )

13．查明的财产物资的盘亏、毁损数应计入“营业外支出”账户的借方。 (   )

14．无法支付的应付账款应计入“营业外收入”。 (   )

二、填空题

1．财产清查按____________可分为全面清查和局部清查。

2．财产清查是指通过对财产物资的盘点或核对，查明____________是否相符的一种专门方法。

3．清查组织应由____________和财务会计、业务、仓库等有关部门的人员组成，一般应由____________研究制订财产清查计划，确定工作进度和方式方法。

4．在盘点财产物资时，必须让____________在场；在盘点库存现金时，必须让____________在场，以明确责任。

5．往来款项的清查方法是____________。

6．银行存款的清查是采用____________的方法进行的。

7．“库存现金盘点报告表”，由____________和____________共同签章。

8．____________是记录各项财产物资实存数量盘点的书面证明，也是财产清查工作的原始凭证之一。

9．大量成堆、难以清点的物资，可以采取____________等方法进行推算。

10．盘盈的固定资产应该通过__________科目核算。

11．账存数大于实存数，表明财产物资发生__________。

12．为了反映和监督财产物资的盘盈、盘亏及处理情况，应设置__________等账户。

13．企业的财产损益，应查明原因，在__________前处理完毕。

14．财产盘亏，其中有责任方赔偿的部分应计入__________账户。

三、选择题

1．企业在遭受自然灾害后，对其受损的财产物资进行的清查，属于(　　)。

A．局部清查和定期清查　　B．全面清查和定期清查
C．局部清查和不定期清查　　D．全面清查和不定期清查

2．造成账实不符的原因主要有(　　)。

A．财产物资的自然损耗、收发计量错误
B．会计账簿漏记、重记、错记
C．财产物资的毁损、被盗
D．未达账项

3．财产清查的内容包括(　　)。

A．货币资金　　B．财产物资　　C．往来款项　　D．对外投资

4．下列情况中适用于全面清查的有(　　)。

A．年终决算前　　B．单位撤销、合并或改变隶属关系前
C．全面清产核资、资产评估　　D．单位主要负责人调离工作前

5．银行存款清查中发现未达账项，应通过编制(　　)来检查调整后的账面余额是否相符。

A．实存账存对比表　　B．对账单
C．盘存单　　D．银行存款余额调节表

6．在银行存款对账中，未达账项的情况包括(　　)。

A．银行已收款入账企业未收款入账
B．企业未付款入账银行已付款入账
C．企业未付款入账银行也未付款入账
D．银行已收款入账企业也收款入账

7．下列不适合采用实地盘点法清查的是(　　)。

A．办公家具　　B．机器
C．露天堆放的沙石　　D．露天堆放的煤

8．关于库存现金的清查，下列说法中正确的是(　　)。

A．库存现金应该每日清点一次
B．单位组织的库存现金专门清查可由出纳员单独进行
C．在清查过程中可以用借条、收据充抵库存现金
D．要根据盘点结果编制“现金盘点报告表”

9．公司 2018 年 6 月 30 日银行存款日记账的余额为 100 万元，经逐笔核对，未达账项如下：银行已收，企业未收的 2 万元；银行已付，企业未付的 1.5 万元。调整后的企业银行存款余额应为(　　)万元。

A. 100　　B. 100.5　　C. 102　　D. 103.5

10．无法查明原因的现金盘盈应计入(　　)科目。

A. 管理费用　　B. 营业外收入　　C. 销售费用　　D. 其他业务收入

11．库存现金盘亏的账务处理中可能涉及的科目有(　　)。

A. 库存现金　　B. 管理费用　　C. 其他应收款　　D. 营业外支出

12．财产清查结果处理的程序包括(　　)。

A. 分析账实不符的原因和性质，提出处理建议

B. 积极处理多余积压财产，认真清理往来款项

C. 总结经验教训，建立健全各项管理制度

D. 及时调整账簿记录，保证账实相符

13．“待处理财产损溢”账户的贷方登记内容包括(　　)。

A. 查明的财产物资盘盈

B. 查明的财产物资盘亏

C. 转销已批准处理的财产物资盘亏

D. 转销已批准处理的财产物资盘盈

14．固定资产盘亏业务账务处理中可能涉及的科目有(　　)。

A. 累计折旧　　B. 固定资产　　C. 营业外支出　　D. 待处理财产损溢

四、实训题

1. 银行存款余额调节表编制。

蓝天公司 2018 年 10 月 30 日银行存款日记账余额 152 万元，银行对账单余额 148.7 万元。经逐笔核对，发现有几笔未达账项。

(1) 企业开出一张支票 0.2 万元用于购买办公用品，企业已登记入账，但银行尚未登记入账。

(2) 企业将销售商品收到的转账支票 5 万元存入银行，企业已登记入账，但银行尚未登记入账。

(3) 银行受托代企业支付水电费 0.5 万元，银行已经登记入账，但企业尚未收到付款通知单，未登记入账。

(4) 银行已收到外地汇入货款 2 万元登记入账，但企业尚未收到收款通知单，尚未登记入账。

要求：编制该公司当月银行存款余额调节表，如表 7-1 所示。

表7-1 银行存款余额调节表

年 月 日 单位：元

项 目	金 额	项 目	金 额
企业账面存款余额 加：银行已记增加，企业尚未入账的账项 减：银行已记减少，企业尚未记账的账项		银行对账单存款余额 加：企业已记增加，银行尚未入账的账项 减：企业已记减少，银行尚未记账的账项	
调节后的存款余额		调节后的存款余额	

2. 根据财产清查相关业务编制会计分录。

(1) 现金短缺100元，经查明是由于出纳收发错误造成的，经批准由出纳赔偿。

(2) 收到上题出纳赔偿的库存现金100元。

(3) 甲材料盘盈100千克，单价为10元，经查明属于自然升溢。

(4) 财产清查中发现现金溢余200元，该溢余无法确定原因，经批准转为营业处收入。

(5) 盘亏设备一台，固定资产原值为 10 000 元，已经计提折旧 5 000 元，经查明属于失窃，可以获得保险公司赔偿 1 000 元。

(6) 乙材料盘亏 100 千克，单价为 20 元，经查属于定额内合理损耗。

(7) 查明 A 公司所欠货款 10 000 元确实无法收回，经批准列为坏账损失。

(8) 经查应向 B 公司支付的货款 20 000 元，由于 B 公司倒闭已无法支付。

第八章　财务会计报告

一、判断题

1．利润表属于静态报表。（　）

2．资产负债表是反映企业某一特定日期财务状况的会计报表。（　）

3．上市公司相对于非上市公司来说，财务会计报告往往会更为规范。（　）

4．管理者报告和财务情况说明书都属于会计报表的组成内容。（　）

5．对内报表的内容和格式没有统一规定，通常由企业根据经营管理的需要自行规定。（　）

6．我国企业编制的资产负债表的格式为报告式。（　）

7．资产负债表“期末余额”栏内各项数字，应根据期末各总分类账余额填列。（　）

8．按照我国的《企业会计准则》，利润表采用的格式是单步式。（　）

9．利润表的理论依据是“利润=收入－成本”会计等式。（　）

10．利润表“税金及附加”项目“本月数”可根据“税金及附加”账户的本月发生净额直接填列。（　）

11．利润总额=营业利润+营业外收入-所得税费用。（　）

12．使用者可以通过现金流量表了解到企业偿付能力大小等情况。（　）

二、填空题

1．内部的经营管理者可以通过财务会计报告了解____________，加强内部管理。

2．财务会计报告由会计报表、____________和其他财务会计报告组成。

3．中期报表分为月度报表、____________和半年度报表。

4．合并会计报表以____________组成的企业集团为会计主体。

5．上市公司年报应当于年度终了后____________对外报出。

6．资产负债表的理论依据是____________等式。

7．资产负债表负债类各项目按照偿还期长短列示，____________排列在前。

8．利润表是反映企业在一定会计期间内____________的会计报表。

9．企业管理部门将利润表各构成要素进行比较和分析，可以知悉____________之间的比例关系。

10．“营业收入”项目是将____________和____________两个账户的发生额相加后填列。

11．现金流量表是反映企业在一定会计期间内____________流入和流出的报表。

12．现金流量表主表是以____________为基础，采取多步式编制而成的。

三、选择题

1．会计报表中项目数字的直接来源是(　　)。
　A. 原始凭证　　B. 记账凭证　　C. 日记账　　D. 账簿记录

2．资产负债表中，“应付账款”项目应根据(　　)填列。
　A. “应付账款”总分类账户
　B. “应付账款”总分类账户所属各明细分类账的期末余额
　C. “应付账款”和“应收账款”总分类账户所属各明细分类账的期末贷方余额合计
　D. “应付账款”和“预付账款”总分类账户所属各明细分类账的期末贷方余额合计

3．资产负债表“未分配利润”项目应根据(　　)账户的期末余额填列。
　A. 盈余公积　　B. 实收资本
　C. 本年利润和利润分配　　D. 应付利润

4．编制财务会计报告的基本要求是(　　)。
　A. 数字真实　　B. 编报及时　　C. 手续齐全　　D. 内容完整

5．财务会计报告的使用者包括(　　)。
　A. 债权人　　B. 投资者
　C. 企业的经营管理者　　D. 政府相关职能部门

6．以下项目属流动资产的是(　　)。
　A. 货币资金　　B. 应收票据　　C. 应收账款　　D. 固定资产

7．资产负债表中，“货币资金”项目应根据(　　)填列。
　A. “库存现金”总账　　B. “原材料”总账
　C. “银行存款” 总账　　D. “其他货币资金” 总账

8．编制利润表的主要依据是(　　)。
　A. 资产、负债和所有者权益各账户的本期发生额
　B. 资产、负债和所有者权益各账户的期末余额
　C. 各损益类账户的本期发生额
　D. 各损益类账户的期末余额

9．下列项目中，不包括在利润表中的是(　　)。
　A. 制造费用　　B. 销售费用　　C. 管理费用　　D. 财务费用

10．利润表提供的信息包括(　　)。
　A. 实现的营业收入　　B. 发生的营业成本
　C. 利润或亏损总额　　D. 企业的财务状况

11．利润表中的“营业成本”项目应根据(　　)账户的发生额计算填列。
　A. 主营业务成本　　B. 其他业务成本
　C. 税金及附加　　D. 营业外支出

12．下列项目中，影响营业利润的有(　　)。

A．主营业务收入　　B．其他业务收入

C．营业外收入　　D．投资收益

13．现金等价物是指具有(　　)特征的投资。

A．持有的期限短　　B．流动性强

C．易于转换为已知金额现金　　D．价值变动风险很小

14．现金流量表将企业的现金流量划分为(　　)。

A．生产活动现金流量　　B．经营活动现金流量

C．投资活动现金流量　　D．筹资活动现金流量

四、实训题

1. 资产负债表编制。

资料1：蓝天公司2017年12月31日的资产负债表(年初数略)如表8-1所示。

表8-1　资产负债表

编制单位：蓝天公司　　2017年12月31日　　单位：元

资　产	期末数	年初数	负债和股东权益	期末数	年初数
流动资产：			流动负债：		
货币资金	1 406 300		短期借款	300 000	
交易性金融资产	15 000		交易性金融负债		
应收票据	246 000		应付票据	200 000	
应收账款	299 100		应付账款	953 800	
预付款项	100 000		预收款项		
应收利息			应付职工薪酬	110 000	
应收股利			应交税费	36 600	
其他应收款	5 000		应付利息	1 000	
存货	2 580 000		应付股利		
一年内到期非流动资产			其他应付款	50 000	
其他流动资产	100 000		一年内到期非流动负债	1 000 000	
流动资产合计	4 751 400		其他流动负债		
非流动资产：			流动负债合计	2 651 400	
可供出售金融资产			非流动负债：		
持有至到期投资			长期借款	600 000	
长期应收款			应付债券		
长期股权投资	250 000		长期应付款		
投资性房地产			专项应付款		
固定资产	1 100 000		预计负债		

续表

资　产	期末数	年初数	负债和股东权益	期末数	年初数
在建工程	1 500 000		递延所得税负债		
工程物资			其他非流动负债		
固定资产清理			非流动负债合计	600 000	
生产性生物资产			负债合计	3 251 400	
油气资产			股东权益：		
无形资产	600 000		股本	5 000 000	
长期待摊费用			资本公积		
递延所得税资产			盈余公积	100 000	
其他非流动资产	200 000		未分配利润	50 000	
非流动资产合计	3 650 000		股东权益合计	5 150 000	
资产总计	8 401 400		负债和股东权益总计	8 401 400	

资料 2：蓝天公司 2018 年 12 月 31 日的科目余额表如表 8-2 所示。

表 8-2　科目余额表

2018 年 12 月 31 日　　单位：元

科目名称	借方余额	科目名称	贷方余额
库存现金	2 000	短期借款	50 000
银行存款	786 135	应付票据	100 000
其他货币资金	7 300	应付账款	953 800
交易性金融资产	0	其他应付款	50 000
应收票据	66 000	应付职工薪酬	180 000
应收账款	600 000	应交税费	226 731
坏账准备	−1 800	应付股利	32 215.85
预付账款	100 000	长期借款	1 160 000
其他应收款	5 000	股本	5 000 000
在途物资	275 000	盈余公积	124 770.40
原材料	45 000	利润分配(未分配利润)	190 717.75
周转材料	38 050		
库存商品	2 122 400		
其他流动资产	94 250		
长期股权投资	250 000		
固定资产	2 401 000		
累计折旧	−170 000		
固定资产减值准备	−30 000		

续表

科目名称	借方余额	科目名称	贷方余额
工程物资	150 000		
在建工程	578 000		
无形资产	600 000		
累计摊销	-60 000		
递延所得税资产	9 900		
其他非流动资产	200 000		
合　计	8 068 235	合　计	8 068 235

资料 3：蓝天公司 2018 年 12 月 31 日相关明细账户资料如下。

(1) 应收账款——A 公司 700 000(借)，应收账款——B 公司 100 000(贷)

(2) 应付账款——C 公司 960 000(贷)，应付账款——D 公司 6 200(借)

(3) 预付账款——E 公司 120 000(借)，预付账款——F 公司 20 000(贷)

(4) 长期借款，有 160 000 元将于一年内到期

要求：根据上述资料，编制蓝天公司 2018 年 12 月 31 日的资产负债表，如表 8-3 所示。

表 8-3　资产负债表

编制单位：　　　　年　月　日　　　　单位：元

资　产	期末数	年初数	负债和股东权益	期末数	年初数
流动资产：			流动负债：		
货币资金			短期借款		
交易性金融资产			交易性金融负债		
应收票据			应付票据		
应收账款			应付账款		
预付款项			预收款项		
应收利息			应付职工薪酬		
应收股利			应交税费		
其他应收款			应付利息		
存货			应付股利		
一年内到期非流动资产			其他应付款		
其他流动资产			一年内到期非流动负债		
流动资产合计			其他流动负债		
非流动资产：			流动负债合计		
可供出售金融资产			非流动负债：		
持有至到期投资			长期借款		

续表

资　产	期末数	年初数	负债和股东权益	期末数	年初数
长期应收款			应付债券		
长期股权投资			长期应付款		
投资性房地产			专项应付款		
固定资产			预计负债		
在建工程			递延所得税负债		
工程物资			其他非流动负债		
固定资产清理			非流动负债合计		
生产性生物资产			负债合计		
油气资产			股东权益：		
无形资产			股本		
长期待摊费用			资本公积		
递延所得税资产			盈余公积		
其他非流动资产			未分配利润		
非流动资产合计			股东权益合计		
资产总计			负债和股东权益总计		

2. 利润表编制。

资料 1：华兴公司 2018 年 12 月有关损益类科目发生额如表 8-4 所示。

表 8-4　损益类科目 2018 年 12 月发生额

单位：元

科目名称	借方发生额	贷方发生额
主营业务收入		1 250 000
主营业务成本	650 000	
其他业务收入		750 000
其他业务成本	350 000	
税金及附加	30 000	
销售费用	20 000	
管理费用	180 000	
财务费用	40 000	
资产减值损失	10 000	
投资收益		70 000
营业外收入		30 000
营业外支出	20 000	
所得税费用	200 000	

资料 2：华兴公司 2018 年 1—11 月有关损益类科目累计发生额如表 8-5 所示。

表 8-5　损益类科目 2018 年 1—11 月累计发生额

单位：元

科目名称	借方发生额	贷方发生额
主营业务收入		5 000 000
主营业务成本	3 000 000	
其他业务收入		2 000 000
其他业务成本	1 000 000	
税金及附加	300 000	
销售费用	200 000	
管理费用	800 000	
财务费用	400 000	
资产减值损失	100 000	
投资收益		750 000
营业外收入		250 000
营业外支出	200 000	
所得税费用	500 000	

要求：根据上述资料，编制公司 2018 年 12 月利润表，如表 8-6 所示。

表 8-6　利润表

编制单位：　　　　　　　　年　月　日　　　　　　　　单位：元

项　目	本月数	本年累计数
一、营业收入		
减：营业成本		
税金及附加		
销售费用		
财务费用		
管理费用		
资产减值损失		
加：公允价值变动收益(损失以“-”号填列)		
投资收益(损失以“-”号填列)		
其中：对联营企业和合营企业的投资收益		
二、营业利润(亏损以“-”号填列)		
加：营业外收入		
减：营业外支出		

续表

项　目	本月数	本年累计数
其中：非流动资产处置损失		
三、利润总额(亏损总额以“-”号填列)		
减：所得税费用		
四、净利润(净亏损以“-”号填列)		
五、每股收益		
(一)基本每股收益		
(二)稀释每股收益		

第九章　账务处理程序

一、判断题

1．记账凭证账务处理程序，适用于规模大，业务复杂的企业。（　）

2．账务处理程序要有利于会计工作的分工协作和内部控制。（　）

3．多栏式日记账账务处理程序只通过汇总登记的形式登记总账。（　）

4．记账凭证账务处理程序下，记账凭证只能使用专用记账凭证。（　）

5．记账凭证账务处理程序的优点是程序处理过程简单明了，易于操作及使用。（　）

二、填空题

1．账务处理程序主要涉及凭证组织、账簿组织和__________三个方面。

2．一个单位由于业务性质、规模大小和__________各异，决定其适用账务处理程序也不同。

3．不同账务处理程序的主要区别在于__________的依据和方法不同。

4．记账凭证账务处理程序下，应当设置__________、银行存款日记账、__________和总分类账。

5．记账凭证账务处理程序下，根据原始凭证或__________、记账凭证，登记各种明细分类账。

三、选择题

1．记账凭证账务处理程序的特点是(　　)。

A．根据记账凭证登记总账　　B．根据汇总凭证记账

C．编制汇总表　　D．程序简单

2．下列(　　)账务处理程序是账务处理程序的基本形式。

A．科目汇总表　　B．汇总记账凭证

C．日记账　　D．记账凭证

3．账务处理程序主要是(　　)的结合方式。

A．会计凭证　　B．会计账簿　　C．会计报表　　D．记账方法

4．选择适当的账务处理程序，有利于(　　)。

A．减少不必要核算环节　　B．工作程序规范

C．记录完整　　D．降低成本

5．以下属于常见账务处理程序的是(　　)。

A．记账凭证　　B．科目汇总表　　C．日记总账　　D．日记明细账

6．记账凭证账务处理程序下，需要根据收款凭证和付款凭证，逐日逐笔登记的是(　　)。

A．总账　　B．明细账　　C．现金日记账　　D．银行存款日记账

7．记账凭证账务处理程序和科目汇总表账务处理程序的区别在于是否编制(　　)。

A．余额表　　B．科目汇总表　　C．试算平衡表　　D．利润表

8．汇总记账凭证账务处理程序下，要求选择的记账凭证类型为(　　)。

A．通用记账凭证　　B．单式凭证

C．专用凭证　　D．复式凭证

9．科目汇总表的编制时间要求是(　　)。

A．半年　　B．1 年

C．3 个月　　D．视单位具体业务量而定

10．以下(　　)账务处理程序，能清晰反映经济业务的来龙去脉，便于分析和检查。

A．科目汇总表　　B．记账凭证

C．汇总记账凭证　　D．日记账

11．汇总记账凭证包括(　　)。

A．汇总收款凭证　　B．汇总通用凭证

C．汇总付款凭证　　D．汇总转账凭证

12．以下(　　)账务处理程序，适用于规模较大、业务较多的单位。

A．记账凭证　　B．科目汇总表

C．汇总记账凭证　　D．日记总账

四、实训题

1．记账凭证账务处理程序的具体应用。

资料 1：2018 年 12 月 1 日，江城公司各总账及原材料明细账期初余额如表 9-1 和表 9-2 所示。

表 9-1　总分类账余额表

单位：元

会计科目	借　方	贷　方	会计科目	借　方	贷　方
库存现金	3 000		短期借款		60 000
银行存款	300 000		应付账款		140 000
应收账款	197 000		应交税费		120 000
原材料	500 000		长期借款		180 000
库存商品	300 000		实收资本		1 000 000
固定资产	1 500 000		盈余公积		300 000
累计折旧		500 000	本年利润		400 000
无形资产	100 000		利润分配		200 000
合计	2 900 000				2 900 000

表 9-2 原材料明细账余额表

单位：元

材料名称	数量(吨)	单 价	金 额
甲材料	2 000	150	300 000
乙材料	2 000	100	200 000

资料 2：江城公司 2018 年 12 月发生如下业务。

(1) 1 日，接受股东投资 100 000 元，已存入银行。转账支票：3216。

(2) 3 日，收到某机构捐赠设备一台，价值 50 000 元。

(3) 3 日，和建设银行达成借款协议，取得借款 100 000 元，期限 3 年，年利率 6%，借款已收到，并存入银行。

(4) 5 日，接受股东投资专利权一项，价值 80 000 元。

(5) 5 日，采购甲材料一批，价值 30 000 元，增值税税额 4 800 元，货税款以银行存款支付，材料尚未到达。转账支票：4218。

(6) 7 日，接上题，甲材料已到企业，并已验收入库。

(7) 9 日，向黄河公司采购乙材料一批，价值 20 000 元，增值税税额 3 200 元，货税款未付，材料尚在途中。

(8) 11 日，接上题，以银行存款支付欠黄河公司的货税款 23 200 元。转账支票：4219。

(9) 11 日，领用价值 45 000 元甲材料，其中生产 A 产品耗用 20 000 元，生产 B 产品耗用 15 000 元，车间一般耗用 6 000 元，企业管理部门耗用 4 000 元。

(10) 13 日，以银行存款支付生产车间设备修理费 10 000 元。转账支票：4220。

(11) 20 日，销售给东方公司 A 产品一批，价值 100 000 元，增值税税额 16 000 元，货税款未收到。同时，结转已实现销售 A 产品的成本 60 000 元。

(12) 22 日，接上题，收到东方公司所欠的货税款 116 000 元，存入银行。

(13) 25 日，以银行存款支付电视台广告费 10 000 元。转账支票：4221。

(14) 25 日，以现金支付违约罚款 1 000 元。

(15) 25 日，收到投资单位分配的投资利润 30 000 元，并存入银行。转账支票：8527。

(16) 26 日，从银行提取现金 50 000 元，准备发放工资。现金支票：0126。

(17) 26 日，以现金支付本月工资 50 000 元。

(18) 30 日，分配本月应付工资 50 000 元，其中生产 A 产品工人工资 20 000 元，生产 B 产品工人工资 15 000 元，车间管理人员工资 10 000 元，企业行政管理部门人员工资 5 000 元。

(19) 30 日，提取本月固定资产折旧 40 000 元，其中生产车间机器折旧 30 000 元，企业管理部门办公设备折旧 10 000 元。

(20) 30 日，按我国《税法》规定，本月应交城建税 1 000 元。

(21) 30 日，生产 A 产品工时为 400，生产 B 产品工时为 300，要求以产品生产工时作为标准分配本月发生制造费用 56 000 元。

(22) 30 日，本月投产 A、B 两种产品月末全部完工且验收入库，结转已完工产品成本，其中 A 产品成本 72 000 元，B 产品成本 54 000 元。

(23) 31 日，将本月取得的各项收入转入“本年利润”账户，其中，“主营业务收入”100 000 元，“投资收益”30 000 元。

(24) 31 日，将本月发生的各项成本费用转入“本年利润”账户，其中“主营业务成本”60 000 元，“管理费用”19 000 元，“销售费用”10 000 元，“营业外支出”1 000 元，“税金及附加”1 000 元。

(25) 31 日，计算并结转应交所得税，所得税税率为 25%。

(26) 31 日，结转全年实现的净利润。

要求：

(1) 根据上述资料编制记账凭证，如表 9-3 至表 9-33 所示。

(2) 根据记账凭证登记总账、原材料明细账、现金日记账和银行存款日记账，如表 9-34 至表 9-72 所示。

(3) 编制资产负债表和利润表，如表 9-73 及表 9-74 所示。

表 9-3　收款凭证

借方科目：　　　　　　　　　　年　月　日　　　　　　　　　　收字第　号

摘　要	贷方科目		记账	金　额										
	总账科目	明细科目	符号		千	百	十	万	千	百	十	元	角	分
附单据　张	合计													

会计主管：　　　记账：　　　出纳：　　　审核：　　　制单：

表 9-4　转账凭证

年　月　日　　　　　　　　　　转字第　号

摘　要	会计科目		记账	借方金额									贷方金额								
	总账科目	明细科目	符号	百	十	万	千	百	十	元	角	分	百	十	万	千	百	十	元	角	分
附单据　张	合计																				

会计主管：　　　记账：　　　审核：　　　制单：

表 9-5　收款凭证

借方科目:　　　　　　　　　　　　　年　月　日　　　　　　　　　　　　收字第　号

摘　要	贷方科目		记账符号	金　额										
	总账科目	明细科目			千	百	十	万	千	百	十	元	角	分
附单据　张	合计													

会计主管:　　　　　记账:　　　　　出纳:　　　　　审核:　　　　　制单:

表 9-6　转账凭证

年　月　日　　　　　　　　　　　　转字第　号

摘　要	会计科目		记账符号	借方金额									贷方金额								
	总账科目	明细科目		百	十	万	千	百	十	元	角	分	百	十	万	千	百	十	元	角	分
附单据　张	合计																				

会计主管:　　　　　记账:　　　　　审核:　　　　　制单:

表 9-7　付款凭证

贷方科目:　　　　　　　　　　　　　年　月　日　　　　　　　　　　　　付字第　号

摘　要	借方科目		记账符号	金　额										
	总账科目	明细科目			千	百	十	万	千	百	十	元	角	分
附单据　张	合计													

会计主管:　　　　　记账:　　　　　出纳:　　　　　审核:　　　　　制单:

表 9-8　转账凭证

年　月　日　　　　　　　　　　　　　　转字第　号

摘　要	会计科目		记账	借方金额									贷方金额								
	总账科目	明细科目	符号	百	十	万	千	百	十	元	角	分	百	十	万	千	百	十	元	角	分
附单据　张	合计																				

会计主管：　　　　　记账：　　　　　审核：　　　　　制单：

表 9-9　转账凭证

年　月　日　　　　　　　　　　　　　　转字第　号

摘　要	会计科目		记账	借方金额									贷方金额								
	总账科目	明细科目	符号	百	十	万	千	百	十	元	角	分	百	十	万	千	百	十	元	角	分
附单据　张	合计																				

会计主管：　　　　　记账：　　　　　审核：　　　　　制单：

表 9-10　付款凭证

贷方科目：　　　　　年　月　日　　　　　　　　　　付字第　号

摘　要	借方科目		记账	金　额										
	总账科目	明细科目	符号		千	百	十	万	千	百	十	元	角	分
附单据　张	合计													

会计主管：　　　　　记账：　　　　　出纳：　　　　　审核：　　　　　制单：

表 9-11　转账凭证

年　月　日　　　　　　　　　　　　转字第　号

摘　要	会计科目		记账	借方金额									贷方金额								
	总账科目	明细科目	符号	百	十	万	千	百	十	元	角	分	百	十	万	千	百	十	元	角	分
附单据　张	合计																				

会计主管：　　　　记账：　　　　审核：　　　　制单：

表 9-12　付款凭证

贷方科目：　　　　年　月　日　　　　　　　　付字第　号

摘　要	借方科目		记账	金　额										
	总账科目	明细科目	符号		千	百	十	万	千	百	十	元	角	分
附单据　张	合计													

会计主管：　　　　记账：　　　　出纳：　　　　审核：　　　　制单：

表 9-13　转账凭证

年　月　日　　　　　　　　　　　　转字第　号

摘　要	会计科目		记账	借方金额									贷方金额								
	总账科目	明细科目	符号	百	十	万	千	百	十	元	角	分	百	十	万	千	百	十	元	角	分
附单据　张	合计																				

会计主管：　　　　记账：　　　　审核：　　　　制单：

表 9-14　转账凭证

年　月　日　　　　转字第　号

摘　要	会计科目		记账	借方金额									贷方金额								
	总账科目	明细科目	符号	百	十	万	千	百	十	元	角	分	百	十	万	千	百	十	元	角	分
附单据　张	合计																				

会计主管：　　记账：　　审核：　　制单：

表 9-15　收款凭证

借方科目：　　年　月　日　　　　收字第　号

摘　要	贷方科目		记账	金　额										
	总账科目	明细科目	符号		千	百	十	万	千	百	十	元	角	分
附单据　张	合计													

会计主管：　　记账：　　出纳：　　审核：　　制单：

表 9-16　付款凭证

贷方科目：　　年　月　日　　　　付字第　号

摘　要	借方科目		记账	金　额										
	总账科目	明细科目	符号		千	百	十	万	千	百	十	元	角	分
附单据　张	合计													

会计主管：　　记账：　　出纳：　　审核：　　制单：

表 9-17　付款凭证

贷方科目：　　　　　　　　　　　　年　月　日　　　　　　　　　　　　付字第　号

摘　要	借方科目		记账符号	金　额									
	总账科目	明细科目		千	百	十	万	千	百	十	元	角	分
附单据　张	合计												

会计主管：　　　　记账：　　　　出纳：　　　　审核：　　　　制单：

表 9-18　收款凭证

借方科目：　　　　　　　　　　　　年　月　日　　　　　　　　　　　　收字第　号

摘　要	贷方科目		记账符号	金　额									
	总账科目	明细科目		千	百	十	万	千	百	十	元	角	分
附单据　张	合计												

会计主管：　　　　记账：　　　　出纳：　　　　审核：　　　　制单：

表 9-19　付款凭证

贷方科目：　　　　　　　　　　　　年　月　日　　　　　　　　　　　　付字第　号

摘　要	借方科目		记账符号	金　额									
	总账科目	明细科目		千	百	十	万	千	百	十	元	角	分
附单据　张	合计												

会计主管：　　　　记账：　　　　出纳：　　　　审核：　　　　制单：

表 9-20　付款凭证

贷方科目：　　　　　　　　　　年　月　日　　　　　　　　　　付字第　号

摘　要	借方科目		记账	金　额										
	总账科目	明细科目	符号		千	百	十	万	千	百	十	元	角	分
附单据　张	合计													

会计主管：　　　　　记账：　　　　　出纳：　　　　　审核：　　　　　制单：

表 9-21　转账凭证

年　月　日　　　　　　　　　　转字第　号

摘　要	会计科目		记账	借方金额									贷方金额								
	总账科目	明细科目	符号	百	十	万	千	百	十	元	角	分	百	十	万	千	百	十	元	角	分
附单据　张	合计																				

会计主管：　　　　　记账：　　　　　审核：　　　　　制单：

表 9-22　转账凭证

年　月　日　　　　　　　　　　转字第　号

摘　要	会计科目		记账	借方金额									贷方金额								
	总账科目	明细科目	符号	百	十	万	千	百	十	元	角	分	百	十	万	千	百	十	元	角	分
附单据　张	合计																				

会计主管：　　　　　记账：　　　　　审核：　　　　　制单：

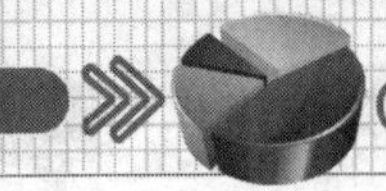

表 9-23　转账凭证

年　月　日　　　　转字第　号

摘　要	会计科目		记账	借方金额									贷方金额								
	总账科目	明细科目	符号	百	十	万	千	百	十	元	角	分	百	十	万	千	百	十	元	角	分
附单据　张	合计																				

会计主管：　　　　记账：　　　　审核：　　　　制单：

表 9-24　转账凭证

年　月　日　　　　转字第　号

摘　要	会计科目		记账	借方金额									贷方金额								
	总账科目	明细科目	符号	百	十	万	千	百	十	元	角	分	百	十	万	千	百	十	元	角	分
附单据　张	合计																				

会计主管：　　　　记账：　　　　审核：　　　　制单：

表 9-25　转账凭证

年　月　日　　　　转字第　号

摘　要	会计科目		记账	借方金额									贷方金额								
	总账科目	明细科目	符号	百	十	万	千	百	十	元	角	分	百	十	万	千	百	十	元	角	分
附单据　张	合计																				

会计主管：　　　　记账：　　　　审核：　　　　制单：

表 9-26 转账凭证

年 月 日 转字第 号

摘要	会计科目		记账符号	借方金额									贷方金额								
	总账科目	明细科目		百	十	万	千	百	十	元	角	分	百	十	万	千	百	十	元	角	分
附单据 张	合计																				

会计主管： 记账： 审核： 制单：

表 9-27 转账凭证

年 月 日 转字第 号

摘要	会计科目		记账符号	借方金额									贷方金额								
	总账科目	明细科目		百	十	万	千	百	十	元	角	分	百	十	万	千	百	十	元	角	分
附单据 张	合计																				

会计主管： 记账： 审核： 制单：

表 9-28 转账凭证

年 月 日 转字第 号

摘要	会计科目		记账符号	借方金额									贷方金额								
	总账科目	明细科目		百	十	万	千	百	十	元	角	分	百	十	万	千	百	十	元	角	分
附单据 张	合计																				

会计主管： 记账： 审核： 制单：

表 9-29 转账凭证

年 月 日 转字第 号

<table>
<tr><td rowspan="2">摘 要</td><td colspan="2">会计科目</td><td>记账</td><td colspan="9">借方金额</td><td colspan="9">贷方金额</td></tr>
<tr><td>总账科目</td><td>明细科目</td><td>符号</td><td>百</td><td>十</td><td>万</td><td>千</td><td>百</td><td>十</td><td>元</td><td>角</td><td>分</td><td>百</td><td>十</td><td>万</td><td>千</td><td>百</td><td>十</td><td>元</td><td>角</td><td>分</td></tr>
<tr><td></td><td></td><td></td><td></td><td></td><td></td><td></td><td></td><td></td><td></td><td></td><td></td><td></td><td></td><td></td><td></td><td></td><td></td><td></td><td></td><td></td><td></td></tr>
<tr><td></td><td></td><td></td><td></td><td></td><td></td><td></td><td></td><td></td><td></td><td></td><td></td><td></td><td></td><td></td><td></td><td></td><td></td><td></td><td></td><td></td><td></td></tr>
<tr><td></td><td></td><td></td><td></td><td></td><td></td><td></td><td></td><td></td><td></td><td></td><td></td><td></td><td></td><td></td><td></td><td></td><td></td><td></td><td></td><td></td><td></td></tr>
<tr><td></td><td></td><td></td><td></td><td></td><td></td><td></td><td></td><td></td><td></td><td></td><td></td><td></td><td></td><td></td><td></td><td></td><td></td><td></td><td></td><td></td><td></td></tr>
<tr><td></td><td></td><td></td><td></td><td></td><td></td><td></td><td></td><td></td><td></td><td></td><td></td><td></td><td></td><td></td><td></td><td></td><td></td><td></td><td></td><td></td><td></td></tr>
<tr><td></td><td></td><td></td><td></td><td></td><td></td><td></td><td></td><td></td><td></td><td></td><td></td><td></td><td></td><td></td><td></td><td></td><td></td><td></td><td></td><td></td><td></td></tr>
<tr><td>附单据 张</td><td colspan="2">合计</td><td></td><td></td><td></td><td></td><td></td><td></td><td></td><td></td><td></td><td></td><td></td><td></td><td></td><td></td><td></td><td></td><td></td><td></td><td></td></tr>
</table>

会计主管： 记账： 审核： 制单：

表 9-30 转账凭证

年 月 日 转字第 号

<table>
<tr><td rowspan="2">摘 要</td><td colspan="2">会计科目</td><td>记账</td><td colspan="9">借方金额</td><td colspan="9">贷方金额</td></tr>
<tr><td>总账科目</td><td>明细科目</td><td>符号</td><td>百</td><td>十</td><td>万</td><td>千</td><td>百</td><td>十</td><td>元</td><td>角</td><td>分</td><td>百</td><td>十</td><td>万</td><td>千</td><td>百</td><td>十</td><td>元</td><td>角</td><td>分</td></tr>
<tr><td></td><td></td><td></td><td></td><td></td><td></td><td></td><td></td><td></td><td></td><td></td><td></td><td></td><td></td><td></td><td></td><td></td><td></td><td></td><td></td><td></td><td></td></tr>
<tr><td></td><td></td><td></td><td></td><td></td><td></td><td></td><td></td><td></td><td></td><td></td><td></td><td></td><td></td><td></td><td></td><td></td><td></td><td></td><td></td><td></td><td></td></tr>
<tr><td></td><td></td><td></td><td></td><td></td><td></td><td></td><td></td><td></td><td></td><td></td><td></td><td></td><td></td><td></td><td></td><td></td><td></td><td></td><td></td><td></td><td></td></tr>
<tr><td></td><td></td><td></td><td></td><td></td><td></td><td></td><td></td><td></td><td></td><td></td><td></td><td></td><td></td><td></td><td></td><td></td><td></td><td></td><td></td><td></td><td></td></tr>
<tr><td></td><td></td><td></td><td></td><td></td><td></td><td></td><td></td><td></td><td></td><td></td><td></td><td></td><td></td><td></td><td></td><td></td><td></td><td></td><td></td><td></td><td></td></tr>
<tr><td></td><td></td><td></td><td></td><td></td><td></td><td></td><td></td><td></td><td></td><td></td><td></td><td></td><td></td><td></td><td></td><td></td><td></td><td></td><td></td><td></td><td></td></tr>
<tr><td>附单据 张</td><td colspan="2">合计</td><td></td><td></td><td></td><td></td><td></td><td></td><td></td><td></td><td></td><td></td><td></td><td></td><td></td><td></td><td></td><td></td><td></td><td></td><td></td></tr>
</table>

会计主管： 记账： 审核： 制单：

表 9-31 收款凭证

借方科目： 年 月 日 收字第 号

<table>
<tr><td rowspan="2">摘 要</td><td colspan="2">贷方科目</td><td>记账</td><td colspan="10">金 额</td></tr>
<tr><td>总账科目</td><td>明细科目</td><td>符号</td><td>千</td><td>百</td><td>十</td><td>万</td><td>千</td><td>百</td><td>十</td><td>元</td><td>角</td><td>分</td></tr>
<tr><td></td><td></td><td></td><td></td><td></td><td></td><td></td><td></td><td></td><td></td><td></td><td></td><td></td><td></td></tr>
<tr><td></td><td></td><td></td><td></td><td></td><td></td><td></td><td></td><td></td><td></td><td></td><td></td><td></td><td></td></tr>
<tr><td></td><td></td><td></td><td></td><td></td><td></td><td></td><td></td><td></td><td></td><td></td><td></td><td></td><td></td></tr>
<tr><td></td><td></td><td></td><td></td><td></td><td></td><td></td><td></td><td></td><td></td><td></td><td></td><td></td><td></td></tr>
<tr><td></td><td></td><td></td><td></td><td></td><td></td><td></td><td></td><td></td><td></td><td></td><td></td><td></td><td></td></tr>
<tr><td></td><td></td><td></td><td></td><td></td><td></td><td></td><td></td><td></td><td></td><td></td><td></td><td></td><td></td></tr>
<tr><td>附单据 张</td><td colspan="2">合计</td><td></td><td></td><td></td><td></td><td></td><td></td><td></td><td></td><td></td><td></td><td></td></tr>
</table>

会计主管： 记账： 出纳： 审核： 制单：

表 9-32　付款凭证

贷方科目：　　　　　　　　　　　　　年　月　日　　　　　　　　　　　　付字第　号

摘　要	借方科目		记账	金　额										
	总账科目	明细科目	符号		千	百	十	万	千	百	十	元	角	分
附单据　张	合计													

会计主管：　　　　　记账：　　　　　出纳：　　　　　审核：　　　　　制单：

表 9-33　转账凭证

年　月　日　　　　　　　　　　　　转字第　号

摘　要	会计科目		记账	借方金额									贷方金额								
	总账科目	明细科目	符号	百	十	万	千	百	十	元	角	分	百	十	万	千	百	十	元	角	分
附单据　张	合计																				

会计主管：　　　　　记账：　　　　　审核：　　　　　制单：

表 9-34　总分类账

账户名称：

年		凭证		摘　要	借　方									贷　方									借或	余　额								
月	日	字	号		百	十	万	千	百	十	元	角	分	百	十	万	千	百	十	元	角	分	贷	百	十	万	千	百	十	元	角	分

续表

年		凭证		摘要	借方									贷方									借或贷	余额								
月	日	字	号		百	十	万	千	百	十	元	角	分	百	十	万	千	百	十	元	角	分		百	十	万	千	百	十	元	角	分

表9-35　总分类账

账户名称：

年		凭证		摘要	借方									贷方									借或贷	余额								
月	日	字	号		百	十	万	千	百	十	元	角	分	百	十	万	千	百	十	元	角	分		百	十	万	千	百	十	元	角	分

表 9-36 总分类账

账户名称：

年		凭证		摘 要	借 方									贷 方									借或	余 额								
月	日	字	号		百	十	万	千	百	十	元	角	分	百	十	万	千	百	十	元	角	分	贷	百	十	万	千	百	十	元	角	分

表 9-37 总分类账

账户名称：

年		凭证		摘 要	借 方									贷 方									借或	余 额								
月	日	字	号		百	十	万	千	百	十	元	角	分	百	十	万	千	百	十	元	角	分	贷	百	十	万	千	百	十	元	角	分

表 9-38 总分类账

账户名称：

年		凭证		摘 要	借 方									贷 方									借或	余 额								
月	日	字	号		百	十	万	千	百	十	元	角	分	百	十	万	千	百	十	元	角	分	贷	百	十	万	千	百	十	元	角	分

表 9-39　总分类账

账户名称：

年		凭证		摘　要	借　方									贷　方									借或	余　额								
月	日	字	号		百	十	万	千	百	十	元	角	分	百	十	万	千	百	十	元	角	分	贷	百	十	万	千	百	十	元	角	分

表 9-40　总分类账

账户名称：

年		凭证		摘　要	借　方									贷　方									借或	余　额								
月	日	字	号		百	十	万	千	百	十	元	角	分	百	十	万	千	百	十	元	角	分	贷	百	十	万	千	百	十	元	角	分

表 9-41　总分类账

账户名称：

年		凭证		摘　要	借　方									贷　方									借或	余　额								
月	日	字	号		百	十	万	千	百	十	元	角	分	百	十	万	千	百	十	元	角	分	贷	百	十	万	千	百	十	元	角	分

表 9-42　总分类账

账户名称：

年		凭证		摘　要	借　方									贷　方									借或	余　额								
月	日	字	号		百	十	万	千	百	十	元	角	分	百	十	万	千	百	十	元	角	分	贷	百	十	万	千	百	十	元	角	分

表 9-43　总分类账

账户名称：

年		凭证		摘　要	借　方									贷　方									借或	余　额								
月	日	字	号		百	十	万	千	百	十	元	角	分	百	十	万	千	百	十	元	角	分	贷	百	十	万	千	百	十	元	角	分

表 9-44　总分类账

账户名称：

年		凭证		摘　要	借　方									贷　方									借或	余　额								
月	日	字	号		百	十	万	千	百	十	元	角	分	百	十	万	千	百	十	元	角	分	贷	百	十	万	千	百	十	元	角	分

表 9-45　总分类账

账户名称：

年		凭证		摘要	借方									贷方									借或	余额								
月	日	字	号		百	十	万	千	百	十	元	角	分	百	十	万	千	百	十	元	角	分	贷	百	十	万	千	百	十	元	角	分

表 9-46　总分类账

账户名称：

年		凭证		摘要	借方									贷方									借或	余额								
月	日	字	号		百	十	万	千	百	十	元	角	分	百	十	万	千	百	十	元	角	分	贷	百	十	万	千	百	十	元	角	分

表 9-47　总分类账

账户名称：

年		凭证		摘要	借方									贷方									借或	余额								
月	日	字	号		百	十	万	千	百	十	元	角	分	百	十	万	千	百	十	元	角	分	贷	百	十	万	千	百	十	元	角	分

表 9-48 总分类账

账户名称：

年		凭证		摘要	借方									贷方									借或	余额								
月	日	字	号		百	十	万	千	百	十	元	角	分	百	十	万	千	百	十	元	角	分	贷	百	十	万	千	百	十	元	角	分

表 9-49 总分类账

账户名称：

年		凭证		摘要	借方									贷方									借或	余额								
月	日	字	号		百	十	万	千	百	十	元	角	分	百	十	万	千	百	十	元	角	分	贷	百	十	万	千	百	十	元	角	分

表 9-50 总分类账

账户名称：

年		凭证		摘要	借方									贷方									借或	余额								
月	日	字	号		百	十	万	千	百	十	元	角	分	百	十	万	千	百	十	元	角	分	贷	百	十	万	千	百	十	元	角	分

表 9-51　总分类账

账户名称：

年		凭证		摘要	借方									贷方									借或贷	余额								
月	日	字	号		百	十	万	千	百	十	元	角	分	百	十	万	千	百	十	元	角	分	贷	百	十	万	千	百	十	元	角	分

表 9-52　总分类账

账户名称：

年		凭证		摘要	借方									贷方									借或贷	余额								
月	日	字	号		百	十	万	千	百	十	元	角	分	百	十	万	千	百	十	元	角	分	贷	百	十	万	千	百	十	元	角	分

表 9-53　总分类账

账户名称：

年		凭证		摘要	借方									贷方									借或贷	余额								
月	日	字	号		百	十	万	千	百	十	元	角	分	百	十	万	千	百	十	元	角	分	贷	百	十	万	千	百	十	元	角	分

表 9-54　总分类账

账户名称：

年		凭证		摘要	借方									贷方									借或贷	余额								
月	日	字	号		百	十	万	千	百	十	元	角	分	百	十	万	千	百	十	元	角	分		百	十	万	千	百	十	元	角	分

表 9-55　总分类账

账户名称：

年		凭证		摘要	借方									贷方									借或贷	余额								
月	日	字	号		百	十	万	千	百	十	元	角	分	百	十	万	千	百	十	元	角	分		百	十	万	千	百	十	元	角	分

表 9-56　总分类账

账户名称：

年		凭证		摘要	借方									贷方									借或贷	余额								
月	日	字	号		百	十	万	千	百	十	元	角	分	百	十	万	千	百	十	元	角	分		百	十	万	千	百	十	元	角	分

表 9-57　总分类账

账户名称:

年		凭证		摘要	借方									贷方									借或贷	余额								
月	日	字	号		百	十	万	千	百	十	元	角	分	百	十	万	千	百	十	元	角	分		百	十	万	千	百	十	元	角	分

表 9-58　总分类账

账户名称:

年		凭证		摘要	借方									贷方									借或贷	余额								
月	日	字	号		百	十	万	千	百	十	元	角	分	百	十	万	千	百	十	元	角	分		百	十	万	千	百	十	元	角	分

表 9-59　总分类账

账户名称:

年		凭证		摘要	借方									贷方									借或贷	余额								
月	日	字	号		百	十	万	千	百	十	元	角	分	百	十	万	千	百	十	元	角	分		百	十	万	千	百	十	元	角	分

表 9-60　总分类账

账户名称：

年		凭证		摘　要	借　方									贷　方									借或贷	余　额								
月	日	字	号		百	十	万	千	百	十	元	角	分	百	十	万	千	百	十	元	角	分	贷	百	十	万	千	百	十	元	角	分

表 9-61　总分类账

账户名称：

年		凭证		摘　要	借　方									贷　方									借或贷	余　额								
月	日	字	号		百	十	万	千	百	十	元	角	分	百	十	万	千	百	十	元	角	分	贷	百	十	万	千	百	十	元	角	分

表 9-62　总分类账

账户名称：

年		凭证		摘　要	借　方									贷　方									借或贷	余　额								
月	日	字	号		百	十	万	千	百	十	元	角	分	百	十	万	千	百	十	元	角	分	贷	百	十	万	千	百	十	元	角	分

表 9-63 总分类账

账户名称：

年		凭证		摘要	借方									贷方									借或贷	余额								
月	日	字	号		百	十	万	千	百	十	元	角	分	百	十	万	千	百	十	元	角	分	贷	百	十	万	千	百	十	元	角	分

表 9-64 总分类账

账户名称：

年		凭证		摘要	借方									贷方									借或贷	余额								
月	日	字	号		百	十	万	千	百	十	元	角	分	百	十	万	千	百	十	元	角	分	贷	百	十	万	千	百	十	元	角	分

表 9-65 总分类账

账户名称：

年		凭证		摘要	借方									贷方									借或贷	余额								
月	日	字	号		百	十	万	千	百	十	元	角	分	百	十	万	千	百	十	元	角	分	贷	百	十	万	千	百	十	元	角	分

表 9-66　总分类账

账户名称：

年		凭证		摘要	借方									贷方									借或贷	余额								
月	日	字	号		百	十	万	千	百	十	元	角	分	百	十	万	千	百	十	元	角	分		百	十	万	千	百	十	元	角	分

表 9-67　总分类账

账户名称：

年		凭证		摘要	借方									贷方									借或贷	余额								
月	日	字	号		百	十	万	千	百	十	元	角	分	百	十	万	千	百	十	元	角	分		百	十	万	千	百	十	元	角	分

表 9-68　总分类账

账户名称：

年		凭证		摘要	借方									贷方									借或贷	余额								
月	日	字	号		百	十	万	千	百	十	元	角	分	百	十	万	千	百	十	元	角	分		百	十	万	千	百	十	元	角	分

表 9-69　原材料明细账

明细科目：

材料类别：　　　　　存储地点：　　　　　材料规格：　　　　　计量单位：　　　　　储备定额：

年		凭证号	摘要	收入			发出			结存		
月	日			数量	单价	金额	数量	单价	金额	数量	单价	金额

表 9-70　原材料明细账

明细科目：

材料类别：　　　　　存储地点：　　　　　材料规格：　　　　　计量单位：　　　　　储备定额：

年		凭证号	摘要	收入			发出			结存		
月	日			数量	单价	金额	数量	单价	金额	数量	单价	金额

表 9-71 现金日记账

年		凭证	摘要	对应科目	借方									√	贷方									√	余额								
月	日	编号			百	十	万	千	百	十	元	角	分		百	十	万	千	百	十	元	角	分		百	十	万	千	百	十	元	角	分

表 9-72 银行存款日记账

年		凭证	摘要	结算凭证		对应	借方									贷方									余额								
月	日	编号		种类	号数	科目	百	十	万	千	百	十	元	角	分	百	十	万	千	百	十	元	角	分	百	十	万	千	百	十	元	角	分

表 9-73　资产负债表

编制单位：　　　　　　　　　　年　月　日　　　　　　　　　　单位：元

资　产	期末数	年初数	负债和股东权益	期末数	年初数
流动资产：			流动负债：		
货币资金			短期借款		
交易性金融资产			交易性金融负债		
应收票据			应付票据		
应收账款			应付账款		
预付款项			预收款项		
应收利息			应付职工薪酬		
应收股利			应交税费		
其他应收款			应付利息		
存货			应付股利		
一年内到期非流动资产			其他应付款		
其他流动资产			一年内到期非流动负债		
流动资产合计			其他流动负债		
非流动资产：			流动负债合计		
可供出售金融资产			非流动负债：		
持有至到期投资			长期借款		
长期应收款			应付债券		
长期股权投资			长期应付款		
投资性房地产			专项应付款		
固定资产			预计负债		
在建工程			递延所得税负债		
工程物资			其他非流动负债		
固定资产清理			非流动负债合计		
生产性生物资产			负债合计		
油气资产			股东权益：		
无形资产			股本		
长期待摊费用			资本公积		
递延所得税资产			盈余公积		
其他非流动资产			未分配利润		
非流动资产合计			股东权益合计		
资产总计			负债和股东权益总计		

表 9-74　利润表

编制单位：　　　　　　　　　　　年　月　日　　　　　　　　　　单位：元

项　目	本月数	本年累计数
一、营业收入		
减：营业成本		
税金及附加		
销售费用		
财务费用		
管理费用		
资产减值损失		
加：公允价值变动收益(损失以“-”号填列)		
投资收益(损失以“-”号填列)		
其中：对联营企业和合营企业的投资收益		
二、营业利润(亏损以“-”号填列)		
加：营业外收入		
减：营业外支出		
其中：非流动资产处置损失		
三、利润总额(亏损总额以“-”号填列)		
减：所得税费用		
四、净利润(净亏损以“-”号填列)		
五、每股收益		
(一)基本每股收益		
(二)稀释每股收益		

2. 科目汇总表账务处理程序的具体应用。

资料：同任务一实训题资料。

要求：

根据资料编制江城公司 2018 年 12 月的科目汇总表，如表 9-75 所示。

表 9-75　科目汇总表

年　月　日至　　年　月　日　　　　　　　　　　　　　　　第　号

会计科目	账　页	本期发生额		记账凭证起讫号数
		借方	贷方	
合　　计				

第十章　会计工作组织

一、判断题

1. 各单位必须配备合格的专职会计人员进行会计工作。（　）
2. 各单位应将凭证、账簿及购销合同等会计资料建立档案，妥善保管。（　）
3. 组织会计工作时，要结合本单位经营的特点和规模。（　）
4. 一般来说，大中型企事业单位都要设立独立的会计部门。（　）
5. 集中核算一般适合规模较大的企业和行政事业单位。（　）
6. 会计机构应建立岗位轮换制，对会计人员要有计划地进行轮岗。（　）
7. 会计人员一般不能参与本单位经济计划的编制。（　）
8. 会计档案的存在形式只能是纸质书面形式。（　）
9. 纳税申报表属于应该保存的会计档案的一种。（　）
10. 会计管理机构临时保管会计档案最长不超过五年。（　）
11. 会计档案的定期保管期限一般分为10年和20年。（　）
12. 会计档案销毁清册一般只需要单位负责人签署意见。（　）
13. 《会计法》自颁布实施以来，共经历了两次重大的修改和修订。（　）

二、填空题

1. 企业会计工作组织的内容主要包括：设置会计机构、____________、设计会计制度、____________、运用技术设备处理会计信息及____________等。

2. ____________的实施和普及将大大提高会计工作的效率，也使会计工作的质量得到全面改进。

3. 会计工作组织既要能够保证会计工作的质量，又要坚持____________原则。

4. 会计岗位设置应分工负责、____________、互相监督，从制度上防止各种失误或人为的舞弊。

5. 非独立核算包括半独立核算和____________两种组织形式。

6. 会计机构的岗位设置可以一人一岗、一人多岗或____________，各单位可以根据各岗位业务量的情况来确定。

7. 会计机构负责人办理交接手续，由____________监交，必要时主管单位可以派人会同监交。

8. 各单位每年形成的会计档案，应当由会计机构按照归档要求，负责整理立卷，装订成册，编制____________。

9. 电子会计档案移交时应当将____________一并移交。

10. 固定资产卡片作为会计档案的保管期限是____________。

11. 销毁保管期满的会计档案，由____________编制会计档案销毁清册。

12．电子会计档案的销毁还应当符合国家有关电子档案的规定，由单位档案管理机构、会计管理机构和__________共同派员监销。

13．会计部门规章由__________制定并颁布。

三、选择题

1．一般会计人员办理交接手续，由(　　)监交。

A．企业负责人　　B．出纳
C．会计机构负责人　　D．其他部门人员

2．根据内部牵制制度的要求，(　　)不得兼任稽核工作。

A．会计　　B．出纳
C．会计机构负责人　　D．企业负责人

3．会计专业技术职务包括(　　)。

A．正高级会计师　　B．助理会计师　　C．会计师　　D．高级会计师

4．会计机构的组织形式按照部门之间会计工作分工方式的不同，可分为(　　)。

A．集中核算　　B．独立核算　　C．非集中核算　　D．非独立核算

5．企业可不设会计机构，只在相关机构中配备相应的专职会计人员，须符合(　　)条件。

A．财务收支不大　　B．经济业务较简单
C．规模较小　　D．规模适中

6．会计人员包括(　　)。

A．一般会计人员　　B．会计主管人员
C．会计机构负责人　　D．审计人员

7．根据《会计法》的规定，会计人员在(　　)情况下，必须与接管人员办理交接手续。

A．调动工作　　B．违法　　C．离职　　D．退休

8．以下属于会计法律的是(　　)。

A．会计准则　　B．总会计师条例
C．会计法　　D．会计从业资格管理办法

9．原始凭证的保管期限是(　　)。

A．5 年　　B．10 年　　C．15 年　　D．30 年

10．当年形成的会计档案，可暂由会计机构保管(　　)。

A．1 年　　B．2 年　　C．3 年　　D．5 年

11．借出各单位保存的会计档案，须经(　　)的批准。

A．会计　　B．会计机构负责人
C．企业负责人　　D．上级领导机关负责人

12．以下属永久保管的会计档案的是(　　)。

A．年度报表　　B．专用凭证　　C．原始凭证　　D. 会计档案鉴定意见书

13．会计档案包括(　　)。

A．会计凭证类　　B．会计账簿类　　C．财务报告类　　D．其他类